Aus dem Englischen von
Wolfdietrich Müller

PETER SINGER

Mein Großvater

EUROPA
VERLAG

PETER SINGER

Mein Großvater

DIE TRAGÖDIE DER JUDEN VON WIEN

Europa Verlag
Hamburg · Leipzig · Wien

Die Fotografien von Otto Soyka und dem Akademischen Gymnasium erscheinen mit freundlicher Genehmigung des Bildarchivs, Österreichische Nationalbibliothek, Wien, und das Bild von Freuds Wartezimmer mit freundlicher Genehmigung von Gerald Zugmann © Gerald Zugmann.

Die Deutsche Bibliothek – CIP Einheitsaufnahme
Ein Titelsatz für diese Publikation ist bei der
Deutschen Bibliothek erhältlich.

Die Originalausgabe erschien
bei HarperCollins unter dem Titel
„Pushing Time Away"

Übersetzung: Wolfdietrich Müller
Umschlaggestaltung: Christian Ring, München
Satz: Paxmann/Teutsch Buchprojekte, München
Druck und Bindung: AALEXX, Großburgwedel
ISBN 3-203-82012-9

Informationen über unser Programm erhalten Sie beim Europa Verlag,
Neuer Wall 10, 20354 Hamburg oder unter www.europaverlag.de

Inhalt

Teil V Gelehrter und Lehrer

Teil VI Einer unter vielen

Teil VII Epilog

„Was uns verbindet, ist der Zeit entrückt.“

David Oppenheim an Amalie Pollak, 24. März 1905

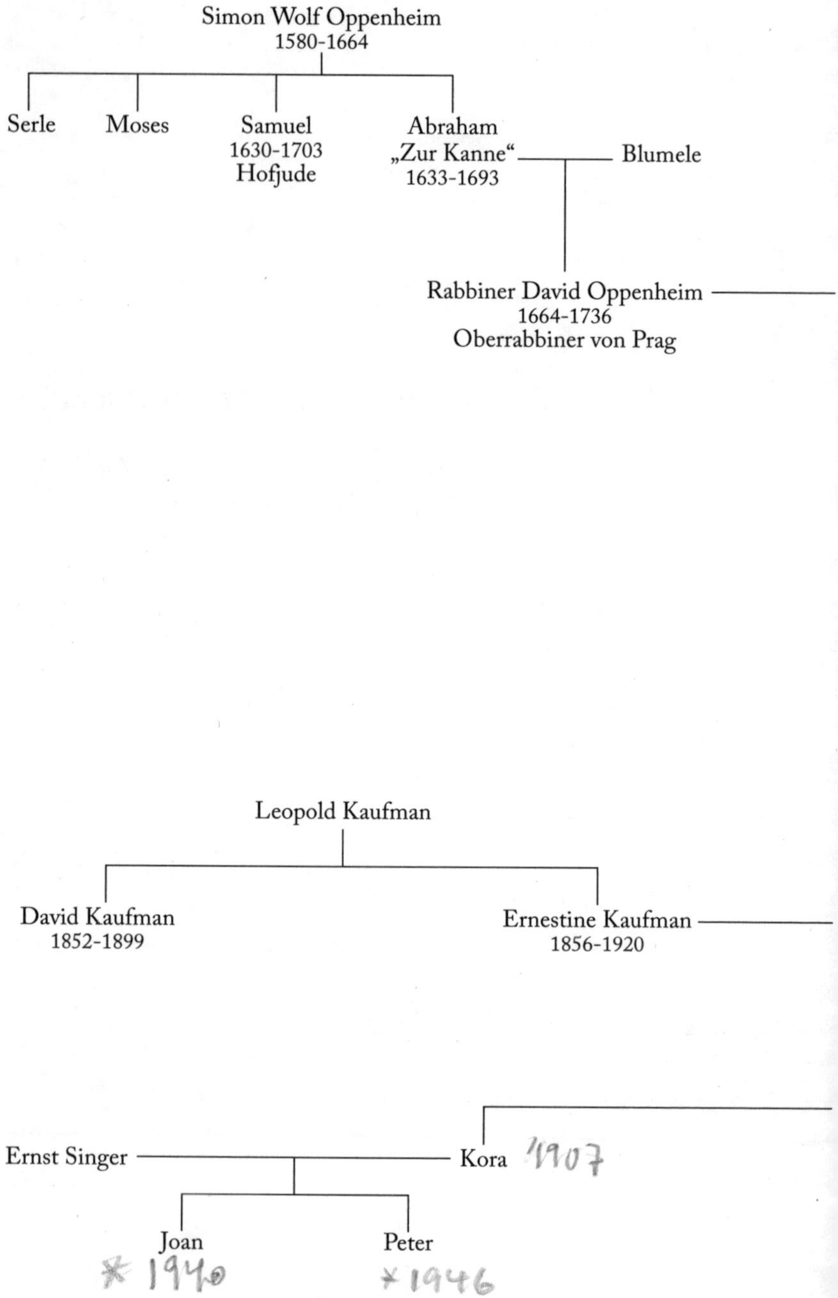
Simon Wolf Oppenheim
1580-1664
Serle
Moses
Samuel
1630-1703
Hofjude
Abraham
„Zur Kanne“
1633-1693
Blumele
Rabbiner David Oppenheim
1664-1736
Oberrabbiner von Prag
Leopold Kaufman
David Kaufman
1852-1899
Ernestine Kaufman
1856-1920
Ernst Singer
Kora 1907
Joan
*1940
Peter
*1946

David Oppenheims Stammbaum

Leffmann Behrens
1634-1714
Hofjude

Gnendel

Blumele
1685-1738
— Rabbiner Michael Beer Oppenheim
1680-1750

Rabbiner Beer Oppenheim
1680-1750
Rabbiner in Paderborn & Friedberg

Rabbiner Isaac Oppenheim
1741-1781

Rabbiner Hayim Oppenheim
1762-1822
Rabbiner in Strassnitz

Rabbiner Bernhard Oppenheim
1790-1854

Rabbiner David Oppenheim
1816-1876

Heinrich Joachim Oppenheim
1848-1918

David Ernst Oppenheim
1881-1943
— Amalie Pollak
1878-1955

Doris — Herbert Liffman

Michael

Teil I

Prolog

1

Wien, damals und heute

Januar 1997

Eisiger Nebel, der das Licht der Straßenlampen dämpft, hängt über Wien. Auf dem Boden liegt Schnee, und die nackten Äste der Bäume sind von Rauhreif überzogen. Ich gehe die Porzellangasse hinunter, eine breite Straße im 9. Bezirk von Wien. Es ist sieben Uhr abends. Die Straße ist still, denn die meisten Leute lassen ihren Wagen bei diesem Wetter lieber stehen. Es ist zu glatt. Die Straße ist von vier- oder fünfstöckigen Gebäuden gesäumt. Sie haben sich kaum verändert seit der Zeit vor dem Ersten Weltkrieg, als Wien eine der bedeutenden Städte auf der Welt war, die Hauptstadt des Kaiserreichs Österreich-Ungarn. Dieses Reich war eine Großmacht, die in Europa über ein Territorium herrschte, das an Ausdehnung nur von Rußland übertroffen wurde. Es erstreckte sich nach Nordosten bis in die heutige Ukraine, nach Norden über die heutige Tschechische und die Slowakische Republik und nach Südosten über Ungarn, Slowenien, Kroatien und Bosnien bis zur schicksalsträchtigen Stadt Sarajewo.

Damals lebten alle meine Großeltern in dieser Stadt. Ich lernte nur die Mutter meiner Mutter kennen, Amalie Oppenheim, die einzige Überlebende der Tragödie, die nach der Annexion Österreichs durch die Nazis über die Juden kam. Aber heute abend werde ich die Zeit wegschieben, die seit dieser Katastrophe vergangen ist, um einen anderen Vorfahren kennenzulernen. Im Rucksack trage ich einen Stapel Papiere – sie müssen etwa 15 Pfund wiegen – vom Vater meiner Mutter, David Oppenheim, und über ihn.

Diese Fundgrube für die Familiengeschichte enthält über 100 Briefe, die meine Großeltern an meine Eltern Kora und Ernst Singer und an die Schwester meiner Mutter, damals Doris Oppenheim, schrieben, nachdem sie 1938 nach Australien emigriert waren. Ich habe sie gerade bei Dr. Adolf Gaisbauer abgeholt, dem Direktor der Bibliothek des Österreichischen Staatsarchivs, der letztes Jahr einige davon in einem Buch mit dem Titel *David Ernst Oppenheim: Von Eurem treuen Vater David* veröffentlichte. Der Untertitel bezieht sich auf die Formel, mit der mein Großvater seine Briefe schloß. Obwohl ich seit langem von der Existenz der Briefe wußte, die Doris und meine Mutter sorgfältig aufbewahrten, hatte ich sie nie gelesen. Ich kann Deutsch lesen, aber die Handschrift meines Großvaters war schwer zu entziffern, und daß oft beide Seiten sehr dünnen Papiers beschrieben waren, machte das Lesen nicht leichter. Als meine Mutter und Doris mir vor vielen Jahren den einen oder anderen Brief vorgelesen hatten, war ich mit meiner Arbeit als Philosoph und Bioethiker beschäftigt gewesen. Ich schrieb und las über die Ethik unseres Umgangs mit Tieren und Entscheidungen über Leben und Tod bei Kleinkindern, die mit schweren Behinderungen geboren waren. Ich bat sie nicht, mir die anderen Briefe vorzulesen.

Mehr über meine Großeltern erfuhr ich vor zwei Jahren, als Doris ihren Beruf als Sozialarbeiterin aufgab und eine Magisterarbeit über ihren Vater schrieb. Ich schickte sie mit einer handschriftlichen Notiz zurück:

> Doris,
> ich habe dies mit großem Interesse gelesen. Glückwünsche, daß Du Deinen Vater wieder lebendig gemacht hast. Jetzt möchte ich irgendwann seine Werke selbst lesen, um festzustellen, welche Parallelen (falls überhaupt) es trotz unserer ziemlich unter-

schiedlichen Arbeitsgebiete und intellektuellen Hintergründe zu meinen Ansichten gibt.

Ein Satz aus Doris' Zusammenfassung eines Essays meines Großvaters über den römischen Philosophen Seneca schlug eine besondere Saite bei mir an. Sie beschrieb, wie ihr Vater zwischen dem „echten Philosophen", der darauf abzielt, seine Lehre und sein Leben zu integrieren, vom „Philosophieprofessor", der sich nur mit seinem beruflichen Rang und persönlichen Ruf befaßt, unterschied. Diese Unterscheidung stieß bei mir auf Widerhall. Ich hoffte jedenfalls, daß ich in diesem Sinne ein echter Philosoph war, und zum erstenmal fragte ich mich, wieviel ich mit diesem Großvater, den ich nie kennengelernt hatte, gemein hatte.

Dennoch behielt meine Arbeit auf dem Gebiet der Ethik den Vorrang vor der tieferen Ergründung des Lebens meiner Großeltern. Als ich also letztes Jahr die Auswahl aus den Briefen in Dr. Gaisbauers Buch vor mir hatte, las ich sie zum erstenmal. Sie kamen über fast 60 Jahre zu mir und erschlossen mir eine Welt, die eng mit meiner verbunden war und sich doch stark von ihr unterschied. Meine Eltern waren gebildete Menschen, mein Vater Geschäftsmann, meine Mutter Ärztin, aber keiner von beiden war ein ernsthafter Wissenschaftler, und sie nahmen sich nicht viel Zeit, um über die großen Fragen nachzudenken – etwa die menschliche Natur zu verstehen oder wie wir leben sollten. Mein Werdegang hat manch einen überrascht. So hatte mein Vetter Michael Liffman, Doris' Sohn, mir einmal gesagt, daß ich von allen Personen, die er an der Universität kennengelernt hatte, der einzige war, der einen Weg einschlug, den er nicht hätte vorhersagen können. Damit meinte er, glaube ich, daß er erwartet hatte, ich würde in das Geschäft meines Vaters einsteigen oder vielleicht als Anwalt praktizieren wie meine Schwester. Statt dessen hatte ich mich auf Philosophie verlegt. David Oppenheim, erfuhr ich jetzt, schrieb über Grundwerte und was es bedeutet, Mensch zu sein. War mein eigenes Leben ein Echo des Lebens eines Großvaters, den ich nie kennengelernt hatte? Dieser Gedanke ergriff allmählich Besitz von mir und ließ mich nicht mehr los. Ich mußte herausfinden, ob es trotz der verschiedenen Zeiten und Orte, in denen wir lebten, etwas gab, das uns verband.

Am Ende der Porzellangasse überquere ich die Berggasse, nur wenige Türen von der Nummer 19 entfernt, wo Sigmund Freud seine Wohnung und Praxis hatte. Früher am Tag hatte ich auf der Suche nach Spuren meines Großvaters Freuds Räume besucht, die heute ein Museum sind. Hier traf sich die berühmte Mittwoch-Gesellschaft, förmlicher als Wiener Psychoanalytische Vereinigung bekannt. Mein Großvater wurde im Januar 1910 Mitglied dieser Gesellschaft und nahm fast zwei Jahre lang an ihren Sitzungen teil. Am 20. April 1910 – seinem 29. Geburtstag – hielt er einen Vortrag mit dem Titel „Der Selbstmord im kindlichen Lebensalter“ vor einer Gruppe von 16 Personen, darunter Freud und die meisten ordentlichen Mitglieder der Vereinigung. Sein Aufsatz war ein großer Erfolg, der eine so lebhafte Diskussion anregte, daß die Gruppe beschloß, eine Broschüre mit dem Vortrag und der anschließenden Diskussion zu veröffentlichen. Ein schönes Geburtstagsgeschenk für einen jungen Gymnasiallehrer! Als ich Freuds Räume verließ, stellte ich mir meinen Großvater vor, wie er hochgestimmt dieselbe Treppe hinunterging. Als begabter junger Wissenschaftler, mit dem Freud unbedingt zusammenarbeiten wollte, schien er eine glänzende Zukunft vor sich zu haben. Doch binnen 18 Monaten hatte mein Großvater sich von Freud getrennt und folgte statt dessen dem ersten großen Ketzer der Psychoanalyse, Alfred Adler. Im Gegensatz zu Freuds Betonung des unbewußten Geschlechtstriebs als Schlüssel zum Verständnis menschlichen Verhaltens entwickelte Adler die Idee des Minderwertigkeitskomplexes und sah den Trieb, zur Kompensierung eines Minderwertigkeitsgefühls Macht zu gewinnen, als wichtiger an. Warum, fragte ich mich, beschloß David im Wissen, daß dies das Ende jeden Kontaktes zu Freud bedeuten mußte, für Adler Partei zu ergreifen?

Auch ein anderer Mann feierte an jenem 20. April 1910 in Wien seinen Geburtstag. Seine Aussichten waren weniger gut. Er lebte in einem Wohnheim, das die Stadtverwaltung am Stadtrand eingerichtet hatte, um alleinstehenden Männern zu einem symbolischen Preis Betten zur Verfügung zu stellen. Nachdem er zweimal bei der Aufnahmeprüfung für die Kunstakademie durchgefallen war, schlug er sich kärglich durch, indem er Aquarellpostkarten malte. Ein Freund verkaufte sie für wenige Heller in Wirtshäusern und Cafés. Hier wurde dieser zweitklassige Maler am 29. Geburtstag meines Großvaters 21 Jahre alt. Während mein Großvater versuchte, durch seine Arbeit mit Freud und dann mit Adler die Triebfedern der menschlichen Natur zu erkennen, hatte der Möchtegernkünstler seine eigenen scharfsinnigen Einsichten in die Sehnsüchte von Millionen Deutschen und Österreichern. Seine glühend nationalistischen und antisemitischen Ziele standen den Hoffnungen meines Großvaters auf eine Verbreitung der Anerkennung unseres gemeinsamen Menschseins diametral entgegen. Aber 1910 lag der Schnittpunkt der Lebensläufe Adolf Hitlers und David Oppenheims viele Jahre voraus.

Ich wohne in einem kleinen Hotel auf der anderen Seite der Inneren Stadt von der Berggasse aus. Ich könnte die U-Bahn nehmen, habe aber Lust, zu Fuß zu gehen. Bald komme ich zur Ringstraße, dem breiten, von Bäumen gesäumten Boulevard, der den Befestigungsanlagen des alten Wien folgt und den 1. Bezirk, das historische Herz der Stadt, umgibt. Würde ich nach rechts in die Ringstraße einbiegen, käme ich bald an einigen der prächtigsten Bauten Wiens aus dem späten 19. Jahrhundert vorbei: die von der Renaissance angeregte Universität, an der mein Großvater studierte, das Rathaus im verschwenderischen Stil flämischer Gotik und das Parlamentsgebäude im klassischen griechisch-römischen Stil. Anstatt jedoch auf der Ringstraße weiterzugehen, überquere ich sie und nehme einen direkteren Weg durch die Stadtmitte, durch schmale Straßen, die von den Palais adliger Familien aus dem 18. und 19. Jahrhundert gesäumt sind. Die Geschäfte schließen gerade. Ich komme zum Michaelerplatz, einem der schönsten kleinen Wiener Plätze. Im Sommer dürfte er voller Touristen sein, aber an diesem Winterabend ist er still und reizvoll. Leicht vorstellbar, daß er ganz genauso aussah, als mein Großvater hier lebte. Vor mir steht die Hofburg, der prächtige Palast der Habsburger, die von 1282 bis 1918 Österreich regierten und über den größten Teil dieses Zeitraums auch den Titel des Heiligen Römischen

Kaisers innehatten, womit sie eine ruhmreiche, wenn auch fragwürdige Kontinuität mit der von dem wahren römischen Kaiser Augustus begründeten Linie behaupteten. Die Architektur ist von einer Erhabenheit, die mich daran erinnert, daß dies ein Sitz von Macht war. Von hier aus herrschten die Habsburger zu verschiedenen Zeiten über einen Großteil Europas, darunter Deutschland, die Niederlande, Spanien und Teile Italiens sowie das spätere Österreich-Ungarn.

Einige Paläste, aus denen die Hofburg besteht, gehen bis ins Mittelalter zurück, andere datieren aus dem 18. Jahrhundert, und die letzten Anbauten waren noch im Bau, als mein Großvater lebte. Ich gehe unter einem Bogen mit einer Inschrift hindurch, die besagt, daß Franz Joseph I. das von seinen Vorgängern begonnene Gebäude vollendete. Als mein Großvater sein Studium an der Wiener Universität begann, war der „alte Kaiser" schon ein halbes Jahrhundert auf dem Thron. Österreichs schimpfliche Niederlage durch die Preußen in seiner frühen Regierungszeit erwies sich im nachhinein als Segen, denn sie gab den Anstoß für das Reich, eine neue Zukunft als beherrschende Macht im Donaubecken und auf dem Balkan aufzubauen. Es zählte zu seinen Untertanen nicht nur Österreicher und Ungarn, sondern auch Polen, Tschechen, Rumänen, Slowenen, Italiener, Kroaten und andere Nationalitäten. Die neue Verfassung machte Franz Joseph zum Kaiser von Österreich und König von Ungarn. Alles im Reich wurde „Kaiserlich und Königlich" oder kurz „K.u.K.". Die neue Verfassung schuf zwei getrennte Parlamente in Österreich und Ungarn, und zum erstenmal dehnte sie die volle Gleichheit vor dem Gesetz auf alle Staatsbürger aus, auch die Juden. Aus den östlichen Provinzen, wo immer noch Pogrome zu befürchten waren, strömten Juden in das kultivierte, weltläufige Wien. Als mein Großvater hierherzog, gesellte er sich zu 150000 Juden, die fast ein Zwanzigstel der Einwohnerzahl ausmachten. Die wachsende jüdische Bevölkerung führte Wiens kulturelles, intellektuelles, musikalisches und künstlerisches Leben auf neue Höhen, denn sie verhalf ihm zu Musikern wie Gustav Mahler und Arnold Schönberg, Schriftstellern wie Arthur Schnitzler und Karl Kraus, dem Theaterdirektor Max Reinhardt und natürlich Sigmund Freud und Alfred Adler.

Die Existenz einer breiten jüdischen Mittelschicht trug dazu bei, die kritische Masse eines gebildeten Publikums in ausreichender Zahl zu schaffen, um Theater, Oper und Konzerte zu füllen und um Bücher zu kaufen und bei Kaffee und Kuchen in einem der vielen eleganten Kaffeehäuser der Stadt über sie zu diskutieren. Sie war die Hefe in einer kulturellen Mischung, die Wien zu einer der aufregendsten Städte der Welt machte.

Ich spaziere durch die Höfe des kaiserlichen Palasts und trete in einen weiten, offenen Raum: den Heldenplatz. Im Südosten wird er von dem geschwungenen Flügel der Neuen Hofburg flankiert, die im letzten Rausch imperialer Größe gebaut wurde. In der Mitte des Platzes stehen gigantische Reiterstandbilder zweier militärischer Helden Österreichs, Prinz Eugen von Savoyen, der die Türken 1697 vernichtend schlug, und Erzherzog Karl, Sieger, wenngleich nur für kurze Zeit, über Napoleon im Jahr 1809. Der Platz ist jetzt schneebedeckt und leer bis auf zwei Beamte auf dem Heimweg. In meinem Kopf jedoch ist eine Fotografie dieses Platzes zu einer anderen Zeit, voller Menschen, Zehntausende, die den gesamten Platz füllen und auf die Standbilder klettern, um bessere Sicht zu haben. Es ist der März 1938. Wenige Tage zuvor waren deutsche Panzer über die Grenze gerollt. Jetzt waren die Menschen gekommen, um Hitlers triumphalen Einzug in die Stadt zu bejubeln und ihn den Anschluß Österreichs an das Dritte Reich verkünden zu hören.

Auf der anderen Seite des Heldenplatzes überquere ich wieder den Ring und gelange in die Mariahilferstraße, eine belebte Straße mit Kaufhäusern, modischen Boutiquen und dem unvermeidlichen McDonald's. Für eine Weile bin ich weit weg vom Wien Freuds oder der Nazis. Dann bringt mich mein Hotel wieder in eine frühere Epoche zurück. Es liegt am Ende der Kaufhauszeile in einem alten Gebäude mit hohen Decken. Es gibt keinen Aufzug, und nachdem ich drei Treppen hinaufgestiegen bin, freue ich mich, in mein Zimmer zu kommen und die Papiere meines Großvaters vom Rücken zu nehmen.

Ich sortiere die Papiere in mehrere Stapel. Der größte besteht aus den Briefen an meine Eltern und meine Tante. Fast genauso hoch ist der Stapel der veröffentlichten Schriften – Fotokopien von Abschnitten aus dem Buch meines Großvaters und aus seinen zahlreichen veröffentlichten Artikeln. Ich lege sie auf die eine Seite und greife ein Dokument in der Handschrift meines Großvaters heraus, einen offiziellen Antrag auf Zulassung zum Rigorosum für den Grad eines Doktors der Philosophie. Das Datum ist der 4. Mai 1904. In seiner kleinen, aber leserlichen Handschrift legt er seinen Studiengang bis zu diesem Zeitpunkt dar, beginnend mit seiner Geburt am 20. April 1881 in Brünn, jetzt Brno, der Hauptstadt des damaligen Kronlands Mähren, das heute Teil der Tschechischen Republik ist. Dort besuchte er das Gymnasium und ging dann an die Wiener Universität, um Altphilologie zu studieren. Viereinhalb Jahre lang belegte er Vorlesungen und Seminare über griechische und lateinische Grammatik, Homer, Platon und Aristoteles, den griechischen Lyriker Pindar, Ciceros Reden und Briefe, die Satiren Juvenals, die Elegien des lateinischen Dichters Tibull und die Geschichtswerke von Livius und Sallust. Um seine klassische Bildung abzurunden, studierte er griechische und römische Kultur, nämlich die griechischen Tempel, antike Kunst, Monumente und Kleidung, Mythologie, Münzen, die Bauten der Akropolis, römische Kosmologie, das Forum Romanum, Pompeji, römisches Recht und Theaterproduktionen in griechischer und römischer Zeit. Daneben fand er noch Zeit für gelegentliche Seminare über deutsche Literaturgeschichte, Philosophie in Mittelalter und Neuzeit, Nietzsche, europäische Volkssagen, gymnasiale Lehre und Reform und nahm an einem Grundkurs in Englisch und einem Kurs über „Grundlagen der Psychologie“ teil.

Ich überfliege die Dokumente und finde ein auf englisch getipptes mit der Überschrift „My Scientific Work“. Es ist fünf Seiten lang und sieht wie ein Entwurf aus, weil handschriftliche Korrekturen auf englisch hinzugefügt sind. Selbst mit den Korrekturen ist das Englisch unbeholfen, denn es zeigt zwar einen guten Wortschatz und Kenntnis der Grammatik, aber es mangelt an der Beherrschung der sprachlichen Nuancen und Redewendungen. Mein Großvater schrieb diese Zusammenfassung seines wissenschaftlichen Werks 1941, als Juden aus Wien bereits nach Polen deportiert wurden. In der schwachen Hoffnung auf Verbesserung seiner Aussichten, ein Einwanderungsvisum zu erhalten, schickte er es an seine Schwester in Amerika und bat sie, es dort in akademischen Kreisen zirkulieren zu lassen. Während der Antrag von 1904 zur Zulassung zum Rigorosum einen jungen Mann schildert, der sich auf ein Forscherleben einläßt, bezeichnet dieses Dokument, das unter viel härteren Umständen geschrieben wurde, das Ende jenes Lebens. Dennoch bestätigen die einleitenden Sätze, daß mein Großvater und ich uns trotz der Unterschiede in unserer Bildung und unseren Arbeitsgebieten für ähnliche zeitlose Kernfragen interessieren:

> Als Lehrer der klassischen Sprachen an einem Wiener Gymnasium war ich durch meinen Beruf verpflichtet, meine Schüler für das klassische Altertum zu interessieren … Doch obwohl ich ein Gebiet pflegte, das zur Geschichte gehört, war es nicht die Sicht des Historikers, die mich zu meiner besonderen Arbeit führte, sondern eher die eines Humanisten in der ursprünglichen Bedeutung des Wortes. Denn Rückblicke auf lange vergangene Zeitalter und Völker schienen mir – obwohl sie mich faszinierten – bei weitem nicht so entscheidend wie ein gründlicher Einblick in das, was sich kaum jemals wandelt, das Wesen des Menschseins. Gerade aus diesem Grund machte ich dieses Wissen zum eigentlichen Ziel meiner klassischen Studien.

Als ich begann, an der Universität Philosophie zu studieren, führte mich mein Interesse an Ethik oft über die Grenzen der Philosophie hinaus zu tiefergehenden Fragen über die menschliche Natur. Besteht ein Konflikt zwischen ethischem Handeln und dem Handeln gemäß dem Eigennutz? Wenn ja, wie können Menschen ethisch handeln? Warum tun Menschen etwas, von dem sie wissen, daß es falsch ist? Wie weit ist unsere Ethik eher das Produkt unserer biologischen Natur als unserer Kultur? Dies sind Fragen, mit denen David Oppenheim vertraut gewesen sein dürfte, denn sie liegen vielen altgriechischen Texten zugrunde, die er gut kannte, und sie verknüpfen sich mit den Theorien der Psychologie, die er mit Freud und Adler diskutierte. Während ich den Abriß meines Großvaters über sein Werk lese, wird mir klar, daß ich immer noch nicht weiß, was mein Großvater über diese Fragen dachte. Vielleicht werden es mir die Texte verraten, die vor mir liegen.

Das Nachdenken über meine eigene Arbeit wirft eine andere Frage auf: Was mache ich eigentlich hier in Wien über den Papieren meines Großvaters? Warum plane ich, viel größere Probleme beiseite zu schieben, um das Leben und Werk eines unbedeutenden, vergessenen Gelehrten, der vor einem halben Jahrhundert starb, zu erforschen? Weil er mein Großvater war? Warum sollte ich mich so mit meinen Vorfahren beschäftigen? Welchen Unterschied macht eigentlich die Tatsache, daß dieser Mann *mein* Großvater war?

Der Wiener jüdische Schriftsteller Stefan Zweig, dessen Lebensspanne genau mit der David Oppenheims zusammenfällt, schrieb:

> Wider meinen Willen bin ich Zeuge geworden der furchtbarsten Niederlage der Vernunft und des wildesten Triumphes der Brutalität innerhalb der Chronik der Zeiten; nie – ich verzeichne dies keineswegs mit Stolz, sondern mit Beschämung – hat eine Generation einen solchen moralischen Rückfall aus solcher geistigen Höhe erlitten wie die unsere.

Hierin liegt teilweise die Faszination, die das Leben meines Großvaters für mich hat. Er wurde am Ende eines Jahrhunderts des Friedens und Fortschritts volljährig. Die europäische Zivilisation befand sich auf ihrem Höhepunkt. Europa beherrschte die Welt, weil es aufgeklärter war als jede andere Kultur zuvor – so schien es wenigstens. Für die Bildungsschicht in Wien war das Leben angenehm. Es war nicht schwierig, ein Einkommen zu verdienen, das ausreichte für eine komfortable Wohnung mit einem Hausmädchen, für Abende in Wiens berühmter Oper oder im Theater, für freie Zeit, um bei einem köstlichen Stück Kuchen in einem Kaffeehaus zu sitzen und zu plaudern, und für Sommerferien an einem der vielen Seen Österreichs inmitten stiller Wälder und Alpengipfel.

Als mein Großvater sechzig wurde, lag diese Welt in Trümmern. Europa befand sich, zum zweitenmal in seinem Leben, mitten in einem verheerenden Krieg, und all die menschlichen Werte und das aufgeklärte Denken seiner Jugend waren durch niedere Instinkte und brutale Gewalt besiegt worden. Die Tragödie dieses moralischen Zusammenbruchs ist in sich zwingend, aber nicht nur aus diesem Grund verspüre ich das Bedürfnis, mich dem zu stellen. Als die Nazis nach Österreich kamen, begannen viele Juden, auch meine Eltern, sofort, ein anderes Land zu suchen, wohin sie gehen konnten. Meine Großeltern taten es nicht. Es liegt eine schreckliche Ironie in der Tatsache, daß mein Großvater sein ganzes Leben lang versuchte, seine Mitmenschen zu verstehen, jedoch die Bedrohung, die über der jüdischen Gemeinde Wiens hing und die schließlich zum Verlust seines Lebens führte, anscheinend nicht ernst genug nahm. Setzte mein Großvater vielleicht zuviel Vertrauen in die menschliche Vernunft und die humanistischen Werte, denen er sein Leben gewidmet hatte? Nahm ihm das die Fähigkeit zu begreifen, daß diese so total mit Füßen getreten werden konnten, daß der Barbarei wieder einmal die Herrschaft über ganz Europa überlassen wurde? Diese Fragen führten zu einem beunruhigenden Gedanken. Könnte ich, da mein eigenes Leben, nicht weniger als das meines Großvaters, auf die Möglichkeit baut, daß Vernunft und universelle ethische Werte eine bedeutsame Rolle in der Welt spielen, der gleichen Selbsttäuschung erliegen wie mein Großvater?

Noch ein anderer Faktor drängt mich, die Schriften meines Großvaters zu lesen, und das hat damit zu tun, daß es nicht einfach eine Krankheit oder ein Unfall war, was mir die Gelegenheit nahm, mit meinen Großeltern um mich herum aufzuwachsen. Denn ihn zu lesen bedeutet, ein Unrecht, das der Holocaust anrichtete, auf eine unendlich kleine, jedoch augenfällige Art und Weise ungeschehen zu machen. Wir alle wissen, daß sechs Millionen Juden starben, aber das ist abstumpfende Statistik. Ich habe die Chance, einen von ihnen als Individuum zu porträtieren. Aber wenn ich das will, muß ich es bald tun. Die Handvoll Menschen, die meinen Groß-

vater kannten und noch am Leben sind, werden alt. Die Gedanken und das Werk meines Großvaters werden so vollständig wie möglich von mir wieder lebendig gemacht, jetzt oder nie.
Es ist spät geworden. Ich möchte ein wenig schlafen, brauche aber erst einmal frische Luft. Das Zimmer hat ein hohes Flügelfenster in weißem Holzrahmen mit halbrundem oberen Abschluß, ist in der Mitte geteilt und mit einem Messinggriff verschlossen. Ich drehe an dem Griff, und die Flügel schwingen auf mich zu, aber ich habe die Doppelscheiben vergessen. Es gibt ein zweites Fenster mit ähnlichem Griff. Auch dieses läßt sich öffnen, und jetzt trifft mich ein Schwall kalter Luft. Ich blicke hinaus auf die menschenleeren Straßen. Diese Gebäude standen schon hier, als die Nazis nach Wien kamen. Vor 55 Jahren lebten meine Großeltern in einer Wohnung wenige Kilometer von hier. Sie hatten ihre Stellen verloren, waren gezwungen, andere Familien in ihrer Wohnung aufzunehmen, genötigt, den gelben Stern zu tragen, durften keine öffentlichen Verkehrsmittel benutzen und nicht einmal in einem Park spazierengehen, erfuhren, daß Freunde und Verwandte nach „Osten" deportiert worden waren, und wußten nichts über deren Schicksal. Damals schrieben sie die Briefe, die ich jetzt in diesem Hotelzimmer habe. 55 Jahre scheinen ein relativ kleiner Zeitraum zu sein, den ich jetzt wegschieben muß, wenn ich meinen Großvater kennenlernen will. Weniger als eine Lebensspanne. Doch es liegt eine solche Kluft zwischen ihrer Zeit und meiner. Hat die Welt sich so sehr verändert?

Wenn ich auf die Straßenlampen blicke, kann ich sehen, wie es sacht schneit. Es erinnert mich daran, daß ich weit weg von zu Hause bin. In australischen Städten schneit es nie.

2

In der Wohnung meiner Tante.

18. Juli 1998

Meine Absicht, mich durch den Stapel Papiere durchzuarbeiten, die ich aus Wien mitgebracht hatte, fiel dringlicheren Aufgaben zum Opfer. Jetzt, wo ich endlich Zeit habe, sie zu lesen, erinnere ich mich, daß Doris in ihrer Doktorarbeit aus Briefen zitierte, die mein Großvater an meine Großmutter vor ihrer Heirat geschrieben hatte. Aber diese Briefe sind nicht unter den Papieren, die ich habe. Wo sind sie? Doris, bei der sich leider allmählich Anzeichen von Demenz zeigen, ist in ein Altenheim gezogen. Als ich sie nach den Briefen frage, bleibt sie vage, freut sich aber, daß ich nach ihnen suche. Ihr Sohn Michael gibt mir die Schlüssel zu ihrer Wohnung, und an einem winterlichen Samstagmorgen gehe ich hin, um die Briefe meines Großvaters an seine zukünftige Braut zu suchen.

Obwohl kalt und muffig, ist die Wohnung immer noch deutlich das Zuhause europäischer Flüchtlinge. Bilder des alten Wien hängen an den Wänden, auf den Bücherregalen stehen einheitlich gebundene Ausgaben der Werke von Goethe, Schiller und anderen deutschen Schriftstellern. Rechts von der Eingangstür hängt ein großer Stammbaum der Oppenheims, der Doris' Vorfahren – und meine – bis ins 16. Jahrhundert zurückverfolgt.

Ich gehe über den Flur in das kleine Arbeitszimmer, in dem Doris' Enkelkinder schliefen, wenn sie zu Besuch kamen. Auf jeder ebenen Fläche im Zimmer stapeln sich Aktendeckel. Im ersten sind Gasrechnungen. Der nächste enthält Ansichtskarten mit Urlaubsgrüßen von Freunden. Aber bald finde ich einen Ordner, der einen kleinen Umschlag mit einer verblaßten rosa Briefmarke mit dem Bild Franz Josephs I. enthält. Auf dem Umschlag steht in schwarzer Tinte in der feinen Handschrift meines Großvaters:

An Fräulein Dr. Amalie Pollak,
Wien
II Malzgasse 5

Ich drehe den Umschlag um und lese auf der Rückseite: „Abs.: Dr. D. Oppenheim IX Pramerg. 6." Der Poststempel ist deutlich zu lesen. „Wien, 1.6.05." Sowohl das Datum als auch der Gebrauch des Mädchennamens meiner Großmutter verraten, daß dies einer der Briefe ist, die ich suche, geschrieben von meinem Großvater an meine Großmutter, bevor sie verheiratet waren. Die Adresse zeigt, daß Amalie Pollak in Wiens 2. Bezirk wohnte, nur wenige Straßen von der späteren Wohnung meiner Großeltern entfernt.

In einem Aktenschrank finde ich weitere Papiere meines Großvaters und noch einige Briefe, alle von David an Amalie. Ich sehe die Schreibtischschubladen durch. Nur alte Rechnungen und Bankauszüge darin. An der Rückwand des Zimmers, hinter einem Sofa, sind deckenhohe Einbauschränke. Der untere Teil ist voll von Mänteln, Schals, Hüten und anderen Kleidungsstücken. Der obere Teil hat eine separate Tür. Ich lange hoch, um sie zu öffnen, und finde mich in einer Szene aus einem Slapstickfilm wieder: Ein Buch fällt mir auf den Kopf. Während ich mich bücke, um es aufzuheben, segeln Aktendeckel mit Papieren auf mich. Als ich sie aufsammle, folgt ein Lampenschirm, dann eine Handtasche, ein paar große braune Umschläge, ein Plastikbeutel, der etwas Schweres enthält, und weitere Aktendeckel. Mit einem Arm schützend über meinem Kopf warte ich, bis ich sicher bin, daß die Lawine vorbei ist, dann sehe ich nach, was jetzt um meine Füße liegt. Ein Ordner enthält weitere alte Rechnungen – wie lange, glaubt meine Tante, muß man eine Telefonrechnung aufbewahren? –, aber die großen braunen Umschläge sind aus anderem Papier, dem ich ansehe, daß es aus Österreich vor dem Krieg kommt. In einem davon finde ich einen Paß. „Republik Österreich" steht außen darauf, denn er wurde 1929 ausgestellt; aber am 19. Oktober 1938 wurde ein großes rotes „J" für „Jude" hinzugefügt, was beweist, daß der Paß noch verwendet wurde, als die Republik Österreich schon nicht mehr existierte. „Dr. David Ernst Oppenheim" hat nach der

Beschreibung ein „ovales“ Gesicht, „braunes“ Haar und „graugrüne“ Augen. Ein gutaussehender Mann starrt mich von dem Paßbild an. Sein Haar ist aus der Stirn zurückgekämmt. Er trägt einen Schnurrbart, der auf beiden Seiten in waagrechte Spitzen ausläuft, und einen kurzen ordentlichen Bart, der nur das Kinn bedeckt. Ich blättere die Seiten durch, die für Stempel der Grenzkontrollbeamten vorgesehen sind. Es gibt einige, die die Einreise in die Tschechoslowakei und die Ausreise in den Sommern 1936 und 1937 belegen – vermutlich um Verwandte zu besuchen. Auf der nächsten Seite dann folgt eine Reihe von Stempeln, die nach der Machtübernahme der Nazis in Österreich hinzukamen. Der erste lautet „Wien 17.IX.38“ und daneben steht handschriftlich „Freigrenze 10 km September 1938.“ Eine 10-Kilometer-Begrenzung der Reisefreiheit. Ähnliche Stempel erscheinen für Oktober, November und Dezember. Die übrigen Seiten sind leer.

Ich lege den Paß hin und hebe den Plastikbeutel auf, der mir auf den Kopf gefallen ist, so einen, wie man ihn an der Kasse im Supermarkt bekommt. Noch mehr alte Rechnungen? Nein, er ist voll von den gleichen kleinen Umschlägen, in denen mein Großvater an meine Großmutter schrieb – es müssen mindestens hundert sein! Ich setze mich hin und öffne einige. Jeder Umschlag enthält einen Brief, manche nur zwei Seiten lang, manche sechs oder acht, in derselben winzigen, kaum leserlichen Schrift. Die Poststempel sind alle von 1904, 1905 und 1906. Überrascht, daß so viele Briefe erhalten sind, frage ich mich, was sie mir verraten werden.

Einige Dinge sind nicht aus dem Schrank herausgefallen. Ich lange hinein und ziehe einen übervollen hellbraunen Papphefter heraus, auf den mit rotem Stift auf deutsch gekritzelt ist: „Materialien zur Kenntnis des Menschseins im Alten und Neuen Testament“. Darin ist ein Bündel Blätter voller mit Bleistift geschriebener Notizen, manche auf deutsch und manche auf griechisch. Ich kann Verweisungen auf Lukas, Markus, Matthäus und andere Bücher der Bibel erkennen, aber ich kann nicht viel davon lesen. Unter dem Hefter liegt ein Stapel gebrauchter Umschläge. Quer über einen Umschlag hat mein Großvater „Zur rituellen Nacktheit“ und eine Verweisung auf einen Abschnitt bei Ovid geschrieben.

Darin sind Dutzende Blatt Briefpapier, alle mit Hinweisen auf klassische Werke oder handschriftliche Exzerpte aus ihnen. Die Umschläge, die alle vorher verwendet wurden, haben Poststempel aus den 1920er Jahren. Auf vielen steht ebenfalls „Zur rituellen Nacktheit" – zu diesem Thema gibt es mehr Material als zu jedem anderen –, aber es gibt auch andere Themen, etwa „Seneca, Problem des Wertes" oder „Shakespeare, grundlegende Fragen der menschlichen Natur". In einem anderen Umschlag finde ich etwa ein Dutzend Leihzettel aus der Nationalbibliothek von Österreich mit Details über Bücher, die D. Oppenheim an verschiedenen Tagen 1926 und 1927 ausgeliehen hat. Es gibt sogar eine alte Wiener Straßenbahnkarte mit Hinweisen auf Textabschnitte auf der Rückseite.

Ich hatte nicht damit gerechnet, daß so viele Texte den Tod des Mannes und den Verlust seiner Wohnung überlebt hatten. Als er die Deportation vorausahnte, muß er sie jemandem zur Aufbewahrung gegeben haben. Wer auch immer das war, muß sie sicher verwahrt haben, so daß sie die Bombardierung Wiens durch die Alliierten gegen Ende des Zweiten Weltkriegs überstanden. Dann müssen sie meiner Großmutter zurückgegeben worden sein, als sie wider Erwarten nach Wien zurückkehrte.

Ich denke über meine Großmutter nach, die in die Stadt zurückkam, die sie geliebt hatte und die jetzt beschmutzt war durch das, was ihre Mitbürger getan hatten. Ihr geliebter Mann war tot, und ihre vielen Verwandten – sie hatte neun Geschwister, die meisten verheiratet, mit Kindern und in einigen Fällen Enkelkindern – waren entweder tot oder über die ganze Welt verstreut. Hat sie diese Papiere durchgesehen, um festzustellen, was sie enthielten, als sie ihre Sachen packte und zu ihren Töchtern nach Australien ging? Oder hat sie einfach alles mitgenommen, was vom Werk ihres Mannes geblieben war, weil sie den Gedanken nicht ertragen konnte, es durchzusehen? Und warum hatte ich nur die eine Seite des Briefwechsels ihrer jungen Liebe? Hatte sie ihre eigenen Briefe weggeworfen, als sie Wien verließ, weil sie nur bewahren wollte, was ihr Mann geschrieben hatte? Diese Fragen würde ich vielleicht nie beantworten können, aber ich konnte wenigstens herausfinden, was in den Briefen stand, die ich nun hatte.

Teil II

David und Amalie

3

„Eine Herzensbeziehung"

Obwohl meine Mutter und meine Tante mir Geschichten über ihre Eltern erzählt hatten, hatte man mir nie gesagt, wie sie sich kennenlernten oder sich näherkamen. Die Briefe, die ich in Doris' Wohnung gefunden hatte, gaben mir, sobald ich jemanden gefunden hatte, der mir half, Davids ziemlich unmögliche Handschrift zu lesen, eine überraschende Antwort. Die Korrespondenz begann im Sommer 1904. David war damals 23, Amalie drei Jahre älter. Beide waren an der Wiener Universität – er studierte Altphilologie, sie Mathematik und Physik –, und beide entstammten hochgebildeten jüdischen Familien aus Mähren. David hatte ein Zimmer bei einer Tante, während Amalie, deren Vater neun Jahre vorher gestorben war, bei ihrer Mutter wohnte. Ihre Mutter hatte 14 Kinder geboren, von denen zwei als Säuglinge und zwei in der Kindheit gestorben waren. Amalie war das zweitjüngste der zehn überlebenden Kinder, aber damals war sie als einzige noch unverheiratet und wohnte zu Hause. Während dieses bestimmten Sommers jedoch hielt sich Amalie bei einer Verwandten oder Freundin in Mödling auf, damals eine Kleinstadt in der Nähe von Wien. Amalie gehörte zu den wenigen Frauen an der Universität, denn die österreichischen Universitäten waren erst 1897 für

Studentinnen geöffnet worden. Ursprünglich hatte sie gar nicht vorgehabt, an die Universität zu gehen, und beschloß es erst nach dem Besuch einer Deputation, die versuchte, geeignete Frauen zum Studium zu ermutigen. Die Besucher sagten ihr, sie ließe ihr Geschlecht im Stich, wenn sie bei ihren guten Zeugnissen am Gymnasium ihre Ausbildung nicht fortsetzte. Sie immatrikulierte sich 1899 und war die 39. Frau, die an der Wiener Universität promovierte.

Der erste Brief war verwirrend. Anscheinend hatte Amalie angeboten, in einer Sache, die sich auf „einen Jungen" bezog, zu vermitteln, aber David hatte es für besser gehalten, ihr Angebot nicht aufzugreifen, weil er fürchtete, der Auftritt einer dritten Person könnte den Jungen „kopfscheu machen". Es findet sich ein Hinweis auf Eros, den griechischen Liebesgott, und ein Angebot, falls alles gutgeht, Amalie „die Briefe, die im Wahnsinn ich geschrieben" zu schicken. Was konnte das bedeuten?

Im zweiten Brief, einen Monat später geschrieben, berichtet David Amalie, daß er bei der Rückkehr von einer dreiwöchigen Italienreise „die Briefe, die mein Vetter von Victor verlangt hatte" vorfand und daß er sie zusammen mit zwei Briefen, die er selbst geschrieben hatte, an Amalie schickte. Victor war offenbar der im ersten Brief erwähnte Junge. Um Amalie zu helfen, die Briefe zu verstehen, legte er einige erklärende Bemerkungen bei. Falls sie für Amalie hilfreich waren, so waren sie für mich geradezu verblüffend.

> Die ganze Correspondenz umfaßt 4 Jahre, 1900-1904 ... Der erste Brief von Bedeutung, den ich an Victor schrieb, fehlt leider, ein monströses Schriftstück im Stil des Abiturienten u. akademischen Fuchses. Ich erzählte ihm darin die Geschichte unserer 2 Jahre, seit wir uns in Olmütz kennengelernt hatten, u. von dem Eindruck, den er auf mich gemacht hatte. Ich gab ihm eindeutige Hinweise, die ihn begreifen ließen, daß ich in ihn verliebt war, u. ich lud ihn ein, mich in Kojetein zu besuchen. Er kam auf einen Nachmittag, aber mit welchen Folgen, werden Sie aus dem Brief Nr. 2 erfahren, der vom nächsten Ostern ist, der berühmte „Amfortas-Brief". Die Frage, die Parsifal-Victor dem armen Amfortas stellen sollte, war natürlich, wie ich wirklich zu ihm stand, worauf

> ich ihm dann das Wunder des Grals erklärt hätte, das heißt den sokratisch-platonischen Eros. Doch es kam leider nicht zu dieser erhabenen Weihe, obwohl ich den Jungen damals wirklich in Olmütz sprach u. mir alle Mühe gab, ihm den Kopf ebenso zu verdreht zu machen, wie es der meine war.

Auch mir drehte sich der Kopf. Mein Großvater war in einen „Jungen“ namens Victor verliebt gewesen! Was verstand er unter „sokratisch-platonischem Eros“, und warum war dies „das Wunder des Grals“? Weder meine Mutter noch meine Tante hatten jemals etwas derartiges erwähnt. Wie alt war der „Junge“? Durch eine spätere Erwähnung entdeckte ich, daß Victor im Sommer 1902 das Gymnasium abschloß, also war er vermutlich etwa 16 zu der Zeit, als David ihn umwarb. In jenem Sommer lud David Victor wieder nach Kojetein ein, doch Victor lehnte ab. Danach finden sich weitere Hinweise auf andere Briefe und auf einen „Abschiedsbrief“ von Victor sowie einen letzten Brief von David, mit dem er ein kleines Buch, „Handbüchlein der Moral“, von dem stoischen Philosophen Epiktet schickte. „Mit diesem Brief“, schreibt David, „ist die Geschichte eigentlich zu Ende.“

Warum, fragte ich mich, schrieb David ihr über Victor und schickte ihr sogar seinen Briefwechsel mit ihm, wenn seine Beziehung zu ihm inzwischen beendet war? Der letzte Absatz beantwortete diese Frage wenigstens teilweise.

> Ich hoffe, geehrtes Fräulein, daß Sie nun im Stande sein werden, in dieser dunklen Sache klar zu sehen u. auch mir durch Ihr klares Urteil Klarheit zu geben. Zeigen können Sie die Briefe jedem, dem Sie vertrauen, wie ich Ihnen vertraue. Ich bin mir bewußt, nichts Unrechtes gewollt zu haben, aber auch nichts, was die viel zu vielen erfahren dürften.

David erwartete von Amalie, ihm „Klarheit zu geben“. Aber ich wußte immer noch nicht, warum er sie für diesen Zweck ausgesucht hatte – eine Frau, die er nicht sehr gut kannte, wie ich dem förmlichen Stil seiner Anrede entnehmen konnte. In einem späteren Brief gibt David den Grund an. Er sagt, er habe Amalie „flüchtig“ kennengelernt, als er Gymnasiast in Brünn war. Sie machte einen solchen Eindruck auf ihn, daß er „einen kühnen Plan“ ersann, „Ihnen so nahe zu kommen, daß ich Ihnen meine Herzensgeheimnisse, die mir natürlich mit einem Problem der griechischen Kulturgeschichte ganz identisch waren, mitteilen könnte“. Davids Motivation für den Wunsch, Amalie kennenzulernen, war in anderen Worten, daß er sich zu Menschen seines eigenen Geschlechts hingezogen fühlte. Dies war gleichzeitig „ein Problem der griechischen Kulturgeschichte“, weil Davids Vertrautheit mit griechischen Texten ihm Einblick in eine hochentwickelte Kultur gab, die eine völlig andere Einstellung zu gleichgeschlechtlichen Beziehungen hatte als die jüdische bzw. christliche Kultur, in der er lebte.

In dieser spezifischen Form der Wertschätzung klassischer Philologie stand David keineswegs allein. Oscar Wilde hatte in seinem Prozeß ausgeführt, daß „die Liebe, die ihren Namen nicht zu sprechen wagt“ auch die Liebe ist, die „Platon zur eigentlichen Grundlage seiner Philosophie machte“. In Oxford stellte der Dichter und Wissenschaftler A. E. Housman die gleiche Verbindung her, wie Tom Stoppard in seinem Stück *Die Erfindung der Liebe* gezeigt hat. E. M. Forsters lange verbotener Roman *Maurice*, der in Cambridge während der Regierungszeit Eduards VII. spielt, erzählte von einem Studenten, der einen verständnislosen Klassenkameraden, in den er verliebt ist, drängt, in den Sommerferien Platons *Symposion* zu lesen, und hofft, daß er dann die Möglichkeiten für ihre Beziehung besser verstehen wird. Das erinnert stark an Davids Wunsch nach einer günstigen Gelegenheit, Victor den „sokratisch-platonischen Eros“ zu erklären.

Jahre vergingen, bis David seinen Plan ausführen konnte, Amalie näherzukommen. Am Ende seines dritten Jahres an der Universität kehrte er frühzeitig nach Brünn zurück, weil er wußte, daß sie dort war und vermutlich bei ihrer Schwester und ihrem Schwager wohnte. Er begegnete ihr in der Synagoge, war aber „außerordentlich schweigsam“. Nachdem nun sein Plan gelungen ist, belustigt ihn im nachhinein die Erinnerung an sein damaliges „stockfischartiges Benehmen“. David erklärt dann, daß er Amalie deshalb so früh als die Person auswählte, der er seine Herzensgeheimnisse offenbaren konnte, weil er „von da an das instinktmäßig sichere Gefühl hatte, daß Sie mich verstehen würden u. Ihr Verständnis mich selbst zu klären die Kraft besitzen werde". Obwohl das Gefühl instinktmäßig war, rechtfertigte er es in einer Diskussion mit seinem Vetter mit einem Hinweis auf „die Höhe Ihrer geistigen Begabung". Amalies Ruf als hervorragende Studentin muß so weitverbreitet gewesen sein, daß er David erreichte. Aber jetzt glaubt David, daß er auf etwas anderes anspricht, auf eine „neue Art des Weiblichen", die Amalie für ihn darstellt. Obwohl sie durch ihre Bildung „viel von der Männerkultur aufgenommen" hat, ist sie noch sehr stark Frau, und das bedeutet, daß sie besitzt, was er als „spezifischen Vorzug des Weibes" sieht, nämlich „ruhige Selbstsicherheit", „Frische des Empfindens" und „die Gabe, menschliches Empfinden, wo u. wie immer es auftritt, teilnehmend zu verstehen".

Davids Porträt meiner Großmutter paßt zu dem Bild, das andere später von ihr hatten. Doris fand Amalie, als sie ihre Mutter und ihren Vater verglich, „selbstbeherrschter, vielleicht energischer, logischer, aber ruhiger". Meine Schwester Joan, die sechs Jahre älter ist als ich und daher mit meiner Großmutter in einer Weise reden konnte, die mir, neun Jahre alt, als sie starb, nicht möglich war, hat Amalie, 50 Jahre, nachdem Davids Brief geschrieben wurde, immer noch als feinfühlige, ruhige, kluge und sehr verständnisvolle Person in Erinnerung.

Im September 1904 ging David nach Hause, um die jüdischen Feste Rosch Ha-Schana, das jüdische Neujahr, und Jom Kippur, den Versöhnungstag, bei seiner Familie in Brünn zu verbringen. Am 20. September schrieb David aus Brünn an Amalie, daß ihr Brief ihn „an einem frostigen Jom-Kippur-Nachmittag aufrichtig erfreut" hat. Vielleicht als Gegenleistung für Amalies Kommentare zu Victors Briefen schickte David ihr einen Versuch zu einer psychologischen Analyse von Briefen, die Amalie von einer gewissen Martina bekommen hatte. Anscheinend war Martina daran interessiert, Altphilologie zu studieren, denn Amalie hatte David gefragt, welche Vorlesungen seiner Professoren er empfehlen könne. Nachdem er sich über einige dieser Professoren geäußert und Martina gedrängt hatte, doch ja „die Grundwissenschaft, die Psychologie“ zu studieren, berichtet David Amalie schließlich, daß er Victor in Brünn in der Synagoge gesehen und Victor ihn dann besucht habe. Nach einer Pause von fast zwei Jahren standen sich David und Victor also wieder gegenüber. David beschreibt seine Gefühle mit diesen Worten: „Ja gleichgültig ist mir der Junge natürlich nicht geworden, aber verliebt bin ich doch auch nicht mehr.“ Er möchte nun „den Vorteil der Position“ nutzen und versuchen, anhand von Victors eigenen Aussagen eine Theorie zu bestätigen, die Amalie vorgeschlagen hat und David als „Ihre so vorzügliche Angsttheorie“ erwähnt. Alles, was David sich von dieser flüchtigen Erneuerung seiner Beziehung zu Victor verspricht, ist „wissenschaftlicher Gewinn“, teilt er Amalie mit.

Im November schreibt David an Amalie, daß in seinem „sonst so stillen Leben“ einige Ereignisse von „nicht gewöhnlicher Bedeutung“ stattgefunden haben:

> Am vorigen Freitag hat mich Soyka, mein ebenso genialer wie unglücklicher Freund, besucht u. wieder bei mir eine Generalbeichte abgelegt. Es ist natürlich wieder eine Herzensgeschichte vom alten Typus, aber mit neuer gewaltiger Kraft begabt. Er liebt den Sohn eines bekannten Wiener Sozialistenführers mit so leidenschaftlicher Qual, wie sie nur ein bedeutender Mensch fühlen kann. Schon das, was er mir von dieser Sache erzählt hat, ist bedeutsam u. wäre wert, von Ihnen gehört zu werden. Aber diesmal geht die Sache noch weiter. Ohne meines Freundes Wissen u. Willen habe ich selbst in das Drama als Episodenspieler eingegriffen. Ich wandte mich schriftlich an den Jungen, hatte ihn vorigen Sonntagnachmittag in meinem Hause u. hielt mit ihm eine Besprechung, von der ich glaube, daß ich sie immer zu meinen merkwürdigsten Erlebnissen werde zählen können. Von diesen Dingen, die mich selbst so mächtig bewegen, Ihnen zu berichten, ist mir ein tiefgefühltes Verlangen. Darum erlaube ich mir die Bitte, Sie am Sonntag nachmittag besuchen zu dürfen, falls dies ohne jede Störung der Pflegepflichten, die Sie gegen Ihre verehrte Mutter erfüllen, geschehen kann.

David hatte also zumindest einen Freund, der seine sexuellen Vorlieben teilte. Otto Soyka war Wiener, Jude, ungefähr genauso alt wie David und im Begriff, eine schriftstellerische Laufbahn einzuschlagen, indem er einen Artikel über Oscar Wilde für *Die Fackel* schrieb, die sehr bewunderte und sehr verhaßte satirische Zeitschrift, die von Karl Kraus herausgegeben wurde. Als nächstes schrieb Soyka ein mutiges Buch, in dem er Sanktionen gegen „unnatürliches" Sexualverhalten angriff, darunter männliche Homosexualität, Fetischismus und sogar – wo keine Grausamkeit im Spiel war – Sodomie. Er schrieb auch zehn Romane, meist Thriller, Kriminalromane, Science-fiction und Fantasy, die oft um die Macht kreisten, die eine Person über andere haben kann.

Daß Soyka ausgerechnet den Fall Oscar Wilde für seinen ersten Beitrag zu Kraus' Zeitschrift wählte, weist auf den Nachhall hin, den Wildes Prozeß wegen Homosexualität noch immer hatte. Im deutschsprachigen Europa kam gerade eine Bewegung für eine offenere und tolerantere Einstellung gegenüber Homosexualität in Gang. Im Jahr nach Wildes Verurteilung 1895 erschienen allein in Deutschland 320 Arbeiten über Homosexualität. 1897 gründete Dr. Magnus Hirschfeld, bereits Autor einer kleinen Untersuchung der Homosexualität mit dem Titel *Sappho und Sokrates*, sein „Wissenschaftlich-humanitäres Komitee", das die Reformkampagne voranbringen sollte. 1905 diskutierte das Komitee einen Vorschlag, der ihren Fortgang fördern sollte, indem man 1000 Personen veranlaßte, vor der Polizei zu erklären, sie seien homosexuell, und zu verlangen, daß Anklage gegen sie erhoben werde. Obwohl der Plan nie ausgeführt wurde, könnten David und Soyka in diesen ersten Jahren des neuen Jahrhunderts geglaubt haben, daß Liebe zwischen zwei Menschen gleichen Geschlechts bald aus dem Dunkel hervortreten werde.

Zwei Wochen nachdem David Amalie über Soyka berichtet hatte, schlug er wieder einen Sonntagsspaziergang vor und äußerte den Wunsch, das Gespräch fortzusetzen, das sie auf dem vorhergehenden Spaziergang über Dinge bezüglich Eros oder Geschlechtslust geführt hatten. Wie Sokrates in Platons *Symposion,* so erzählt er Amalie, betrachte er diesen Bereich als „meine eigentliche Domäne", würde aber gern mehr von Amalie lernen. Er nennt sie nach der Frau, von der Sokrates Platon zufolge die wahre Natur des Eros erfuhr, seine „weise Diotima".

Die Gespräche, die David und Amalie auf ihren Sonntagsspaziergängen rund um Wien führten, dürften für ihre Zeit ungewöhnlich gewesen sein. Obwohl befreiende Ideen in Umlauf waren, war Sexualität in den meisten gehobenen Kreisen kein Thema, über das man mit Frauen diskutierte. Stefan Zweig deckt auf, wie wenig junge Frauen „aus guter Familie" über solche Dinge wußten, als er sich an eine seiner Tanten erinnert, die in ihrer Hochzeitsnacht bei ihren Eltern erschien und Sturm läutete, um ihnen zu berichten, ihr Ehemann sei ein Wahnsinniger und ein Unhold. Ihr Beweis für diesen Schluß war, daß er versucht hatte, sie zu entkleiden!

Davids Briefe an Amalie drehen sich jedoch nicht nur um das Wesen des Eros. Ende November gingen David und Amalie in eine Vorlesung eines gewissen Wilhelm Ostwald, eines deutschen Naturwissenschaftlers mit Interesse an Philosophie, über „die energetische Vorstellung von Glück". Danach schrieb David Amalie einen langen Brief, in dem er sich gegen den Vorwurf verteidigt – den Amalie ihm anscheinend wegen seiner Kritik an der Vorlesung gemacht hatte –, daß er eine allgemeine Abneigung gegen Naturwissenschaft habe. Zwischen ihnen wäre dies ein wichtiges Problem gewesen, weil Amalie Mathematik und Physik studiert hatte. David schreibt ihr, daß er keineswegs gegen die Naturwissenschaften sei, „sondern nur gegen die unberechtigte Übertragung ihrer Begriffe u. Methoden auf das Gebiet der Geisteswissenschaften". Dann beklagt er die Tatsache, daß seine Spezialisierung in den Geisteswissenschaften ihm keine Zeit gelassen habe, seinen naturwissenschaftlichen Interessen nachzugehen, und räumt ein, daß dies ein „schwerer Fehler" in seinem Geistesleben sei. Besonders gern würde er Biologie studieren, weil sie die Grundlage des Studiums seines Hauptinteresses sei, „des psychischen Lebens". Mathematik dagegen sei nichts für ihn, weil „ich mich auf keinen Fall andauernd in Abstraktionen bewegen kann ... Ich bin eben Historiker u. liebe demgemäß das Anschauliche, das Bunte, das Lebendige". Selbst in der Philosophie, sagt er, mag er „alle reine Begriffsphilosophie“ nicht und werde sich „zum Studium der Kantischen Schriften wohl kaum jemals herbeilassen“.

Davids nächster Brief ist lang und sehr persönlich. Er fühlt sich „gerade in einer Periode des vollkommensten Tiefstands in meinem Selbstgefühl“ und ist in dieser Stimmung bereit, „ein Geheimnis zu verraten“. Das Geheimnis ist nicht, daß er in Mathematik unzulänglich ist, sondern sogar auf seinem eigenen Gebiet der klassischen Philologie oder dem Studium der antiken Texte. „Als Philologen mich zu bezeichnen habe ich kein volles Anrecht.“ David schreibt Amalie, daß er zwar an der Universität im Ruf stehe, es im Verständnis griechischer Texte fast mit seinem Lehrer, dem namhaften Professor Arnim, aufnehmen zu können, daß dieser Ruf aber unverdient sei. Obwohl er „eine gewisse Fertigkeit“ im Übersetzen und in der Interpretation griechischer Texte habe, fehle ihm auch nach fünf Jahren an der Universität „die lebendige Sprachkenntnis“, weshalb er nicht fähig sei, beschädigte und lückenhafte griechische Texte zu rekonstruieren. Er sagt Amalie, daß er kompetenter hätte sein können, wenn er Geschichte oder deutsche Literatur zu seinem Gebiet gemacht hätte, „aber Sie wissen bereits von mir, wie tief mein Verhältnis zum klassischen Altertum u. daß es ein Herzensverhältnis in des Wortes wahrster Bedeutung ist“. Deshalb fürchtet er, daß er sich für ein Gebiet entschieden hat, auf dem er keine wirklich wertvolle Arbeit leisten kann. Sollte sich das als wahr herausstellen, fügt er hinzu, „dann bedeutet es für mich eine Katastrophe, von der ich mich kaum zu erholen wüßte“. Denn er habe sein „Ich identifiziert mit dem Altertumsforscher in mir, u. wenn der fällt, was soll dann bleiben?“

Daß er Amalie diese Episode erzählt, veranlaßt David, über eine wichtige Entscheidung nachzudenken, die er bald treffen muß. Früher hatte er geglaubt, die einzige lohnende Aufgabe, die er sich stellen könnte, wäre die Erforschung der alten Sprachen mit dem obersten Ziel, zu verstehen versuchen, was es bedeutet, Mensch zu sein. Aber nun haben seine Zweifel hinsichtlich seiner Fähigkeiten im Altgriechischen ihn zu der Erkenntnis geführt, daß die Welt nicht nur Universitätsprofessoren brauche, sondern auch tüchtige Gymnasiallehrer. „Freilich ob ich das wäre?“ fragt er sich. „Ein schüchterner, fast ängstlicher Mensch wie ich taugt wenig dazu, eine Schar kräftiger Rangen im Zaum zu halten.“

4

„Zwischen uns sei Wahrheit"

Am 19. Dezember schrieb David an Amalie, er werde am Freitag nachmittag nach Brünn aufbrechen. Ob sie sich davor treffen könnten? Aus dem nächsten Brief geht hervor, daß sie sich tatsächlich trafen und ein Gespräch über Davids Freund Soyka führten, das David mit „stürmischer Unruhe" erfüllte. Während ein „gnädiges Geschick" David vor den „Irrwegen", in die Soyka getrieben wurde, bewahrt hat, erlebt David auch die Spannung, die Soyka diese Probleme bereitet haben. Dies ist, erklärt David, der unversöhnliche Konflikt zwischen Natur und Kultur, zwischen der „barbarischen Kraft" der natürlichen Begierde, die „Befriedigung im sinnlichen Genuß verlangt", und dem Geistigen mit seinen „zahllosen, unendlich feinen u. zarten Bedürfnissen", die jeder relativ edel veranlagte junge Mann hat.

Bedeutet die Tatsache, daß David Soykas „Irrwege" erspart geblieben sind, daß Davids Verhältnis zu Victor wie auch alle anderen homosexuellen Beziehungen, die er gehabt haben mag, im Unterschied zu Soykas Beziehungen nicht zu körperlicher Intimität führten? Freud schrieb: „... Einschränkung des Sexualzieles – bis zur bloßen Gefühlsergießung – sind hier [bei homosexuellen Männern] sogar häufiger als bei der heterosexuellen Liebe." Zwar ist es unwahrscheinlich, daß dies heute noch zutrifft, doch könnte es zu der Zeit und an dem Ort, wo Freud dies schrieb – Wien in den ersten Jahren des 20. Jahrhunderts –, für Homosexuelle durchaus gültig gewesen sein – und es könnte für David gegolten haben. Aber wenn es für David galt, dann nicht ohne Kampf. Im weiteren gesteht David Amalie, daß er, wie Soyka, nicht weiß, wie er sein intellektuelles und ethisches Leben mit seinem „herrischen Naturtrieb" in Einklang bringen kann. Er schreibt von „Wunden", die bluten, die vor der Welt und (ein früher Bezug auf unbewußte sexuelle Empfindungen, die Freud in seiner vier Jahre zuvor erschienenen *Traumdeutung* zu erforschen begonnen hatte)

„zeitweilig auch vor dem, der sie trägt“ verborgen sind. Diese Wunden „schmerzen, wie keine andern“ und reichen „an den Sitz des Lebens“. Dann fragt sich David, ob sein Geständnis zu weit gegangen ist:

> Damit habe ich Sie nun wieder um ein großes Stück tiefer oder vielmehr zutiefst in mein Inneres blicken lassen. Denn was etwa noch übrig bleibt, will wenig bedeuten denn gegen die Enthüllungen, die ich Ihnen heute zunächst im Gespräch und jetzt in diesem Brief gemacht habe. Fast muß ich nun fürchten, durch ein Übermaß an Aufrichtigkeit mich selbst in Ihrer Achtung herabgesetzt zu haben. Aber „zwischen uns sei Wahrheit“.

Mit dem Anfang des neuen Jahres 1905 beginnt David seine Briefe mit „Werte Freundin“ anstelle des förmlicheren „Hochverehrtes Fräulein“, mit dem die ersten Briefe begannen. David und Amalie treffen sich weiter und unterhalten sich über den „doppelten Eros“. Als David Amalie mit ihrer Freundin Martina sieht, zitiert er eine Zeile aus *Faust*: „Diese Schönheit, wie sie blendet, blendete mich Armen ganz“, und fährt fort: „Ich hoffe, daß Sie jetzt nicht etwa eifersüchtig werden.“ Auch wenn es ein Scherz war, ist dies das erste Anzeichen, daß die Beziehung zwischen David und Amalie so geartet sein könnte, daß Eifersucht aufkommen kann.

Im Winter 1905 beginnen David und Amalie, zusammen einen Dialog mit dem Titel *Erotes* auf griechisch zu lesen. Dieses Werk wurde früher dem griechischen Schriftsteller Lukian zugeschrieben, später aber einem anderen, unbekannten Autor, der deshalb von Wissenschaftlern als „Pseudo-Lukian“ bezeichnet wird. Im Mittelpunkt des Dialogs steht die Debatte zwischen zwei jungen Männern über die Vorzüge der Liebe zu Knaben verglichen mit der Liebe zu Frauen. Der Verfechter der Liebe zu Frauen argumentiert, daß seine Neigung die natürliche sei, die dem Zweck der Fortpflanzung diene, und daß es entwürdigend sei, ein Mitglied des eigenen Geschlechts als bloßes Werkzeug der Lust zu gebrauchen. Aber sein Gegenspieler kehrt dieses Argument um, indem er argumentiert, die Liebe zu Knaben sei in der Tat eher kulturell als natürlich, doch genau dies zeige, daß diejenigen, die sie praktizieren, sich über die reine Natur erhoben haben. Der Erzähler fungiert dann als Schiedsrichter zwischen beiden und kommt zu dem Schluß, daß die Liebe zu Frauen für alle sei und das höchste wahre Glück bringe, falls die richtige Partnerin gewählt wird, die Liebe zu Knaben dagegen nur für Philosophen sei.

Das Erlebnis, dieses Werk mit Amalie zu lesen, bringt David „geistigen Hochgenuß“. Er ist verblüfft über ihre Kenntnis des Griechischen, dic nach seiner Ansicht ein Niveau hat, das er erst nach fünf Jahren „Fachsimpelei“ erreichen konnte, und er ist auch begeistert über ihre Fähigkeit, sich in die Gedanken des Autors zu versetzen. Die Lektüre regt David „zu erneuter Prüfung des alten Problems“ der Unterschiede zwischen homosexuellen und heterosexuellen Bindungen und der Spannung zwischen Natur und Kultur an. David sagt Amalie, daß man die Liebe zwischen Männern und Frauen wird vorziehen müssen, wenn man den Gedanken berücksichtigt, daß Menschen auf lange Sicht nur erfolgreich sein können, wenn zwischen Natur und Kultur Harmonie herrscht. Aber er fügt ein Plädoyer für die Bisexualität hinzu:

> Aber darum möchte ich die etwas naturentfremdete, etwas raffinierte Romantik der Liebe zur Schönheit des eigenen Geschlechts doch nicht missen. Wer die beiden *Erotes* in sein Herz aufgenommen hat, wird mir darum als der durch Reichtum des Gefühls höher entwickelte, der kultiviertere Mensch erscheinen.

Im Januar lernt Amalie Davids Freund Soyka kennen. Wie David kann sie „die Macht dieser Persönlichkeit“ spüren, aber sie findet auch, daß er ganz bewußt Grenzen überschreitet, die für sie unantastbar sind. David stimmt zu, daß trotz des „Großen“, das ihn und Soyka zusammenbringt, es gerade jene Grenzen sind, die sie auseinanderreißen, denn: „Auch ich will ja dem Individuum nicht alle die Rechte gegenüber der Gesellschaft eingeräumt sehen, die Soyka für sich verlangt.“ Hier wird Davids konservativer Charakter deutlich. Was auch immer die „Rechte gegenüber der Gesellschaft, die Soyka für sich verlangt“ waren, so scheint gewiß, daß sie heute als richtig im Bereich der individuellen Wahl angesehen würden. Amalie sagt David, daß er im Verhältnis zu Soyka dastehe wie Victor zu ihm. David akzeptiert dies als Möglichkeit, obwohl er nicht glauben kann, daß er einen ebenso starken Eindruck auf jemanden machen könne wie Soyka auf ihn. Stünde David zu Soyka, wie Victor zu ihm stand, wäre er vielleicht halb verliebt in Soyka und halb in Furcht, von ihm erdrückt zu werden.

An diesem Punkt stößt die Beziehung zwischen David und Amalie auf ihre ersten Probleme. Ein kleineres entsteht aus Davids heftiger Kritik eines Essays von einem ungenannten Freund Amalies. In einem am 31. Januar geschriebenen Brief sagt David, daß er, noch bevor er Amalie am Sonntag zuvor verlassen hatte, das Gefühl hatte, eine Dummheit begangen zu haben, aber erst, als er einen Brief von ihr erhielt, bemerkte, wie schlimm sein Fehler gewesen war. Ein anderer, nur zwei Tage später geschriebener Brief weist darauf hin, daß sie sich bereits wieder getroffen und Davids Brief diskutiert hatten. Aber bei diesem Gespräch verriet David, daß er Amalies Brief seinem Vetter gezeigt hatte, und dies brachte Amalie offenbar aus der Fassung. Im nächsten Brief erklärt David: „Der Gedanke, irgend etwas getan zu haben, was Sie, sei es auch nur im Entferntesten, als eine Entweihung Ihres Selbst empfinden könnten, ist mir schmerzlich lebendig geworden." Zur Besänftigung sagt er, er habe nicht geglaubt, etwas Unrechtes zu tun, weil er selbst nichts dagegen hätte, wenn seine Ansichten und Gefühle anderen bekannt würden, solange er sich sicher sei, nicht mißverstanden zu werden. Als er Amalie seine Korrespondenz mit Victor schickte, gab er ihr die Freiheit, die Briefe jedem zu zeigen, von dem sie glaubte, er würde sie verstehen, und er hatte angenommen, daß sie diese Einstellung teilte. Sie möge, wenn sie diesen Fehler beurteilte, bedenken, „daß ich viel, vielleicht allzuviel, mit mir selbst, wenig mit Altersgenossen, mit Frauen aber noch gar nicht verkehrt habe". Dies erkläre vielleicht sein fehlendes Verständnis, wofür er sie um Verzeihung bitte. Ihre Beziehung steht in seinen Augen an einem gefährlichen Punkt, denn Gegenstand ihrer Diskussion ist geworden, was sie zueinander gesagt oder nicht gesagt haben. In Hinblick auf Victor sagt er, er habe „es schmerzlich bei Victor erfahren, daß ein Verhältnis, das von Selbstbetrachtung lebt, verkommt".

Amalie muß David verziehen haben, und in Übereinstimmung mit seinem klugen Rat, daß eine Beziehung, die sich von sich selbst nährt, verkommt, geht der nächste Brief zu einem anderen Thema über. David schickte Amalie eine Fotografie, die eine klassische griechische Statue zeigt, nur Kopf und Schultern, im Profil, ein wenig abgewandt. Darunter hat David geschrieben: „Bildnerwerke, beseelt vom Hauche des Eros, zu schauen/Ladet, Diotima, dich dein sokratischer Freund." Die Fotografie zeigt die Statue der Aphrodite, der Göttin der sinnlichen Liebe, eine Kopie der berühmten Aphrodite von Knidos des griechischen Bildhauers Praxiteles. David schickt sie Amalie, weil die Debatte zwischen dem Frauenliebhaber und dem Knabenliebhaber angeblich von einer Diskussion über diese Statue angeregt worden war. Nachdem David die Hoffnung ausgedrückt hat, daß die Fotografie Amalie eine Vorstellung von der „Schönheit, die blendet" geben wird, die den Frauenliebhaber und den Knabenliebhaber gleichermaßen beeindruckte, macht David eine Bemerkung, die der Beziehung zwischen ihm und meiner Großmutter eine weitere Wendung hinzufügt:

> Daß auch Sie davon berückt werden, erwarte ich nicht, da Ihr Schönheitsideal, weit entfernt davon, nur Stein zu sein, so wie ich mich Donnerstag abend überzeugen konnte, in rosiger Frische u. Gesundheit durch die Welt wandelt. Auch wenn Ihnen die Göttin auch nur halb so gut gefällt wie Martina, dann kann sie ja wohl schon zufrieden sein. Und ich wünsche es sehr, daß Sie die launische Kypris zufriedenstellen, denn sie ist eitel u. könnte sich leicht rächen – am Ende gar an Martina, für Sie gewiß die finsterste Rache.

„Kypris" ist hier ein anderer Name für Aphrodite. David deutet also an, daß die schöne Martina Amalies Schönheitsideal verkörpert, und scherzt, dies könne dazu führen, daß die Göttin eifersüchtig wird und sich an Martina rächt, was auch die finsterste Rache für Amalie wäre. Zum erstenmal kam mir die Frage in den Sinn: War diese schöne junge Frau für Amalie mehr als eine Schülerin, Verwandte oder Freundin? Daß mein Großvater in einen jungen Mann verliebt gewesen war, hatte mich völlig überrascht, war aber nicht schwer zu akzeptieren. Ich hatte jedoch nicht über die Möglichkeit nachgedacht, daß meine beiden Großeltern sich zum eigenen Geschlecht hingezogen fühlten. War ich blind gewesen für das Offenkundige? Eine Woche später bezieht sich David auf ein Treffen, das Amalie mit Martina haben wird, und schreibt: „Möge die Geliebte mit dem Gürtel Aphrodites erscheinen, um so mit erhöhtem Anmutsgang Ihr Herz zu entzücken." Wenn Martina „die Geliebte" war, die mit Hilfe der Göttin der sinnlichen Liebe Amalies Herz entzücken konnte, mußte ich akzeptieren, daß nicht nur David, sondern auch Amalie ein persönliches Interesse an homosexueller Liebe hatte. Dieses gemeinsame Interesse muß wichtig gewesen sein für David Entscheidung, Amalie auszuwählen, um die Geheimnisse seines Herzens mitzuteilen – und folglich für die Heirat, die aus diesem gemeinsamen Interesse an der Liebe zum eigenen Geschlecht erwuchs.

5

Die Verlobung

Am ersten Märztag 1905 hielt David inne, um eine Bestandsaufnahme seines Lebens zu machen. Es ist eine Zeit, teilt er Amalie mit, in der sein Leben, mehr als in jedem anderen Moment seiner bisherigen 24 Jahre, „in so mächtig rollenden, rauschenden Wogen“ fließt. Obwohl er in früheren Jahren seine Studien sehr ernst nahm, lebt er jetzt, da er vor den Universitätsexamina steht, die seine Zukunft bestimmen werden, als wären die Prüfungen „Schaum u. Duft“. Er hat sich bisher in einem Zickzackkurs bewegt, doch nun ist er entschlossen, eine bindende Entscheidung für sein Leben zu treffen. Für seinen Berufsweg wägt er „das ziellose Schweifen der Berufslosigkeit“ gegen „die Festigkeit amtlicher Stellung“ ab – also die schon früher erwähnte Wahl zwischen dem Versuch, seine wissenschaftliche Arbeit nach dem Examen fortzusetzen, oder Gymnasiallehrer zu werden. Aber er hat nicht nur diese Entscheidung im Sinn. Denn dann erwähnt er eine andere Wahl: „Dem unerbittlichen Zölibat“ steht „der frei gewählte *gamos*“ gegenüber. *Gamos* – David schreibt es in griechischen Buchstaben – ist das griechische Wort für Heirat, Ehe. Nur die Ehe, schreibt er Amalie, kann den Konflikt zwischen seinen körperlichen und geistigen Bedürfnissen, den sie zuvor erörtert hatten, lösen und ihm innere Ruhe bringen. Aber das ist nicht alles. Er hat in jüngster Zeit das Glück gehabt, einige Menschen zu finden, die ihn gut verstehen, und dies hat ihn zu einer besseren Wertschätzung einer solchen Beziehung gebracht. Sie ist, glaubt er, unerläßlich für die beste Lebensart und sollte aus diesem Grund nicht dem Zufall überlassen bleiben. Dann fügt er hinzu:

> Einen Menschen zu besitzen, dessen Beruf es sozusagen ist, mich zu verstehen, der … ein gebildeter u. kundiger Zuschauer ist, dieser Gedanke liegt mir gegenwärtig sehr nahe, u. seine Ausführung liegt wohl in der Richtung zum *gamos*.

Davids Beschreibung des „Menschen, dessen Beruf es sozusagen ist, mich zu verstehen", „ein gebildeter und kundiger Zuschauer", paßt unmißverständlich zu der Art, wie er in früheren Briefen Amalie beschrieben hat. Er muß das gewußt haben und auch, daß sie es beim Lesen des Briefes so verstehen würde. Er fragt sie nicht direkt, ob sie gewillt ist, diese Person zu sein, sondern schließt den Brief mit einer verblümteren Bitte:

> Dies sind die Gedanken, die mich jetzt mächtig bewegen. Eben darum mußte ich sie Ihnen mitteilen u. wünsche ich von Ihnen zu hören, was Sie darüber denken. Das freundschaftliche Wohlwollen, dessen ich mich bei Ihnen erfreue, wie die genaue Kenntnis meines Wesens, die ich selbst Ihnen zu verschaffen bemüht war, werden Ihrem Urteil in meiner Entscheidung höchste Bedeutung verleihen.
> Beste Grüße von Ihrem stets getreuen Freunde
> David Oppenheim

Dies ist ein Heiratsantrag, allerdings ein außerordentlich leiser, zaghafter und abstrakter. Er enthält keine Liebeserklärung, und das Wort „Sie" – er verwendet noch nicht das „Du", das enge Freunde und Verliebte benutzen würden – erscheint nur in der Aufforderung an Amalie, ihm mitzuteilen, was sie von seiner allgemeinen Idee hält. Davids Antrag ist kaum mehr als ein Wink, der darauf wartet, aufgegriffen zu werden, ein Wink, der übergangen werden könnte, ohne die zwischen dem Schreiber und der Empfängerin bereits bestehende Freundschaft zu stören.

Wie würde Amalie auf einen so seltsamen Antrag reagieren? Was für eine Art von Ehe stellte sich David vor? Wie würde eine Heirat zwischen Personen, die von ihrem eigenen Geschlecht angezogen werden, den Konflikt zwischen körperlichen und geistigen Bedürfnissen lösen? Ich hoffte, aus Davids nächstem Brief mehr zu erfahren, aber der handelte wieder von Victor, der Wien besuchte. Victor hat David nicht aufgesucht, aber die Tatsache, daß Victors Zurückhaltung ihn nicht schmerzt, ist „der erwünschte Beweis für die Unabhängigkeit, die ich dem Jungen gegenüber errungen habe". Dafür dankt er Amalie, dafür, daß sie „mein Bedürfnis nach voller seelischer Gemeinschaft so vollkommen befriedigt". Hatte Amalie als Antwort auf Davids Heiratsantrag gesagt, sie wünsche einen Beweis, daß David nicht mehr an Victor hing?

In seinem nächsten Brief dankt David Amalie für ihren „lieben Brief", sagt aber nichts zum Inhalt. Nach dem Ton scheint jedoch nichts Dramatisches zwischen ihnen vorgefallen zu sein. Amalie steht kurz vor dem Rigorosum, und David will sie bei der Promotion sehen. Vielleicht schiebt sie ihre Antwort hinaus, bis dieser Meilenstein hinter ihr liegt.

Am Tag nach Amalies Promotion schreibt David, daß sein Verhältnis mit Victor sich auf eine „sanfte Auflösung" zubewegt und daß er dies nicht durch irgendein plötzliches Eingreifen zu beschleunigen wünscht. Ihm ist nur wichtig, „die Sache innerlich rein abzuschließen". Er sagt, er habe „getan, was in meinen Kräften steht", und bittet Amalie dann, an nichts in der Geschichte seiner Beziehung mit Victor Anstoß zu nehmen. Obgleich sehr wichtig, ist diese Beziehung nur ein „blasser Schatten" gegenüber der „ersten, schönen Realität meines Verhältnisses zu Ihnen, liebe Freundin".

An diesem Punkt beschleunigt sich der Gang der Ereignisse. Victor kommt doch bei David vorbei, aber nur um guten Tag zu sagen, denn er ist im Begriff, Wien zu verlassen. David begleitet ihn zu seinem nächsten Ziel, aber sie stellen fest, daß sie sich wenig zu sagen haben. „Damit soll dann die ganze Geschichte von Victor vorläufig oder für immer beendet sein", schreibt David, und wieder dankt er Amalie für ihr „wunderbar feinsinniges Verständnis" in dieser Angelegenheit. Bis dahin hat nichts auf eine Reaktion Amalies auf Davids Wink hingewiesen, daß er die Möglichkeit einer Heirat diskutieren möchte, aber jetzt plötzlich passiert irgend etwas. „Geliebte!" hat das „Liebe Freundin" über Davids nächstem Brief an Amalie, der auf den 17. März datiert ist, ersetzt. In hochtrabender Prosa schreibt er, daß sich das „wunderbare Wirken" der „großen allbeherrschenden Göttin" – er meint Aphrodite – „an uns selbst offenbart". Er schreibt Amalie, daß er tief im Innern nicht aufhören kann zu lächeln, weil die Menschen ihn für sein altes Selbst halten, während er, ohne daß sie es wissen, „heimlich verlobt“ ist. Da die Sache mit Victor endgültig aus ist, muß Amalie Davids verhüllten Heiratsantrag angenommen haben.

David und Amalie treffen sich am nächsten Tag, und danach schreibt er ihr über die Begegnung:

> Nun verwirklicht sich mir wunderbar, was ich mir in Jahren fruchtlosen Sehnens erträumt, was ich von Victor erhofft u. bei ihm nicht gefunden habe. Nun vermag ich mich mit einem geliebten Wesen mit den Schwingen der Liebe zu erheben in das ewige Reich der Gedanken. In die Sehnsucht, die mir der göttliche Platon ins Herz gegossen, sie wird erfüllt, aber anders, als er es beschreibt u. ich es erwartet hatte. Nicht die Knabenliebe, die doch meinem Leben so untilgbar tiefe Spuren aufgeprägt hat, sondern die Frauenliebe, die erst Sie, Geliebte, mich kennen lehrten, hat mir Platons Liebesweihen aus der Welt schönen Träumens in die lebenswarme Wirklichkeit versetzt …
> Und nun, Geliebte, sende ich Dir einen Gutenachtkuß, der sich bis zur Stunde, da Du diesen Brief erhältst, prompt in einen Gutenmorgenkuß verwandelt, an Süßigkeit aber hoffentlich nichts verloren haben wird.

Dieser und der vorige Brief haben den authentischen Ton eines verliebten jungen Mannes. Ungewöhnlich an Davids Liebesbrief ist jedoch, daß die Liebe ihn nicht in einen Taumel körperlichen Genusses geführt hat, sondern in „das ewige Reich der Gedanken“. Darin ist er ein treuer Jünger Platons, denn die Metapher ist dem *Phaidros* entnommen. „Die Liebe ist eine Art von Wahnsinn“, sagt Sokrates dort – und in seinem allerersten Brief an Amalie bezeichnete David seine Briefe an Victor als „die Briefe, die im Wahnsinn ich geschrieben“ –, aber für Sokrates ist es eine spezielle Form von Wahnsinn, „eine göttliche Befreiung der Seele aus dem Joch von Brauch und Sitte“, die dem Philosophen, der die Wahrheit zu erkennen sucht, als Inspiration dienen kann. Einer, der „Knaben mit Philosophie geliebt hat“, kann durch seine Würdigung der Schönheit des Geliebten „befiedert“ werden und zu den Göttern hinauf in das Reich wahrer Schönheit fliegen – oder, wie

David sich ausdrückt, „auf den Schwingen der Liebe in das ewige Reich der Gedanken erhoben" werden.
Nach einer Geschichte, die meine Mutter immer wieder erzählte, sagte Davids Mutter zu ihm, als sie erfuhr, daß er plane, Amalie zu heiraten: „Warum willst du sie heiraten? Du bist jung, reich und hübsch, und sie ist alt, arm und häßlich!" Ich habe mich immer gefragt, ob die Geschichte wahr ist. Der Altersunterschied – Amalie war drei Jahre älter – war leicht festzustellen. Der relative Reichtum der Familien war schwieriger zu ermitteln, aber was ich wußte, stützte die Ansicht, daß Amalies Familie verglichen mit Davids „arm" war. Amalies Mutter, Minna Pollak, war Witwe und wohnte im 2. Bezirk von Wien, einem kleinbürgerlichen Viertel. Der 9. Bezirk, wo David bei seiner Tante wohnte, war wohlhabender, und in Brünn lag das Haus seiner Familie zentral an einer der besseren Straßen mit einer freundlichen Aussicht auf einen Park. Als Sekretär der jüdischen Kultusgemeinde in dieser Stadt erhielt Davids Vater Joachim Oppenheim ein bescheidenes Gehalt von 3600 Kronen. In den 40 Jahren, die er diesen Posten innehatte, bekam er wiederholt Erhöhungen angeboten und wies sie wiederholt zurück. Als er in den Ruhestand ging, bewilligte ihm der Gemeindeverband eine Pension von 6000 Kronen; er sagte, er wolle weiter bei 3600 bleiben, und mußte überredet werden, die Differenz zu halbieren und wenigstens 4800 zu akzeptieren. Obwohl er durchaus bescheiden gelebt haben könnte – seine Tochter jedenfalls hielt ihn für unglaublich geizig –, könnte seine Gleichgültigkeit gegenüber einer Gehaltserhöhung darauf hinweisen, daß er über genügend andere Vermögenswerte verfügte, um die Bedürfnisse seiner Familie zu erfüllen.

Zur Frage nach Davids und Amalies äußerer Erscheinung gibt es direktere Zeugnisse. Ich besitze drei Fotografien von Amalie aus etwa dieser Zeit, von denen jede in einem anderen Studio in Wien aufgenommen wurde. Zwei davon müssen am selben Tag gemacht worden sein, wahrscheinlich am Tag ihrer Promotion, denn ihre Kleidung und Frisur sind identisch. Auf einem sitzt Amalie auf einem Stuhl, ihr Ellenbogen ruht auf einem Tisch in französischem Empire. Die andere Hand liegt auf ihrem Schoß und hält einige beschriebene Seiten, vermutlich ihre Doktorarbeit.

Im Hintergrund ist eine griechische Säule – oder ist es nur ein Trompe-l'œil? Ihr Haar ist hochgesteckt und auf dem Kopf zusammengeknotet, und sie trägt ein förmliches schwarzes Spitzenkleid mit langen Ärmeln. Ihr Gesicht ist der Kamera zugewandt, und ihre markanten schwarzen Augen blicken direkt auf den Betrachter. Ihr Teint ist makellos, ihre Figur, soweit man es mit dem Kleid sagen kann, ist gut, und es fällt mir nicht schwer, sie ziemlich schön zu finden. Auf dem anderen Foto, das an diesem Tag aufgenommen wurde, steht sie im Halbprofil, und obwohl sie auch auf diesem attraktiv aussieht, könnte ein sehr kritischer Blick ihre Nase ein klein wenig zu groß finden. Das dritte Foto könnte ein oder Jahre vorher aufgenommen worden sein. Ihr Haar ist schlicht zurückgekämmt, die Augen sind ein wenig gesenkt, ihr Ausdruck hat einen Anflug von Traurigkeit. Das Porträt ist einem von meiner Mutter, das ungefähr im gleichen Alter aufgenommen wurde, verblüffend ähnlich, und ich habe meine Mutter immer für eine gutaussehende Frau gehalten.

Von David sind aus dieser Zeit zwei Fotografien erhalten. Auf dem einen, in einem Studio in Brünn aufgenommen, ist sein Haar ziemlich kurz und steht von seiner kräftigen Stirn ab. Seine tiefliegenden Augen scheinen in die Ferne zu blicken, oder vielleicht ist er in Gedanken verloren. Seine Nase, der erkennbare Vorfahre meiner eigenen, hatte eine rundliche Knolle am Ende. Er hat einen Schnurrbart und einen kurzen Bart ums Kinn. Der Rest sieht eher danach aus, als hätte er sich einige Tage nicht rasiert, als nach einem Vollbart. Die vollen runden Wangen geben seinem Gesicht einen weichen Ausdruck. Er trägt ein zweireihiges Jackett und eine Fliege, die ein wenig vom Kragen seines weißen Hemds gerutscht ist. Auf einem anderen, paßbildgroßen Foto steht er im Haupthof der Wiener Universität, wieder mit Fliege, diesmal in einer hellen Farbe und offenbar mit einem Punktmuster. Im Gegensatz zum vorigen Foto wirkt sein Gesicht länger und schmäler, aber er hat die gleichen tiefliegenden Augen und den gleichen ernsten Ausdruck. Obwohl beide Porträts einen sensiblen, gelehrten jungen Mann mit einer gewissen Anziehungskraft zeigen, kann ich nicht erkennen, daß David Amalie an natürlicher Schönheit übertrifft. Dennoch sind sich meine Mutter und meine Tante einig, daß David für besonders gutaussehend gehalten wurde, Amalie dagegen nicht. Sie erinnern sich an ihn als „fast blond“ mit blauen Augen – obwohl sein Paß, wie wir gesehen haben, aussagt, daß seine Augen „graugrün“ sind und sein Haar „braun“. Man erzählt in der Familie, daß er einmal ausgewählt wurde, in einem Schulstück Jesus zu spielen. Die Pointe der Geschichte liegt nicht darin, daß dies für eine semitische Erscheinung sprach, wie Jesus ausgesehen hätte, sondern daß er eher dem blonden, blauäugigen germanischen Image von Jesus entsprach. Amalie sah dagegen ausgeprägt jüdisch aus und war so dunkel, daß es Vermutungen gab, die Familie stamme von sephardischen Juden aus Spanien oder Nordafrika ab. Die ungünstige Beurteilung von Amalies Schönheit im Vergleich mit Davids spiegelt daher vielleicht die Dominanz des „nordischen“ Klischees von Schönheit, selbst unter Juden.

Eine Woche nach der heimlichen Verlobung besuchte David seine Eltern, um es ihnen mitzuteilen. In einem Brief aus Brünn schreibt er Amalie, seine Eltern hätten erklärt, „der Entwicklung unseres Verhältnisses u. einem dereinstigen Abschluß durch die Ehe kein Hindernis bereiten zu wollen“. Er hofft, daß Amalie bei ihrer Mutter das gleiche wird erreichen können, weil dann „alle äußeren Hindernisse“ überwunden sein werden. Dennoch räumt er ein,

> daß meine Eltern mit Rücksicht auf den Altersunterschied an der Unveränderlichkeit meiner Gefühle zweifeln u. darum bedauern, daß ich Sie selbst u. mich durch meine Erklärung für unbestimmte Zeit gebunden habe.

Demnach brachte Ernestine, Davids Mutter, zur Sprache, daß Amalie drei Jahre älter war als David, und sah darin einen Einwand gegen die Heirat. Vielleicht spielte der Gedanke mit, daß David eine Braut nahm, die trotz (oder wegen?) ihrer unbestrittenen intellektuellen Qualitäten „sitzengeblieben“ war –, denn 26 war damals für Frauen ein hohes Heiratsalter. David selbst räumt das in einem späteren Brief auch ein, wenn er Amalie mit „einem spät gepflückten, süßen kleinen Apfel“ vergleicht, der „von den Apfelpflückern vergessen oder vielmehr nicht erreicht wurde“. Jetzt jedoch, auf den

Einwand seiner Eltern wegen des Altersunterschieds, hält David „nur eine Widerlegung für möglich“, nämlich „daß wir trotz der fortschreitenden Jahre unsere Gesinnung gegeneinander wahren“. Er schreibt Amalie, daß er es „als ein Gebot der Wahrheitsliebe, in der wir doch sicher einig sind“, betrachtet, daß er sie wissen ließe, wenn seine Gefühle für sie sich in irgendeiner Weise veränderten, so „unendlich schmerzlich“ das für beide auch wäre. Aber selbst falls er aufhören würde, sie „als Frau“ zu lieben, dann könnten sie noch „als Freunde fürs Leben zusammenkommen“. Denn das Fundament ihres Verhältnisses ist „nicht sinnlich ästhetisch, sondern geistig sittlich … u. das ist die vollkommene gegenseitige Hochschätzung! … Wir wissen auch, daß wir nicht aneinander geschmiedet sind, sondern einander festhalten, wie Magnet u. Eisen ihrer inneren Natur folgend zusammenhalten, solange u. nicht länger als Magnet Magnet u. Eisen Eisen bleibt“.

Am nächsten Tag schreibt David wieder an Amalie, aber während der vorhergehende Brief an ihre übliche Wiener Adresse ging, wird dieser in ihre Geburtsstadt Holleschau geschickt und ist an die Wohnung von Bernhard Ehrlich adressiert, den Mann ihrer ältesten Schwester. Obwohl die Reise von Wien nach Holleschau Amalie durch Brünn führte, besuchte sie Davids Familie offenbar nicht, sondern überließ ihm die heiklen Diskussionen. Er schreibt, daß die Festigkeit seiner Entscheidung, sie zu heiraten, und seine Vorfreude darauf seine Eltern günstig beeinflusse. Dann fügt er eine Bemerkung hinzu, die darauf hinweist, wieviel seine Eltern über sein Leben wußten und wie überraschend die Neuigkeit von seiner Verlobung mit Amalie für sie gewesen sein muß: „Und so läßt sich hoffen, daß sich, bis das Staunen über all das Neue, ich verweise nur auf Victor, überwunden sein wird, auch ein besseres Verständnis meiner Eigenart und der daraus erwachsenden Bedürfnisse bei ihnen einstellen wird.“ Er versichert Amalie, daß seine Eltern „beide wahrhaft vornehme Naturen sind u. das Bewußtsein haben, daß ich jedenfalls aus durchaus reinen Motiven handle“.

Die Diskussionen im Haushalt Oppenheim dauern einige Tage an. Ihre Angelegenheit, berichtet er Amalie, wird durch die Tatsache vorangebracht, daß er seinen Eltern einige ihrer Briefe vorgelesen habe und sie „ihre formelle Vollendung wie die Reife der Gedanken“ bewunderten. Er hat seine Eltern überzeugt: „Was für mich die Grundlage meines Verhältnisses zu Ihnen bildet, die klare Einsicht in den Wert Ihrer Persönlichkeit, ist ebenso bei meinen Eltern vorhanden.“ Sie können auch sehen, daß Davids Wahl tatsächlich auf eine Person von ehrenwertem Charakter gefallen ist. Zumindest sein Vater bringt nicht mehr den Einwand vor, daß Amalie älter ist als David, denn er versteht, daß das, „was uns verbindet, der Zeit entrückt“ ist. Außerdem billigen seine Eltern „den ersten entscheidenden Schritt, der mich in der Richtung zu unserem gemeinsamen Ziel führt, die Entscheidung für das Gymnasialfach statt der ausschließlichen Hingabe an die Hochschulkarriere“. Nach fünf Tagen voller Diskussionen teilt David Amalie mit, er habe „jetzt vor meinen Eltern das Recht gewonnen, meine Beziehungen zu Ihnen in der bisherigen Weise u. geleitet von dem Gedanken an die Ehe als ihren letzten Abschluß fortzuführen“.

Diese Briefe scheinen die alte Familiengeschichte zu bestätigen, daß Davids Mutter sagte, Amalie sei „alt“, aber sagte Ernestine auch, daß sie häßlich und arm war? Dies wird nirgendwo in den Briefen behauptet, aber sie könnte es dennoch gesagt haben, das Prinzip „Zwischen uns sei Wahrheit“, das David gegenüber Amalie häufig erklärt, könnte großzügig ausgelegt worden sein, so daß David Ernestines Behauptung nicht wiederholte. Zur Frage von Amalies Äußerem gibt es einen weiteren Beleg. In einem späteren Brief berichtet David Amalie, daß er *Lucilie* gelesen habe, einen Roman des fruchtbaren deutschen Schriftstellers Paul Heyse, in dem die Heldin, eine Frau von starkem Charakter und hoher Intelligenz, aber häßlicher Erscheinung, den Mann, den sie liebt, seiner schönen, doch oberflächlichen Frau abspenstig macht. Als er das las, schreibt er Amalie, wurde ihm bald klar, daß dies auf ihn zutraf – nicht, beeilt er sich, Amalie zu sagen, weil sie ihm häßlich erscheine –, aber „um auch weiter bei der Wahrheit zu bleiben, eine Kameeschönheit wie jene englische Lady es ist, konnte ich Dich doch auch nicht nennen“. Das mag schon das Äußerste sein, wie weit ein junger Mann, der bei der Wahrheit bleiben will, gehen sollte, wenn er an seine Verlobte schreibt. Wenn David das schreiben konnte, dann könnte Ernestine zweifellos etwas viel Schlimmeres gesagt haben.

6

Brno

7. Dezember 1998

Der Zug von Wien nach Brno, wie Brünn heute heißt, braucht etwa zwei Stunden. Die Strecke führt durch das österreichische Tiefland – keine dramatische alpine Szenerie hier, nur weite Felder, jetzt schneebedeckt, und sanfte bewaldete Hügel. David reiste auf dieser Strecke, wenn er seine Heimatstadt verließ, um an die Universität in Wien zu fahren, wenn er zurückkehrte, um jüdische Feiertage oder Weihnachten bei seinen Eltern zu verbringen, und als er heimfuhr, um seinen Eltern von seiner Verlobung mit Amalie zu berichten. Mähren gehörte damals zu Österreich-Ungarn. Nach dem Ersten Weltkrieg brauchte er einen Paß, um seine Mutter zu besuchen, die nun in der Tschechoslowakei lebte. Heute bildet Mähren zusammen mit Böhmen die Tschechische Republik, und wenn der Antrag auf Aufnahme in die Europäische Union Erfolg hat, wird es wieder möglich sein, von Wien nach Brno zu reisen, ohne einen Paß vorzulegen. Da sich das Rad noch nicht ganz gedreht hat, muß ich meinen noch vorzeigen. Als der tschechische Beamte ihn stempelt, erkenne ich den Namen der Grenzstation: „Břeclav" erscheint mehrere Male im Reisepaß meines Großvaters.

Vom Absender, den David gewissenhaft auf die Rückseite seiner Briefe setzte, wenn er aus Brünn schrieb, weiß ich, daß seine Eltern in der Jesuitengasse 25 wohnten – eine ironische Adresse für den Sekretär der jüdischen Kultusgemeinde. Sie lag nicht im jüdischen Bezirk der Stadt, sondern zwischen diesem und dem Zentrum. Zur Jesuitská, wie die Straße heute heißt, kommt man auf einem kurzen Fußmarsch vom Hauptbahnhof durch die Stadtmitte. Mit meiner Frau Renata und meiner Tochter Marion gehe ich sie hinunter, vorbei an der Liebfrauenkirche, einer von den Jesuiten genutzten Barockkirche, von denen die Straße ihren Namen hat. Als wir zu der Stelle kommen, wo die Nummer 25 sein sollte, stehen wir jedoch vor einer Ausstellungshalle. Eine Tafel verrät uns, daß sie 1928 gebaut wurde. Das Haus der Kindheit meines Großvaters existiert nicht mehr.

Davids Kindheit in Brünn war nicht glücklich. Während er über das jüdische Neujahrsfest 1905 bei seinen Eltern ist, berichtet er Amalie, daß er die Stadt nicht mag, vermutlich wegen des Fehlens „wirklich froher, mit diesem Boden verknüpfter Kindheitserinnerungen". Den Grund dafür deutet er nur an, nämlich „daß im tiefsten Grund in der Traurigkeit unseres Hauses Mächte walten, mit denen auch Deine herrliche Kraft nur zu ihrer eigenen Erschöpfung zu ringen vermöchte". Über diese „Mächte", sagt David, hat er niemals mit jemandem gesprochen, nicht einmal mit Amalie. Auch wird er sie nicht in einen Brief setzen, denn „wer", fragt er rhetorisch, „möchte es auch dem Papier anvertrauen, wenn es gilt, einen Urteilsspruch zu fällen über den Ehebund, dem er selbst seinen Ursprung dankt, u. die Mängel zu enthüllen, die seine Erzeuger drücken?"

Amalie kam dann auf einige Tage zu ihm und seinen Eltern zu Besuch, und David konnte, wie er es in einem späteren Brief beschreibt, „den trüglichen Schleier" wegziehen, der sein „quälendes Geheimnis" verbarg. Er fühlt sich jetzt ruhiger, da Amalie auch „diese traurigste Seite meines Lebens" kennt, aber was genau das Problem in der Beziehung seiner Eltern war, bleibt rätselhaft. Daß es für eine Weile einen Bruch zwischen David und seinen Eltern gab, geht aus einem Brief hervor, den David schrieb, als er in Brünn war, um seinen Eltern ihre Verlobung mitzuteilen. Er schrieb damals an seine Verlobte, seine Mutter habe erkannt, „daß mich Ihr Einfluß ins Elternhaus zurückgeführt hat". In einem anderen Brief teilt David Amalie mit, daß im Gegensatz zu seinen starken Bindungen an seine ausgewählten Freunde seine Gefühle für seine Familie „relativ begrenzt" sind.

Brno hat das Flair einer österreichisch-ungarischen Provinzhauptstadt bewahrt. Das ehemalige Rathaus aus dem 13. Jh. existiert noch, auch andere schöne Gebäude, die mein Großvater gekannt haben muß. Auch das deutschsprachige Gymnasium, das David besuchte, steht noch, ein klassizistischer Bau mit Karyatiden, in dem heute die Akademie für Musik und dramatische Kunst zu Hause ist. Die Atmosphäre Österreich-Ungarns in dieser Epoche wurde von Davids Zeitgenossen Stefan Zweig treffend geschildert:

> Unsere Währung, die österreichische Krone, lief in blanken Goldstücken um und verbürgte damit ihre Unwandelbarkeit. Jeder wußte, wieviel er besaß oder wieviel ihm zukam, was erlaubt und was verboten war. Alles hatte seine Norm, sein bestimmtes Maß und Gewicht. Wer ein Vermögen besaß, konnte genau errechnen, wieviel an Zinsen es alljährlich zubrachte, der Beamte, der Offizier wiederum fand im Kalender verläßlich das Jahr, in dem er avancieren werde und in dem er in Pension gehen würde. Jede Familie hatte ihr bestimmtes Budget, sie wußte, wieviel sie zu verbrauchen hatte für Wohnen und Essen, für Sommerreise und Repräsentation, außerdem war unweigerlich ein kleiner Betrag für Unvorhergesehenes, für Krankheit und Arzt bereitgestellt... Alles stand in diesem weiten Reiche fest und unverrückbar an seiner Stelle und an der höchsten der greise Kaiser; aber sollte er sterben, so wußte man (oder meinte man), würde ein anderer kommen und nichts sich ändern in der wohlberechneten Ordnung. Niemand glaubte an Kriege, an Revolutionen und Umstürze. Alles Radikale, alles Gewaltsame schien bereits unmöglich in einem Zeitalter der Vernunft.

Heute beschwört dies ein fast unbegreifliches Gefühl der Vorhersagbarkeit (oder unvorstellbaren Naivität?) herauf. Im Fremdenverkehrsamt der Stadt fragte ich nach der 1855 erbauten Großen Synagoge, wo David Amalie während seines dritten Jahres an der Universität begegnete und zu gehemmt war, um sie anzusprechen, und wo er wenige Jahre später Victor sah. Ich erfuhr, daß sie 1939 unter dem „Protektorat" der Nazis niedergebrannt worden war. Von der blühenden jüdischen Gemeinde, die hier lebte, als Zweig und mein Großvater Kinder waren, finden sich kaum noch Spuren. Es gibt noch eine jüdische Gemeindeorganisation, die in einem verwahrlosten Bürogebäude außerhalb des Stadtzentrums untergebracht ist. Als mein Großvater ihr Sekretär war, gab es

12000 Juden in der Stadt; heute sind es nur noch wenige Hundert.

Wir bekommen den Weg zum jüdischen Friedhof beschrieben. Er hat sechs Jahre Naziherrschaft, den Zweiten Weltkrieg, die Vernichtung der jüdischen Gemeinde und 40 Jahre Kommunismus erstaunlich unversehrt überstanden. Joachim und Ernestine Oppenheim starben in dieser Stadt und sind vermutlich hier begraben; aber es gibt Tausende Gräber, und es ist niemand da, den man fragen kann, wo ihr Grab sein könnte. Wir stapfen durch den knirschenden Schnee, nehmen uns verschiedene Reihen vor und hoffen, es zu finden, bevor uns die Zehen abfrieren. Renata ruft. Ich laufe schnell zu ihr und lese:

DR. JOACHIM HEINRICH OPPENHEIM
SEKRETÄR DER ISRAELITISCHEN
KULTUSGEMEINDE, BRÜNN
GEBOREN 10. APRIL 1848
GESTORBEN 7. AUGUST 1918
DU LIEBTEST RECHTSCHAFFENHEIT UND
HASSTEST GOTTLOSIGKEIT

FRAU ERNESTINE OPPENHEIM
GEBOREN 31.12.1856 GESTORBEN 11. MAI 1920
LIEBE IST SO STARK WIE DER TOD

Ich male mir die Szene aus, als David und Amalie hierherkamen, um von Davids Eltern Abschied zu nehmen – mehr Laub, grüner, ohne Schnee im August oder Mai, aber ansonsten sehr ähnlich wie heute. Die hohen Backsteinmauern des Friedhofs halten den Rest der Welt fern. Vielleicht sind einige Gräber dazugekommen, aber nicht viele, denn die Gemeinde, die den Friedhof belegte, ist verschwunden, ihre sterblichen Überreste über viele Orte verstreut, aber nicht hier.

Ich blicke auf die Daten und rechne aus, daß Davids Vater 33 und seine Mutter 24 war, als er geboren wurde. Als sie ihr erstes Kind bekam, Cornelia, war sie erst 21. Ich besitze ein Foto von David mit seiner älteren Schwester, ein Studioporträt, das in

Brünn aufgenommen wurde, als er fünf oder sechs Jahre alt war. Er sitzt auf einem dreibeinigen Hocker und trägt ein Kleid mit Faltenrock und eine große Schleife um den Hals. Das scheint eine ungewöhnliche Aufmachung für einen Jungen zu sein, doch von Fotos meines Vaters und seiner Brüder weiß ich, daß kleine Jungen normalerweise Kleider trugen, zumindest wenn sie zum Fotografen gingen. Cornelia, die nur drei Jahre älter ist, aber viel erwachsener aussieht, steht neben ihm. Ihr rechter Arm ist über den Körper ausgestreckt, um die rechte Hand ihres kleinen Bruders zu nehmen. Über dem Kleid mit weißem Spitzenkragen trägt sie eine enganliegende, nicht zugeknöpfte Jacke. Beide habe runde, ein wenig pausbäckige Gesichter, und sie starren ernst – oder drückt Davids Blick Langeweile aus? – in die Kamera. Cornelias Krankheit und Tod mit 16 Jahren müssen das traumatischste Ereignis in der Jugend meines Großvaters gewesen sein. Sie hatte Diabetes, eine Krankheit, für es keine wirksame Behandlung gab, bis 1922 Insulin verfügbar wurde. Ein alter Bericht beschreibt den Diabetes als „ein furchtbares Gebrechen", bei dem der Patient an „Übelkeit, Unruhe und brennendem Durst leidet und nach kurzer Zeit sein Leben aushaucht". Zu der Zeit, als Cornelia starb, dürfte dies noch eine exakte Beschreibung des Krankheitsverlaufs gewesen sein.

7

Das religiöse Problem

Im April 1905 nahm Davids Vater, Joachim Oppenheim, den Zug nach Wien, um Amalies Mutter, Minna Pollak, zu besuchen. Nach erhaltenen Fotos kann ich mir Joachim und Minna zur Zeit ihrer Begegnung vorstellen. Joachim ist ein vornehm wirkender Herr seiner Zeit mit angegrautem, ordentlich gestutztem Bart und Schnurrbart. Er trägt ein Jackett mit einem steifen weißen Hemd und einer kleinen dunklen Krawatte. Sein Kopf ist unbedeckt, und an seinem Äußeren ist nichts ausgesprochen Jüdisches. Minna ist viel leichter als Jüdin zu erkennen. Sie trägt ein Spitzenhäubchen. Verräterischer ist jedoch ihr Haar oder eher, was auf den ersten Blick ihr Haar zu sein scheint. Bei näherer Betrachtung stellt es sich als Perücke heraus. Das jüdische Gesetz schreibt vor, daß verheiratete Frauen ihr Haar abschneiden, aber es verbietet nicht, eine Perücke zu tragen, und die meisten Frauen tun es. Minna hielt sich an das Gesetz, Joachim dagegen nicht, denn er trägt keine Jarmulke.

Joachim personifiziert den neuzeitlichen Verlust der Religiosität. Er stammte von einer Linie von Rabbinern ab, zu denen der berühmte David Oppenheim gehört, der 1664 geboren wurde und bei seinem Tod 1736 Oberrabbiner von Prag und Landesrabbiner von Böhmen war. Besucher des alten jüdischen Friedhofs von Prag werden heute noch zu seinem Grab geführt, und seine Sammlung von über 5000 hebräischen Büchern befindet sich heute in der Bodleian Library in Oxford. In den folgenden sieben Generationen gab es immer einen Rabbiner Oppenheim. Auch Joachim bildete sich zum Rabbiner aus und fungierte in dieser Rolle kurzzeitig in der eleganten böhmischen Kurstadt Karlsbad. Diese Karriere endete, als er mit 23 Jahren zu dem Schluß kam, daß er nicht mehr an das glauben konnte, was er tat. Er hielt sich nicht mehr an die traditionellen jüdischen Speisevorschriften und bevorzugte eine aufgeklärte, weltliche Form des Judentums. Er nahm einen Posten als Sekretär der jüdischen Gemeindeorganisation in Brünn an – eine Körperschaft, die von der kaiserlichen Regierung ermächtigt war, von jedem Juden in der Stadt eine Steuer zu erheben, und die für die Angelegenheiten der jüdischen Gemeinde in der Provinzhauptstadt verantwortlich war.

Der Name „Israelitische Kultusgemeinde“ spiegelt den Wunsch der österreichisch-ungarischen Juden, einfach als eine weitere religiöse Gruppe innerhalb des Reichs angesehen zu werden. „Israelitisch“ wird ebenso wie „mosaisch“ auch in amtlichen Dokumenten der Zeit verwendet, ein Euphemismus, um die abwertenden Untertöne von „Jude“ zu vermeiden. Wenn man zweitens Juden als „Konfession“ beschreibt, drückt man damit aus, daß das, was Juden verbindet, ihr Glaube ist – wie bei Katholiken oder Protestanten. Das uralte, immer noch nicht gelöste Problem jüdischer Identität liegt in der Tatsache, daß dies offensichtlich falsch ist, weil viele Menschen, die sich als jüdisch betrachten – und von Antisemiten für Juden gehalten werden –, keineswegs gläubig sind. Dies traf auf meinen Großvater zu und könnte auch für Joachim selbst gegolten haben.

Amalie dagegen war die Tochter des Rabbiners von Holleschau, wo sie aufwuchs und wo ihr Vater 23 Jahre Dienst tat, bis er an das jüdische Gericht in Wien berufen wurde. Auf seinem Foto sieht Marcus Pollak – der zehn Jahre vor Amalies Verlobung mit David an einem Herzinfarkt starb – genauso aus, wie ein Rabbiner des 19. Jahrhunderts auszusehen hatte, mit Vollbart, schwerem schwarzem Rock und einer großen Jarmulke auf dem Kopf. Minna Pollak war eine sehr passende Frau für einen orthodoxen Rabbiner, denn sie war die Tochter von Isak Lew Freistadt, einem Mitgründer der Schiffschul, einer der größten Wiener Synagogen, die errichtet wurde, um das deutlich sichtbare Umschwenken der Wiener Juden hin zu liberaleren Formen des Judentums zu bekämpfen. Daß Marcus und Minna das orthodoxe jüdische Gesetz befolgten, wird nicht nur durch Marcus' Jarmulke und Minnas Perücke angedeutet, sondern auch durch die Tatsache, daß sie 14 Kinder hatten. Joachim und Ernestine hatten drei, aber Davids jüngere Schwester Hannchen wurde erst nach Cornelias Tod empfangen.

Am 27. April 1905 schrieb David an Amalie, er habe gehofft, der Besuch seines Vaters würde „die Beseitigung der letzten unserem Verhältnis von außen entgegengesetzten Hindernisse" erreichen. Doch der Besuch hatte nicht dieses glückliche Ergebnis, sondern ließ eine neue Schwierigkeit aufkommen. „Das religiöse Problem", schreibt David, „mußte zwischen uns zur Sprache kommen, u. nun da es geschehen ist, muß es auch ganz durchgesprochen werden, aber die Umstände hätte ich lieber selbst u. dann anders gewählt." Die Natur des Problems lag auf der Hand: Amalie aß nur koschere Speisen und hielt den Sabbat ein. David ging nicht in die Synagoge und betrachtete die Vorschriften, nach denen orthodoxe Juden lebten, als lauter abergläubischen Unsinn. Wie würde ihr gemeinsamer Haushalt funktionieren?

Nachdem der Besuch von Davids Vater das Problem aufgerührt hatte, nahmen David und Amalie „Verhandlungen" dazu auf. Etwas an den Diskussionen beunruhigte David. Um Amalie sein Gefühl zu vermitteln, daß sie irgendwie nur die Oberfläche des Problems berührt hätten, gebrauchte er eine kunstvolle Analogie. Er und Amalie, schreibt er, seien ihm wie Diplomaten erschienen, die förmlich gekleidet in eleganten Konferenzräumen feierlich Verhandlungen führen. Aber währenddessen ist im Keller desselben Gebäudes eine wilde Feier im Gange, fast eine Orgie, bei der sich die Menschen völlig ihren primitiven Instinkten überlassen. Von Zeit zu Zeit dringt das Gesindel von der Feier in den Konferenzraum ein. Die Diplomaten bemerken es, zucken nervös zusammen, sagen aber nichts und setzen ihre Verhandlungen fort. Genauso, sagt David, war er sich während seiner „mit historisch geschultem Verstand" geführten Verhandlungen mit Amalie bewußt, daß „unter der Bewußtseinsschwelle die Dämonen heulten". Dies seien die gleichen Dämonen, die die Heiden veranlaßten, die Christen zu verfolgen, die Christen, die Juden abzuschlachten, und die Protestanten und Katholiken, den Dreißigjährigen Krieg zu führen. David will damit sagen, die Geschichte zeige – mochten er und Amalie ihre religiösen Differenzen auch noch so ruhig und vernünftig diskutieren –, wie schwierig es für die Vernunft ist, sich gegenüber den irrationalen Elementen zu behaupten, die „der tiefste Kern des Menschen" sind.

Trotz Davids böser Vorahnungen waren die „Verhandlungen" erfolgreich. Sie kamen überein, daß Amalie weiterhin koscher essen würde und daß sie den Sabbat und jüdische Feste wie Passah, das jüdische Neujahrsfest und den Versöhnungstag feiern würden – obgleich „feiern" hier nicht bedeutete, sich an das streng orthodoxe jüdische Gesetz zu halten. Eine von Amalies Nichten, die in der Nähe wohnte und deren Vater gestorben war, als sie noch ziemlich klein war, kam oft mit ihrer Mutter und Schwester zum Sabbatessen zu den Oppenheims. Sie erinnert sich, daß Amalie in die traditionell männliche Rolle schlüpfte, indem sie ihren Kopf bedeckte und die Gebete sprach, während David mit einem Buch, das er gerade zufällig las, in der Hand auf und ab lief. Meine Mutter erinnerte sich, daß es zu Passah Matze gab, das traditionelle ungesäuerte Brot, und daß sie das übliche Spiel spielten, bei dem ein Stück Matze versteckt wird und die Kinder es finden müssen. Aber dann aßen sie Schinken dazu. (In diesem Punkt ist Doris anderer Meinung: „Vater sagte, wir brauchen da nicht *treife* [nicht koscher] zu essen.") Weihnachten feierte die Familie nicht, aber meine Mutter durfte den Heiligen Abend bei der katholischen Familie ihrer besten Schulfreundin, Eva Hitschmann, verbringen.

Amalie akzeptierte, daß David weiter nichtkoschere Speisen aß, und wenn sie Kinder bekämen, würden diese nicht gezwungen, koscher zu essen. So erinnern sich meine Mutter und meine Tante an ihr Familienleben. Sie hatten, wie es das jüdische Speisegesetz verlangt, zwei völlig getrennte Service: eines für Gerichte, die Fleisch enthielten, und ein anderes für Gerichte, die Molkereiprodukte enthielten. Sie hatten auch zwei Service nur für den Gebrauch zu Passah, auf die kein Brot gelegt werden durfte. Und für David und die Kinder gab es dann noch ein weiteres Service für *treife* Speisen wie Schinken. David aß, worauf er Lust hatte, und die Kinder machten es genauso. Amalie hielt die religiösen heiligen Tage ein. Sie fastete am Versöhnungstag und ging danach in die Synagoge. David, meine Mutter und Doris gingen nicht zum Gottesdienst, holten sie danach aber dort mit einem Veilchenstrauß ab. David betrachtete Religion, sei es die antike, die jüdische oder die christliche, als faszinierendes menschliches Phänomen; aber er war Gelehrter und Beobachter, kein Teilnehmer.

Doris charakterisierte die Absprache ihrer Eltern später als eine Vereinbarung auf der Grundlage absoluter Toleranz, in der „jeder sich verhalten konnte, wie er bzw. sie es wünschte". Aber dieses einfache Rezept löste nicht alle religiösen Schwierigkeiten. Die schwierigste Frage war: Würde ein Sohn beschnitten werden? Ein unbeschnittener Junge konnte nicht die Bar Mizwa bekommen, die Zeremonie, die ihn zum erwachsenen Mitglied der jüdischen Gemeinde machte; aber als aufgeklärter, weltlicher Denker betrachtete David die Beschneidung als unnötige Verstümmelung und lehnte es ab, dies einem eigenen Sohn zuzufügen. Amalie gab nach, aber so widerstrebend, daß sie jedesmal, wenn sie schwanger wurde, betete, es möge kein Sohn sein. Nachdem ihre ersten beiden Kinder Mädchen waren, beschloß sie, Gott nicht weiter auf die Probe zu stellen, da er ihr Gebet zweimal erhört hatte. Sie bekamen keine weiteren Kinder.

In einem Aspekt des Judentums waren sich David und Amalie jedoch einig, nämlich in der Ablehnung des Zionismus. Im Februar 1906 schrieb Amalie an David, daß Lise Tarlau, eine enge Freundin von ihr, Zionistin geworden war. David stieß zufällig auf einen von Lises Aufsätzen in der führenden österreichischen jüdischen Wochenschrift und schrieb an Amalie, daß es merkwürdig sei, wie „der Schwur auf die Parteiphrase auch einem so feinen, zarten Geist alle Originalität, allen Reiz so völlig raubt, daß ihn nichts mehr unterscheidet von den andern ‚Genossen'". Er fragte Amalie, ob sie mit ihm übereinstimme, und wenn dies der Fall sei, wäre es nicht das erste Mal, daß sie sich zu zweit über den Zionismus ärgerten.

Ich fand den Aufsatz, auf den sich David bezog. Lise Tarlau lobte die Ostjuden dafür, daß sie ihre eigene unverwechselbare Identität und ihre eigene Sprache, Jiddisch, bewahrt hatten. Im Gegensatz dazu haben die gebildeten westlichen und kultivierten Juden „an den künstlerischen Idealen anderer Völker [ihr] Herz erwärmt, haben gewissermaßen mitschmarotzt an dem, was der Traum nach Schönheit andere Völker schaffen ließ". Diese westlichen Juden fühlten sich „im siebenten Himmel der Kultur", wenn sie es schafften, „die Lieder der anderen so nachzusingen, daß man keinen Unterschied merken konnte, die Dichtungen der anderen so nachzudichten, daß man sie als ‚echt deutsch' z. B. bezeichnen durfte". Kein Wunder, daß David diesen Aufsatz verabscheute! Es war ein Angriff auf vieles, was den Kern seiner Existenz ausmachte. Er war ein leidenschaftlicher Anhänger des „Traums nach Schönheit anderer Völker", nicht nur der Griechen und Römer, sondern auch der großen Werke der deutschen Literatur. Er hätte zweifellos gedacht, daß das jüdische Volk keine Statuen geschaffen hatte, die sich mit denen des Praxiteles vergleichen ließen, keine Dichter, die man neben Shakespeare oder Goethe stellen konnte. Also war er genau einer jener gebildeten, kultivierten westlichen Juden, die Lise als sklavische Schüler anderer Völker verhöhnt, und er war stolz darauf, die Sprache Goethes zu sprechen und nicht das Jiddisch des *shtetl*. Philosophisch jedenfalls war er Universalist, ein Mann mit einer kosmopolitischen Seele. Wie hätte er sich da mit dem jüdischen Nationalismus, dem Zionismus, identifizieren können?

Amalie vertrat als religiöse Jüdin eine andere Position, hatte aber vermutlich genauso wenig Sympathie für den Zionismus. Moritz Güdemann, Oberrabbiner von Wien, sagte: „Ein mit Kanonen und Bajonetten ausgerüstetes Judentum würde die Rolle Davids mit Goliath tauschen und wäre in sich eine Travestie." Die orthodoxen Juden um die Schiffschul ihres Großvaters sahen Zionisten als gottlose Juden, die aus der uralten Religion eine politische Bewegung machten.

In ihrer Ablehnung des Zionismus waren David und Amalie typisch für die Wiener Juden. Theodor Herzl, der Gründer des Zionismus, war zwar Wiener, aber ein Prophet, der von seinem eigenen Volk abgelehnt wurde. Kein Wunder, denn er sagte ihnen, sie sollten ihr geliebtes Wien mit seiner Oper und seinen Kaffeehäusern verlassen, um sich unter der heißen Sonne eines rauhen Landes abzuplacken. Wien war zu Beginn des 20. Jahrhunderts ein Ort, wo Juden sich zu Hause fühlen konnten. Es unterschied sich von Deutschland, wo das protestantische Ethos den Aufstieg der Industrie gefördert hatte und Juden von den wichtigsten Positionen fernhielt. Im katholischen Österreich-Ungarn waren es Juden, die die Stahlwerke und Eisenbahnen bauten, die führenden Banken gründeten, elegante Geschäfte besaßen, die großen Tageszeitungen herausgaben, Krankenhäuser gründeten und die Ärzteschaft beherrschten. Der Generalstabsarzt des Heeres und der Leibarzt des Kaisers waren Juden. Juden gestalteten und trugen Wiens Musik-, Theater- und Literaturleben, saßen im Reichsrat und in den Landtagen der Kronländer und machten sogar acht Prozent der Offiziere der Doppelmonarchie aus – was Österreich-Ungarn zum ersten Staat der Neuzeit machte, in dem der Anteil der jüdischen Offiziere größer war als der Anteil der Juden an der Gesamtbevölkerung. Der Historiker Hans Tietze schrieb: „Ohne die Juden wäre Wien nicht, was es ist, und die Juden ohne Wien würden die leuchtendste Epoche ihrer Existenz während der letzten Jahrhunderte verlieren."

Dann, gerade als die Wiener Juden endlich in der Lage waren, die Früchte der Assimilation in Leben und Kultur Österreichs zu genießen, kam Herzl daher und sagte ihnen, sie seien durchaus keine loyalen Österreicher, sondern eine gesonderte Nation – natürlich genau das, was Antisemiten hören wollten, und man konnte sicher sein, daß sie guten Gebrauch davon machen würden. In Paris bemerkte Baron Rothschild, der Zionismus verwandle die Juden in verdächtige Objekte in den Ländern, in denen sie lebten. Am besten ignoriere man Herzls Ideen, und genau das taten die meisten Wiener Juden. Als Herzl 1896 seinen berühmten zionistischen Traktat *Der Judenstaat* veröffentlichte, war er Literaturredakteur der *Neuen Freien Presse*, Wiens führender liberaler Zeitung. Herzls plötzliches Eintreten für den Zionismus schockierte Moritz Benedikt, den jüdischen Herausgeber und Chefredakteur der Zeitung, ein Mann, der so erfolgreich den Weg der Assimilation gegangen war, daß der Kaiser ihn ins Herrenhaus des kaiserlichen Parlaments berief. Benedikt lehnte Herzls Bitte ab, die Zeitung möge der zionistischen Sache Raum geben. Als Herzl 1904 starb, brachte die Zeitung einen langen Nachruf mit einem detaillierten Bericht über seine Arbeit als Journalist und Redakteur, erwähnte den Zionismus aber nur in einem einzigen Satz: „Viel Zeit und Energie widmete der Verstorbene der Sache des Zionismus." Nach Herzls Tod war kein Wiener Jude bereit, seine

Position als Führer der zionistischen Bewegung zu übernehmen, und die Zentrale der Zionisten zog bald nach Berlin um.

Die Angst, daß der Zionismus den österreichischen Antisemiten in die Hände spielen würde, war nicht unbegründet. Der beliebte Bürgermeister, Karl Lueger, hatte als Antisemit Wahlkampf gemacht. Die Speichelleckerei, die seine Anhänger an den Tag legten, hatte Herzl gezeigt, wie tief diese Gefühle in den Herzen vieler Wiener verwurzelt waren. (Sie hatte auch den jungen, fast mittellosen Hitler gelehrt, wie ein erfolgreicher Politiker mit dem Haß auf die Juden spielen konnte.) Viermal wählte der von Luegers Christlich-Sozialer Partei dominierte Gemeinderat Lueger zum Bürgermeister, und viermal weigerte sich der Kaiser, die Wahl zu bestätigen. Beim fünften Mal bestellte der Kaiser Lueger zu einer langen Privataudienz und stimmte dann der Wahl zu. Vielleicht wurde ein Abkommen getroffen; Genaues weiß eigentlich niemand. Aber sobald Lueger gewählt war, zeigte sich, daß sein Bellen schlimmer gewesen war als sein Biß. Auf Kritik an seinem gesellschaftlichen Umgang mit Juden bemerkte er: „Ich entscheide, wer Jude ist“, eine Bemerkung, die in ihrer Verwässerung der Ideologie durch Pragmatismus und menschliche Gefühle für typisch wienerisch gehalten wurde.

Dennoch mußten sich die Juden ein nach heutigen Begriffen erstaunliches Maß an beleidigendem antisemitischen Vokabular im öffentlichen Leben gefallen lassen. Luegers populärer Stellvertreter, Ernst Schneider, hielt einmal ein Rede, in der er vorschlug – vermutlich weil er glaubte, sein Publikum fände es lustig –, die österreichische Regierung solle jedem guten Christen, der einen Juden töte, eine Geldprämie anbieten. Der Antisemitismus kam jedoch nicht nur von Lueger und seinen Anhängern, kräftig unterstützt von der katholischen Kirche, sondern auch von den Sozialisten, die in ihren Angriffen auf den Kapitalismus nicht davor zurückschreckten, antisemitische Vorurteile auszunutzen. In einem Kommentar zur Dreyfus-Affäre in Frankreich zum Beispiel rühmte die führende sozialdemokratische Zeitung, die *Arbeiter-Zeitung*, Emile Zolas Verteidigung des jüdischen Hauptmanns, der fälschlich wegen Landesverrats verurteilt worden war, fügte aber hinzu: „Hinter Zolas mutigem und hochgesinntem Angriff marschiert die ganze zwielichtige Bande jüdischer Parasiten, die gierig auf ihre Mohrenwäsche hofft und danach auf Gelegenheiten zu neuen Untaten." Bedenkt man, daß diese Zeitung von zwei führenden Sozialdemokraten jüdischer Herkunft herausgegeben wurde, ist leicht ersichtlich, daß antisemitische Klischees überall waren. Aber für einzelne Juden wie zum Beispiel David hatte das vielleicht nicht viel zu bedeuten. Stefan Zweig schrieb: „Ich persönlich muß bekennen, weder auf der Schule, noch auf der Universität, noch in der Literatur jemals die geringste Hemmung oder Mißachtung als Jude erfahren zu haben."

Zweig muß Glück gehabt haben, denn die Wiener Universität war keine sichere Zuflucht vor dem Antisemitismus. Um die Zeit, als er und mein Großvater dort waren, wurden jüdische Studenten von Angehörigen nationalistischer deutsch-österreichischer Studentenverbindungen schikaniert und manchmal zusammengeschlagen. Die Einstellung dieser Gruppen läßt sich an der Praxis des Duellierens ablesen. In den Verbindungen führte im allgemeinen jede Kränkung der Ehre eines anderen Studenten zu einem Duell mit dem Säbel. Ziel des Duells war, dem Gesicht des Gegners eine Wunde beizubringen, den Schmiß. Bis ins späte 19. Jahrhundert konnten jüdische Studenten nicht fechten. Dann lernten sie es, entweder aus dem Wunsch heraus, sich mit Nichtjuden zu integrieren oder aus Motiven der Selbstverteidigung, und schließlich wurden sie solche Könner, daß der Wiener Korrespondent der Londoner *Times* um die Zeit, als David an die Universität kam, schrieb: „Die Juden waren auf dem besten Weg, die besten Fechter der Universität zu werden." Die Verbindungen verweigerten ihnen dann das Recht, zum Duell herauszufordern. Diese Entscheidung wurde durch eine offizielle Resolution gerechtfertigt, die erklärte: „Jeder Sohn einer jüdischen Mutter, in dessen Adern jüdisches Blut fließt, ist infolge seiner Geburt ohne Ehre ... Er kann nicht zwischen Schmutz und Reinheit unterscheiden. Da kein Jude beleidigt werden kann, kann er deshalb auch keine Satisfaktion verlangen." Dennoch konnte ein Jude von einem Mob nichtjüdischer Studenten angegriffen werden, und manchmal geschah dies auch. 1913, wenige Jahre nach Davids Zeit auf der Universität, wurde Freuds

Sohn Martin bei einer dieser Schlägereien mit einem Messer schwer verletzt.

Vielleicht hatte David ebensoviel Glück in seinem Studentenleben wie Zweig. (Während seines Militärdienstes entging er, wie wir sehen werden, nicht völlig Beleidigungen, die auf der Tatsache beruhten, daß er Jude war.) Dennoch muß er sich irgendwo in seinem Bewußtsein unbehaglich gefühlt haben: Konnte sich ein Jude in einem so antisemitischen Land wie Österreich wirklich „zu Hause" fühlen? Arthur Schnitzler, selbst ein erfolgreicher assimilierter Jude, ging dieser Frage in seinem 1908 erschienenen Roman *Der Weg ins Freie* nach. Eine der jüdischen Figuren des Romans versucht einem christlichen Freund zu erklären, was es bedeutet, ein Jude in Österreich zu sein, und bittet ihn, sich ein Leben auszumalen, als müsse man sich ständig in Feindesland zurechtfinden, eingestellt auf alle Gefahren und Hinterhalte, die dort lauern. Als ein assimilierter Jude sagt, er würde sich niemals taufen lassen, auch wenn er dadurch antisemitischer Intoleranz entkäme, fragt ein Zionist: „Hm, wenn aber die Scheiterhaufen wieder angezündet werden ...?" „Für diesen Fall", entgegnet der assimilierte Jude, „dazu verpflichte ich mich hiermit feierlich, werde ich mich vollkommen nach Ihnen richten." „Oh", wirft der Christ ein, „diese Zeiten kommen doch nicht mehr wieder."

8

Der erotische Faktor

Als David nach Wien zurückkehrt, sieht sich das nun offen verlobte junge Paar fast täglich, und deshalb werden die Briefe seltener. Unter ihnen findet sich allerdings einer, gegen Ende April 1905 geschrieben, der mit einer Rekapitulation von Schwierigkeiten beginnt, die David und Amalie in ihrer Beziehung hatten. Die meisten davon sind bereits erwähnt worden, aber es gibt eine völlig neue: „... da wir uns bereits fürs Leben zusammenzugehören vorgenommen hatten, da trat plötzlich aus Ihrem Verhältnis zu Lise, dem Gegenstück zu meiner Victoriade, ein Moment hervor, geeignet, eine Schranke zwischen uns zu bilden".

„Lise" war Lise Tarlau, die Autorin des zionistischen Aufsatzes, der David so abgestoßen hatte. Obwohl erst 24, hatte sie einen Skandal ausgelöst, indem sie mit einem Pianisten durchgebrannt war. Von ihrem Vater zurückgeholt, war sie nun mit einem wohlhabenden Kaufmann verheiratet. Sie war eine vielseitig gebildete Lyrikerin und Schriftstellerin. Ihr Vater, Joseph Bloch, war einer der berühmtesten jüdischen Führer Wiens, Rabbiner im vorwiegend von Arbeitern bewohnten Bezirk Floridsdorf, eine Zeitlang prominentester jüdischer Abgeordneter des österreichischen Reichsrats, unermüdlicher Kämpfer gegen den Antisemitismus und der Gründer der führenden jüdischen Wochenschrift Österreichs, in der der Aufsatz seiner Tochter erschienen war. Wenn Amalies Beziehung zu Lise das Gegenstück zu Davids Beziehung zu Victor war, dann muß Amalie eine Art romantische Liebe zu ihr gehabt haben – zusätzlich zu der Zuneigung, die sie anscheinend für Martina empfand. Aber wenn Martina keine Schranke für die Beziehung zwischen David und Amalie bedeutete, warum sollte das bei Lise so gewesen sein?

Es findet sich in den Briefen keine weitere Erwähnung Lises, bis David drei Monate später auf einen Brief Amalies antwortet, die ihm berichtet hat, Lise habe einen Glückwunschbrief zu ihrer

Verlobung geschickt. Doch ein anderer Brief, im November geschrieben, zeigt, daß die Nachricht von Amalies Verlobung mit David nicht das Ende der Beziehung zwischen Amalie und Lise bedeutete:

> Vor allem möchte ich nämlich mit einem Wort Deine Mitteilungen über Deine Lise beantworten. Ihre Eifersucht ist ebenso begreiflich wie psychologisch interessant. Sie fühlt offenbar das erotische Moment in Eurem Verhältnis u. ist nun ganz regelrecht eifersüchtig auf den Nebenbuhler, der ihr einen guten Teil Deiner Neigung zu entziehen scheint.

Der nächste Hinweis auf Lise ist der bereits erwähnte vom Februar 1906, nämlich die Diskussion ihrer Bekehrung zum Zionismus. Im Mai 1906 dann, als David wegen seines Militärdienstes von Amalie getrennt ist, wird Lise Thema einer sich über drei lange Briefe erstreckenden Diskussion, die das Interesse an der Sexualität des Menschen zeigt, die David zu Freud führen sollte. Aus dem ersten dieser Briefe geht hervor, daß Lise direkt an David geschrieben hat, allerdings in einem Ton, sagt er, „in dem der eifersüchtige Groll gegen den unverschämten Räuber ihrer Liebhaberin noch immer nachklingt". Aber Amalie hat David auch von Gesprächen berichtet, die sie mit Lise führte, und David schreibt, was sie darüber berichtet habe, „rührt ja an die tiefsten Fragen meiner Erosforschung. Für die Beurteilung der innerhalb der Geschlechter wirkenden Liebe ist es von höchster Wichtigkeit, wie das Geliebtwerden empfunden wird … Denn Victor stand meiner Liebe zwar unbefleckt durch schlimmes Mißverstehen, aber doch in der Befangenheit des Nichtverstehens gegenüber". Dagegen ist Amalies Beziehung zu Lise offener und wird mit mehr Selbstverständnis geführt. „Du aber kannst mit Lise frei über Deine Liebe reden, sie zeigt sich wissend, sie findet es ganz natürlich, sie erstrebt es, von Dir geliebt zu werden, und beginnt erst zu erstaunen, da Du einem Manne Deine Liebe schenkst." David findet es merkwürdig, daß „eine feine Kulturdame wie Lise" beschließt, „ihren erotischen Reiz, der Stern u. Kern ihres Wesens ist" nicht auf Männer einzuschränken, wo er dem Zweck der Fortpflanzung dient, sondern auf „möglichst viele Personen“ wirken will, „um darin die eigene Persönlichkeit zu genießen“.

Dies veranlaßt David, Amalie um einen ausführlicheren Bericht über die Gespräche mit Lise zu bitten. Er spekuliert, daß Männer wegen der Ähnlichkeit zwischen dem Frauenkörper und den Körpern jugendlicher Männer an Männern Gefallen finden, während Frauen direkter aneinander Gefallen finden, „weil sie in der von Männern beherrschten Kulturwelt ‚das schöne Geschlecht‘ sind“. Dies erklärt, glaubt er, „warum die Frauen unter sich so ungleich mehr erotische Beziehungen aufweisen als die Männer“.

Der Brief enthält eine deutliche Erklärung dessen, was David und Amalie zusammengebracht hat:

> Du sagst, von dem, was uns zuerst zusammenführte, hättest Du Lise nur das gesagt, was Dich allein betrifft. Das ist offenbar die Liebe, die Du für sie gefühlt hast. Aber wie konntest Du ihr begreiflich machen, daß Du Dich dadurch mir genähert hast, wenn Du ihr nicht auch das sagtest, daß meine Erotik eine der Deinigen parallele Entwicklung genommen hatte?

Zunächst schlägt Amalie Davids Bitte um weitere Einzelheiten ihres Gesprächs mit Lise ab. Er wiederholt diese Bitte, indem er sie fragt: „Warum solltest Du also nicht mit der Feder erzählen über Dein Gespräch mit Lise u. mir u. Dir ein wertvolles Stück schaffen für unsere Studienmappe menschlicher Dokumente?“ Um der Bitte Gewicht zu verleihen, teilt er Amalie mit, wie er mit 25 Jahren seine Lebensaufgabe sieht:

> Für mich gibt es eigentlich nur ein großes Geheimnis, das Geheimnis der Menschenseele. Es zu lüften, so weit es meine geringen Kräfte erlauben, ist die Arbeit meines Lebens. Unablässige Beobachtung der eigenen Seele u. rastlose Erforschung der andern, mögen sie vor Jahrtausenden gelebt haben oder meiner nächsten Gegenwart angehören, sind die Mittel, die ich daran setze. Mein Geschäft ist ein heiliges, u. heilige Dinge, lehrt ein alter Weiser, darf man nur Heiligen zeigen. Als heilig aber gelte mir der schwache Mensch, der strebend sich bemüht um das hohe Ziel.

Davids Streben nach Wissen hat wieder den Vorrang vor allen üblichen Spitzfindigkeiten, und sein Bitten ist nicht vergebens. Am 26. Mai 1906 schreibt er, daß Amalies „feine Studie" über Lises Wesen ihm als Grundlage dient, die von Otto Weininger aufgestellte Theorie zu widerlegen. Weiniger war ein jüdischer Wiener Autor, der im Alter von 23 Jahren ein Buch mit dem Titel *Geschlecht und Charakter* veröffentlicht hatte. Nur ein Jahr älter als mein Großvater, hatte Weininger ebenfalls an der Universität studiert und sich zu seinem eigenen Geschlecht hingezogen gefühlt. In *Geschlecht und Charakter* argumentiert er, daß alle Menschen in ihrer biologischen Natur sowohl männliche als auch weibliche Elemente haben. Männer mit einem starken weiblichen Element und Frauen mit einem starken männlichen Element neigen dazu, homosexuell zu sein. Männer können biologisch männlich, aber psychologisch weiblich sein, während alle Frauen psychologisch weiblich sind. Diese Behauptung dient als Grundlage eines umfassenden Angriffs auf die Frauen insgesamt. Frauen haben keinen freien Willen, denn sie sind besessen von ihren Geschlechtsorganen, die Vereinigung mit dem Mann suchen. Sie sind Mütter oder Huren und lieben entweder das Produkt der Vereinigung mit dem Mann oder den Akt der Vereinigung selbst. Allen gemeinsam ist das „echt weibliche und ausschließlich weibliche" charakteristische Merkmal der Kuppelei. Die Lust der Hure auf den Koitus ist nur „ein Spezialfall ihres tiefsten, ihres einzigen vitalen Interesses, das nach dem Koitus überhaupt geht; des Wunsches, daß möglichst viel, von wem immer, wo immer, wann immer, koitiert werde". Da Frauen „unbewußt" leben und ihre Triebe nicht verstehen, sind sie von Natur aus unaufrichtig und haben keine Normen für richtig und falsch. Sie sind ganz einfach nicht Teil des Reichs der Moral. Sie haben kein Ich, keine Individualität, keinen Charakter und keine Seele.

Weininger schreibt alles, was an der Moderne falsch ist, dem weiblichen Prinzip zu. Der Mann muß sich zwischen dem Männlichen und dem Weiblichen entscheiden, und Weininger betrachtet es als Pflicht jeden Mannes, dem Weiblichen zu entsagen. Das ist der einzige Weg zum höchsten Typus des Menschen, dem Genie, dem Menschen, der am weitesten vom Weiblichen entfernt ist. Ein Mann kann keine Frau lieben, ohne entweder um ihre Unwürdigkeit zu wissen oder sich selbst darin zu täuschen. Im ersten Fall wird er unglücklich sein, und im zweiten ist er unmoralisch. Daß sein Vorschlag, wenn allgemein befolgt, zur Auslöschung der menschlichen Rasse führen würde, ist ein Punkt, den Weininger einräumt, der aber von keinerlei Interesse für die Vernunft sei, denn derjenige, der die Menschheit verewigte, würde nur das Problem und die Schuld verewigen.

Ein anderer Aspekt der bizarren Theorie Weiningers sprach manche Leser besonders stark an. Er schrieb, daß „gerade das Judentum durchtränkt sei von jener Weiblichkeit", daß der männlichste Jude weiblicher ist als der am wenigsten männliche Mann. Wie die Frau hat der Jude keine sittlichen Maßstäbe und keine Seele. Wie die Frau stellt er eine Gefahr für die gesamte Menschheit dar.

Geschlecht und Charakter bekam schlechte Rezensionen und schien für die wohlverdiente Vergessenheit bestimmt, bis Weininger im Oktober 1903 in Beethovens Sterbehaus ging, eine Pistole zog und sich erschoß. Sein dramatischer Tod fesselte die öffentliche Phantasie. Hier war ein Mann, der lebte – und starb –, wie er schrieb. Als Jude war er im wesentlichen weiblich und somit Teil der negativen Kraft, die aller wahren Größe im Weg steht. Zwei Wochen nach Weiningers Tod schrieb der schwedische Dramatiker August Strindberg in einer Wiener Zeitung, *Geschlecht und Charakter* sei „eindrucksvoll" und habe „wahrscheinlich das schwierigste aller Probleme gelöst". Das Buch zog allmählich die Aufmerksamkeit auf sich und wurde von vielen Denkern ernst genommen, darunter Ludwig Wittgenstein, ebenfalls ein junger Wiener jüdischer Herkunft mit einer Neigung zum eigenen Geschlecht. Von allen Büchern, die Wittgenstein als Heranwachsender las, hatte Weiningers Buch den stärksten und dauerhaftesten Einfluß auf seine Ansichten.

David hatte Weininger kennengelernt, und in Verbindung mit dem, was er über *Geschlecht und Charakter* gehört hatte, reichte das aus, seine starke Antipathie zu wecken. Weininger, schrieb er Amalie, hatte aus der ganzen Vielfalt weiblicher Naturen ausgewählt, was am besten zu seinem subjektiven negativen Werturteil

„des Weiblichen" paßte und dies dann zum Wesentlichen in der Natur der Frau erklärt. „Es ist die gleiche Methode", fährt David fort, „mit der die Rassentheoretiker ‚den Deutschen' oder ‚den Juden' konstruieren, und auch Weininger ist ein Rassentheoretiker und sogar Antisemit, obgleich er selbst Semit ist." Amalies schriftliches Porträt von Lise half David, Weininger zu widerlegen, denn Lise war „eine ganze Frau, kein anatomisch-physiologisch als Frau maskierter Mann" und wurde dennoch von Frauen geliebt – die deshalb nicht die Vereinigung mit dem Mann suchten. „Wenn die Frauen einander ihren höchsten Schatz, ihren Frauenreiz, nicht neiden", schrieb David, „so werden sie einander darum lieben ... Das ist meine Auffassung. Sie ist sicher menschlicher u., so hoffe ich, auch wahrer als die Weiningerische Mythologie."

9

„Jene neuen, mühseligen Höhenwege“

Was für eine Art von Beziehung konnte es geben zwischen einem Mann und einer Frau, die sich beide zum eigenen Geschlecht hingezogen fühlten? Die Briefe machten klar, warum sie enge Freunde wurden; aber auf welcher Grundlage *heirateten* sie? War die Heirat zunächst nur als eine intellektuelle Gemeinschaft gedacht, die Davids und Amalies Leben eine ehrbare Fassade gäbe, während sie ihnen erlaubte, ihren Neigungen zum Zusammensein mit Angehörigen des eigenen Geschlechts nachzugehen? Das war mein anfänglicher Gedanke, als ich den Brief las, in dem David Amalie „viel Vergnügen“ für ihr Treffen mit Martina wünscht und hofft, letztere möge „mit dem Gürtel Aphrodites erscheinen, um so mit erhöhtem Anmutsgang Ihr Herz zu entzücken“. Dies ist nicht die Sprache eines Mannes, der Amalies erotisches Begehren für sich wünscht. Davids Schwärmerei, „mit den Schwingen der Liebe ... in das ewige Reich der Gedanken“ erhoben zu werden, stützte meine Interpretation. Dies weist entschieden auf eine geistige Attraktion hin, nicht auf eine körperliche.

Während ich weiterlas, zerbröselte diese Interpretation jedoch unter den zunehmenden Hinweisen auf etwas Höheres als enge Freundschaft und geistige Synergie zwischen David und Amalie. Als David seine Eltern besucht, um ihnen von seiner Verlobung zu berichten, versichert er Amalie, daß „dieses geistige Empfinden Ihrer Frauennatur ... sein freilich unentbehrliches Korrelat haben wird – oder eigentlich schon hat“. Dieser nicht völlig überzeugenden Erklärung des körperlichen Verlangens folgt zwei Wochen später ein bedeutsamerer Ausdruck der Leidenschaft. Dieser Brief gebraucht eine weitere neue Anrede, „Liebstes Melittion“, die schließlich zu Davids üblicher Einleitung der Briefe an Amalie wird. Als David diese Anrede zum erstenmal gebraucht, erklärt er ihr, daß es die „hellenisierte“ Form ihres Namens Amalie sei, die von dem griechischen Wort für Honig komme, und er werde sie so nennen, denn

> Fließt mir nicht süßer Honig von Ihren Lippen? Und dabei denke ich, der gottlose Heide, gar nicht so sehr an die Weisheitsreden und Dichterworte, die ich bei Ihnen genieße, sondern – doch ich schweige ... Diese Dinge tut man besser, als man von ihnen schreibt.

Im Juli 1905 wird David noch deutlicher, indem er ausruft, wie „unvergeßlich schön" Amalie ihn die geistige Gemeinschaft hat genießen lassen, die er bei Victor vergebens erhofft hatte. „Aber auch die irdische Seligkeit des Liebesspiels, die ich vom männlichen Eros nicht zu verlangen wagte, hast Du liebliches Mädchen, Melittion, mich kosten lassen."

Da die Briefe zeigten, daß sowohl David als auch Amalie homosexuell waren, hatte ich angenommen, daß sie wahrscheinlich kein sexuelles Interesse aneinander hatten. Ich fand einen Anhaltspunkt für meinen Fehler in David Halperins *One Hundred Years of Homosexuality, and Other Essays on Greek Love* („Hundert Jahre Homosexualität und andere Essays zur griechischen Liebe"). Die „hundert Jahre Homosexualität", auf die sich der Buchtitel bezieht, meinen kein lange vergangenes Jahrhundert in der Blütezeit Athens, sondern das Jahrhundert, das mich von Davids Briefen trennt. Halperin legt das Liebesleben des antiken Griechenland seinem Argument zugrunde, daß die Begriffe, die ich auf die Sexualität meiner Großeltern anwandte, Teil eines kulturellen Konstrukts sind, das erst im späten 19. Jahrhundert aufkam, als das Wort *homosexuell* durch Krafft-Ebings Bestseller *Psychopathia sexualis* Eingang in die europäischen Sprachen fand. Im alten Griechenland konnte ein älterer Mann eine Art von Mentorbeziehung zu einem Knaben haben – im allgemeinen zu einem, dem noch kein Bart sproß. Der ältere Mann fungierte als Ratgeber und Erzieher des Knaben und verhalf ihm zu den richtigen gesellschaftlichen Kontakten, indem er ihn zu Mahlzeiten mit Freunden einlud. Vielleicht bewunderte der Mann auch die Schönheit des Knaben und fand ihn erotisch erregend. In diesem Fall konnte sexueller Kontakt Teil der Beziehung sein, war aber kein wesentlicher Faktor. Falls es doch dazu kam, masturbierte der Knabe vielleicht den Mann, oder der Mann rieb seinen Penis zwischen den Beinen des Knaben, bis er zum Orgasmus kam. Anale Penetration war etwas, das kein ehrbarer griechischer Mann seinem Schützling antat, denn es galt als demütigend für einen zukünftigen freien Bürger. Keine dieser Handlungen machte den Mann oder den Knaben zu einem „Homosexuellen". Wahrscheinlich war der Mann verheiratet und hatte eine sexuelle Beziehung mit seiner Frau. Vielleicht hatte er auch Sex mit Prostituierten oder seinen Sklaven beiderlei Geschlechts. Das alles wäre normal und gesellschaftlich tragbar gewesen. Sehr unwahrscheinlich wäre gewesen, daß er sexuelle Beziehungen zu gleichaltrigen oder älteren Männern gehabt hätte, wenn aber doch, hätte ihn das der Verachtung und Verhöhnung ausgesetzt.

Wenn dieser übliche sexuelle Kontakt zwischen dem älteren Mann und dem Knaben uns nicht erlaubt, den älteren Mann als Homosexuellen abzustempeln, dann gilt dies erst recht für den Knaben. Man erwartete nicht von ihm, daß er von dem älteren Mann erotisch erregt wurde, sondern er sollte sich seinen Avancen hingeben, weil er den älteren Mann bewunderte, weil er ihn gern hatte und weil er ihm für das, was er für ihn getan hatte, dankbar war. Diese Art der Beziehung gab es nicht nur im alten Griechenland. Im 19. Jahrhundert sangen die Paschtunen, die im britischen Heer in Indien dienten, Oden über ihre Sehnsucht nach jungen Knaben. In Afghanistan wurden solche Beziehungen geduldet, bis das Ministerium der Taliban für die Unterdrückung des Lasters und die Förderung der Tugend sie in den 1990er Jahren verbot. Nach dem Sturz der Taliban ist die Praxis in Afghanistan wieder aufgelebt. Wie bei den alten Griechen sind Knaben ein geeignetes Objekt für die Begierden eines älteren Mannes nur bis zu dem Punkt, wenn ihr Bart zu sprießen beginnt – eine Tatsache, die in einem Erlaß einer Nach-Taliban-Regierung erkannt wurde, der „bartlosen Jungen" den Zugang zu Polizeirevieren und Militärstützpunkten untersagte. Ahmed Fareed, ein neunzehnjähriger Mann, erzählte einem Reporter der *New York Times*, wie er von einem älteren Mann verführt wurde, als er zwölf war. Aber in scharfem Gegensatz zu den amerikanischen Männern, die etwa um dieselbe Zeit über ihren Mißbrauch durch katholische Priester berichteten – von denen einige offenbar eher eine griechische als eine christliche Ansicht von der Aufgabe eines Mentors für einen Jungen hatten –, behauptete Fareed nicht, er habe durch die Beziehung Schaden genommen. Tatsächlich, erzählte er dem Reporter strahlend, schaue er sich jetzt selbst nach einem Knaben um.

Amalie und David hatten einmal eine Meinungsverschiedenheit über den Wert einiger zeitgenössischer Gedichte von einer Freundin Amalies. Er erklärte, warum er sie nicht würdigen konnte, mit den Worten: „Ich habe eine klassische Seele." Wenn wir diesen Satz als einen Schlüssel zu Davids Sexualität nehmen, werden viele Dinge klar. Wenn David von Victor als *der Junge* spricht – ein Begriff, der alarmierende Visionen von Kindesverführung heraufbeschwört –, übersetzte er *pais*, das griechische Wort, das ohne Rücksicht auf das tatsächliche Alter für „Kind", für „junge Person" und für den jüngeren Partner in einer homosexuellen Beziehung gebraucht wurde. Daß David Victor als seinen *pais* wünschte, wird ziemlich deutlich in dem begleitenden Brief erklärt, den er Amalie mit der Korrespondenz schickte, die er mit Victor geführt hatte. David wünschte, daß Victor ihn fragte, „wie ich wirklich zu ihm stand, worauf ich ihm dann das Wunder des Grals erklärt hätte, das heißt den sokratisch-platonischen Eros". Aber Victor fragte nie, und David entging die Gelegenheit, zu erklären, was er suchte, so daß Victor im unklaren über Davids Absichten blieb.

Was hätte David erklärt, wenn er die Möglichkeit gehabt hätte? Ich stelle mir vor, er hätte gesagt, daß er Victors jugendliche Schönheit bewundere und sie erotisch reizvoll finde, aber daß er keine körperliche Erfüllung erwarte, noch damit rechne, daß Victor sexuelles Verlangen nach ihm verspüre. Statt dessen hätte David sich gewünscht, daß Victor ihn als seinen besonderen Freund und Mentor betrachte, ein wenig älter und ein wenig erfahrener, jemand, der ihm in den entscheidenden Jahren hilft, wenn er sein Studium abschließt und einen Beruf wählt. David hätte – wie er es ausdrückte, als er Amalie über Victor schrieb – darauf hingewiesen, daß „einen Menschen zu finden, der einen versteht, von entscheidender Bedeutung sei" und daß er, David, die Fähigkeit besitze, Victor zu verstehen. Vielleicht hätte er aus Platons *Phaidros* ein Zitat des Inhalts gebracht, daß der Geliebte den Liebenden zwar zunächst abweisen mag, aber sobald er sich erlaubt hat, mit dem Liebenden Umgang zu pflegen, in dem „von Gott inspirierten Freund" eine Art von Freundschaft findet, die jene aller Freunde und Verwandten zusammengenommen übertrifft. Das alles hätte sich völlig in den Grenzen dessen bewegt, was die Griechen als korrekte Päderastie betrachteten, und es stimmt auch mit allem überein, was wir über Davids Beziehung zu Victor wissen. Davids Auffassung von Sexualität war vermutlich wie die der Griechen fließender als unsere und konnte die Anziehung zu beiden Geschlechtern umfassen, ohne eine Person als homosexuell oder heterosexuell zu kategorisieren.

Für die Art von Beziehung, die David mit Victor suchte, gibt es eindeutige Präzedenzfälle im antiken Griechenland. Dagegen fallen Beziehungen zwischen Frauen wie Amalies zu Martina und Lise in den klassischen Texten nicht so in die Augen. Das berühmteste Beispiel ist Sappho, die griechische Dichterin der Liebe zwischen Frauen, deren Insel Lesbos der weiblichen Homosexualität den Namen gegeben hat. Eines ihrer poetischen Fragmente deutet an, daß eine Beziehung zwischen einer Frau und einem Mädchen ein Übergangsstadium sei, eine Art sexuelles Erwecken, bevor das Mädchen verheiratet wird. In dem Fragment befiehlt die Erzählerin, wahrscheinlich Sappho selbst, dem Mädchen, in Erwartung des Abschieds von ihr nicht traurig zu sein. Sie sagt ihm, es möge sich der gemeinsamen glücklichen Zeit erinnern und wünscht ihm alles Gute. Aber im allgemeinen rechnete man nicht damit, daß Frauen an jüngeren Mädchen auf gleiche Weise wie Männer an Knaben Gefallen fanden. Die Schlüsselrolle des älteren Mannes, der dem Knaben ein Mentor war, bei seiner Erziehung half und gesellschaftliche Kontakte für ihn herstellte, dürfte bei einem Mädchen für überflüssig gegolten haben oder als eine Aufgabe, die der Ehemann in dem begrenzten Maß, das wünschenswert war, erfüllte. Falls sich Amalie für ihre eigenen Beziehungen bewußt am männlichen griechischen Modell orientierte, dürfte es im Geist einer selbstbewußten Befreiung von den antiken wie den neuzeitlichen Konventionen des untergeordneten Status der Frauen geschehen sein.

Als Davids und Amalies Beziehung im März 1905 ihre entscheidende Wendung nimmt, schickt er ihr eine Postkarte, auf der er sie mit „Diotima" anredet und sich als „dein sokratischer Freund" bezeichnet. In Platons *Symposion* ist eine Gruppe von Männern, unter ihnen Sokrates, zu einem Gelage versammelt, dessen Zweck im wesentlichen Trinken und geistreiche Unterhaltung ist. Das Gespräch dreht sich um die Natur des Eros, ein Begriff, der im Griechischen jedes starke Begehren bezeichnen kann, gewöhnlich aber sexuelle Liebe bedeutet. Nachdem er die Ansichten der anderen über die Natur des Eros angehört hat, sagt Sokrates, daß auch er einst solche Ansichten hatte, sie aber fallenließ, nachdem sie von einer Prophetin, „Diotima, welche hierin und auch sonst weise war", widerlegt worden waren. So bringt Sokrates die Stimme einer Frau in eine Männerrunde und gibt die Ansicht einer Frau von der Natur des Eros wieder – eine Ansicht, die Sokrates als richtig akzeptiert.

Indem er Amalie seine Diotima nennt, teilt David ihr mit, daß sie weise und kenntnisreich ist und daß er hofft, von ihr die Geheimnisse des Eros zu erfahren, die von einem Mann zu erfahren man nicht erwarten kann. Aber das ist nicht alles. Diotimas Darstellung der Natur des Eros ist auf sehr spezifische Art die Ansicht einer Frau. Sie hatte Sokrates gefragt, was denn die Person, die etwas Schönes liebt, begehrt. Sokrates hatte geantwortet: „Daß es ihm zuteil werde." Diotima war mit dieser Antwort nicht zufrieden und sagte ihm, daß Eros nicht erstrebt, das Schöne zu besitzen. Vielmehr sucht Eros Geburt und Fortpflanzung im Schönen. Selbst das sexuelle Verlangen eines Mannes nach einem Mann ist, so Diotima, ein Fortpflanzungsverlangen, nicht wörtlich, aber dennoch ein Verlangen, etwas zu erzeugen und insbesondere etwas Schönes und Gutes zu erzeugen, nämlich den Knaben zu einem schönen und guten Mann zu formen. Nach Diotimas Ansicht zielt sexuelles Verlangen letztlich auf etwas Geistiges, die Schaffung einer tugendhafteren und schöneren Seele in dem Geliebten. Diese Ansicht ist zu der volkstümlichen Vorstellung entstellt worden, wonach eine „platonische" Beziehung ohne sexuellen Kontakt ist – ein Mißverständnis dessen, was Platon durch Diotima sagt. In scharfem Gegensatz zu späteren christlichen Asketen, die verzweifelt versuchten, ihre Gedanken auf höhere Dinge zu richten, akzeptiert Diotimas Verständnis vom Eros sexuelles Verlangen und widersetzt sich nicht seiner körperlichen Befriedigung. Allerdings versteht sie das Verlangen nach dem Körper des andern nur als den einen Teil des Eros und als einen Schritt hin zu etwas Wichtigerem.

Diotimas Ansicht vom Eros paßt gut zu den Hoffnungen, die David und Amalie für ihre Verbindung hatten. Am 27. April 1905 schrieb David:

> … daß wir auf einem Wege sind, der weit, meilenweit abliegt von demjenigen, den „Liebespaare" beschreiten. Der freilich ist gerade, wohl gebahnt platt u. glatt, u. darum kann auch der blinde Liebesgott darauf Führer sein. Wir aber schreiten auf jenen neuen, mühseligen Höhenwegen, von denen uns mein Vetter geschrieben hat, auf einem Weg, den wir uns selbst erst bahnen müssen in gemeinsamer Arbeit. Der aber eben darum ganz der unsere, ganz gemeinsam ist.

Welcher war der neue Weg, den David und Amalie in gemeinsamer Arbeit bahnen wollten? Um diese Frage zu beantworten, sollten wir mit Davids verhülltem Heiratsantrag beginnen, der sein Interesse an einer lebenslangen Verbindung mit einem Menschen ausdrückt, „dessen Beruf es sozusagen ist, mich zu verstehen". Darauf folgt ein Brief, in dem David Amalie mitteilt, die Grundlage seiner Beziehung zu ihr sei „die klare Einsicht in den Wert Ihrer Persönlichkeit". Dies ist sicherlich eine kühlere Bewertung der Geliebten, als man von konventionellen Liebenden erwarten würde, aber es muß zusammen mit Davids Gedanken nach der Lektüre von *Lucilie* gelesen werden, dem Roman, der ihm zu seiner eigenen Situation zu passen schien. Aus diesem Brief habe ich bereits den Satz zitiert, in dem David zu Amalie sagt, sie sei keine „Kameeschönheit". Er fährt fort:

Da war es mir wirklich eine Erfahrung, aus bangen Zweifeln zu sehen, wie diesem edlen Manne die „häßliche“ Lucilie erst traute Freundin, dann die mit aller Sinnenglut begehrte Geliebte wird, die er auch in den Armen seiner herrlich schönen Frau nicht vergessen kann. Hier läßt sich lernen, daß für den wahrhaft fein empfindenden Mann, der in der Vereinigung mit der Frau nicht allerflüchtigsten Sinnenrausch sucht, das erotische Ideal nicht in irgendeinem ästhetisch geeichten, gangbaren Schönheitstypus, sondern in einer ausgeprägten Individualität Gestalt annimmt.

David dürfte sich selbst als einen solchen „fein empfindenden Mann“ gesehen haben. Er teilte Amalie mit, daß nicht ihr Äußeres sein Verlangen weckte, sondern daß die Wertschätzung ihrer Persönlichkeit diese Wirkung hatte.

Wesentlich für Davids Liebe ist das eindeutige, sich durch alle Briefe ziehende Gefühl, daß er sie für geistig ebenbürtig, wenn nicht überlegen hält. Tatsächlich war sie ihm wahrscheinlich überlegen. Er war ein sehr guter Student, aber sie wurde von der Wiener Universität nominiert, „sub auspiciis Imperatoris“ promoviert zu werden, die höchstmögliche Ehrung, die die Universität erweisen konnte. Doktoranden, die mit diesem Prädikat promoviert wurden, erhielten einen Brillantring mit den eingravierten Initialen des Kaisers. Aber bisher war keine Frau für diese Ehrung nominiert worden, und der Kaiser lehnte es ab, einer Person ihres Geschlechts den Preis zukommen zu lassen. David schrieb Amalie einen Trostbrief über die Unfähigkeit der Lenker des Staatswagens, in die Zukunft zu blicken. Folglich war ein weiterer Aspekt des neuen Weges, den David und Amalie zu bahnen suchten, die Gleichberechtigung zwischen den Geschlechtern. „Wir wollen“, schreibt David, „auch in der Vereinigung selbständige Persönlichkeiten bleiben, wir suchen gerade durch die Vereinigung zur höchstmöglichen Entfaltung unseres eigenen Selbst zu gelangen.“

Der Gedanke, eine Frau solle in der Ehe ihre Unabhängigkeit wahren, war 1905 höchst ungewöhnlich. Auch ist es nicht leicht, nicht einmal heute, in Hinblick auf den eigenen Berufsweg völlig unabhängig zu bleiben und dennoch einer Beziehung zu einer anderen, ebenso unabhängigen Person verpflichtet. Davids Plan, Amalie zu heiraten, gestaltete seine Zukunft, denn er ließ ihn Gymnasiallehrer werden und auf eine akademische Laufbahn verzichten. Bei letzterer hätte er jahrelang als Privatdozent, Hochschullehrer ohne Lehrstuhl, warten müssen, bis er vielleicht für eine Berufung in Frage gekommen wäre. Ein solcher Posten bietet eine wirtschaftlich so prekäre Existenz, daß die Gründung eines eigenen Haushalts erschwert wird. Dennoch, David war erst 24 Jahre alt, und wenn es ihm mit dem Heiraten nicht so eilig gewesen wäre, hätte er Dozent werden und darauf hoffen können, irgendwann einen Lehrstuhl angeboten zu bekommen. Darauf bezieht er sich, nachdem die Entscheidung gefallen war, und beschreibt es als eine Zeit, „als ich wählen zu müssen glaubte zwischen der akademischen Karriere u. meinem Mädchen". Dann fährt er fort: „Jetzt weiß ich freilich, daß es da überhaupt keine Wahl gibt. Daß es schon das einfache Reinlichkeitsgefühl verbietet, in diesen akademischen Sumpfboden hineinzutreten. Quakende, aufgeblähte Froschseelen wie Chatterhand [Spitzname eines seiner Professoren] befinden sich dort in ihrem Element." Aber in einem späteren Brief räumt David ein, er wolle „nicht den Fuchs spielen, dem die Trauben zu sauer sind" und leugnet nicht, daß es nach 20 Jahren gewissenhafter Arbeit als Lehrer schön wäre, „sich für den Rest der Zeit in einem akademischen *thronos* bequem zurechtzusetzen". Anschließend schlug David ein Stipendium aus, das ihm eine Forschungsreise nach Griechenland ermöglicht hätte. Sein Grund für die Ablehnung war, daß es seine Anstellung als Lehrer um ein Jahr verzögert hätte. Sein Professor war verblüfft über die Entscheidung, und man kann sich leicht vorstellen, wieviel eine Reise in sein geliebtes Griechenland und die Möglichkeit, dort zu forschen, für David in dieser Phase seines Lebens bedeutet hätten. Die Aussicht auf ein Leben mit Amalie muß ihm noch mehr bedeutet haben.

Amalie stand selbst vor einer schweren Entscheidung. Im September 1905, als David kurz vor seinem einjährigen Militärdienst in Brünn stand, hatte Amalie Pläne, ein Studienjahr in Berlin zu verbringen. Die Anziehungskraft Berlins auf eine glänzende Studentin der Mathematik und Physik liegt auf der Hand. Max Planck war damals Professor der Physik an der Berliner Universität. Fünf Jahre zuvor hatte er mit der Entdeckung des „Planckschen Wirkungsquantums" die Quantentheorie entwickelt, was ihm später den Nobelpreis eintrug. Nun war er der erste prominente Wissenschaftler, der die Bedeutung von Einsteins spezieller Relativitätstheorie erkannte, die in ebendem Jahr, 1905, publiziert wurde. Später sollte Einstein selbst nach Berlin gehen. Wie die Karriere meiner Großmutter verlaufen wäre, wenn sie ihre Berlinpläne ausgeführt hätte, ist eine Sache der Spekulation, aber die Möglichkeiten lassen sich an der Karriere Lise Meitners ablesen, einer aus der Handvoll Frauen, die an der Wiener Universität gleichzeitig mit Amalie Physik studierten. Amalie muß sie persönlich gekannt haben. Meitner, im selben Jahr geboren wie Amalie, schloß 1906 mit dem Doktor in Physik an der Wiener Universität ab, und sie ging tatsächlich nach Berlin, um bei Max Planck zu studieren. Wie Amalie wollte sie nur für ein Jahr fort. Schließlich blieb sie 30 Jahre dort und wurde Leiterin einer Abteilung des Kaiser-Wilhelm-Instituts für Chemie. 1938 zwangen die Nazis sie zur Ausreise (obwohl Protestantin, war sie jüdischer – wie Amalie sogar mährisch-jüdischer – Abstammung). In der Zusammenarbeit mit Otto Hahn spielte sie eine wichtige Rolle bei der Entdeckung der Kernspaltung, machte mehrere andere wichtige Entdeckungen und erhielt als erste Frau den renommierten Enrico-Fermi-Preis. (Viele meinten sogar, sie hätte den Otto Hahn zuerkannten Nobelpreis mit ihm gemeinsam erhalten sollen.) Dies war die Karriere, die Amalie vielleicht gehabt hätte. Einer von Davids Briefen macht klar, warum es anders kam. Als er keinen Urlaub vom Militärdienst bekommt, um über Weihnachten nach Wien zu fahren, bittet er Amalie, nach Brünn zu kommen und sagt: „Auch daran will ich Dich erinnern, daß Du im Herbst auf Berlin verzichtet hast, um zu mir eilen zu können, wann es richtig sei." Um nahe bei David zu bleiben, gab Amalie also ihre Aussichten auf eine glänzende wissenschaftliche Laufbahn auf. (Um die Symmetrie dieser beiden begabten naturwissenschaftlichen Doktorinnen der Wiener Universität zu vollenden: Vielleicht gab Meitner auf, was Amalie gewann. Sie heiratete nie, und ihr Biograph fand keinen Hinweis auf irgendeine Liebesbeziehung.)

Der „neue, mühselige Höhenweg“, den David und Amalie bahnen und dann begehen mußten, könnte ihre Vorstellung einer Heirat zwischen gleichberechtigten, selbständigen Existenzen gewesen sein. Aber es gab noch etwas anderes, das neu war in ihrer Beziehung, etwas, das heute noch eher ein Schotterweg ist als eine gepflasterte Straße. Obwohl die Briefe zeigen, daß sich Davids und Amalies Beziehung so entwickelte, daß sie „die irdische Seligkeit des Liebesspiels“ einschloß, besagen sie auch, daß sie die gegenseitige Unabhängigkeit nicht nur hinsichtlich geistiger oder beruflicher Angelegenheiten weiterhin, sondern auch auf dem Gebiet der Liebe respektierten. Im Oktober 1905, als sie seit über sechs Monaten verlobt sind und David seinen Militärdienst leistet, schreibt er:

> Aber was Du von Martina schreibst, hat mich aufs Stärkste interessiert. Dein Verhältnis zu diesem prächtigen Mädchen verwirklicht ja in steter Entwicklung den Liebestraum, den ich so lange, so sehnsüchtig u. so vergeblich geträumt habe.

Seinerseits scheint David keine neue Beziehung herzustellen, um jene, die er mit Victor hatte, zu ersetzen, obwohl er in einem Brief darüber scherzt, sich in den „unerreichbar fernen“ Hauptmann seines Regiments zu verlieben.

Falls Davids und Amalies Beziehung beiden die Freiheit zu gleichgeschlechtlichen Liebesaffären ließ, würde dies in der Tat seine Behauptung rechtfertigen, daß sie einen Weg einschlugen, der sich stark von dem konventioneller Liebespaare unterschied. Aber ich glaube, er unterschied sich auch von einer entsprechenden Beziehung heutzutage insofern, als die außerehelichen Affären anscheinend keinen sexuellen Kontakt einschlossen. Ich ziehe diesen Schluß teilweise aus dem, was David über seine Beziehung zu Victor schrieb, und aus der Diskussion zwischen David und Amalie über Otto Soykas Verhalten, aber auch aus dem, was David zu Amalie über die Ehe seines Onkels David Kaufmann sagt, eines Professors für Bibelstudien in Budapest und eines Gelehrten, den er sehr bewunderte. Im August schickte Amalie David den Nachruf auf seine verstorbene Tante Inna Kaufmann, David

Kaufmanns Frau. Darauf teilt David Amalie mit, daß sein Onkel, der vor seiner Tante gestorben war, seine großen Talente nicht voll entfaltete. Er stellt die Frage, ob er seinem Potential vielleicht gerecht geworden wäre, wenn er mit einer anderen Frau verheiratet gewesen wäre. Kurz nachdem David Kaufmann Inna geheiratet hatte, hat David gehört, lernte er eine sehr talentierte junge Frau kennen, und sie waren sehr aneinander interessiert. Sie korrespondierten viel, aber es spielte sich nichts zwischen ihnen ab. Inna soll angeboten haben, David freizugeben, aber zu der Zeit hatte die junge Frau beschlossen, einen andern zu heiraten. David merkt dazu an, diese Geschichte zeige, daß das Leben reicher sei als ein Roman. Menschen, die ihr Wissen aus Romanen schöpfen, glauben, alles fange mit dem juristischen Tatbestand der „Untreue" an. Dann fügt David eine Bemerkung zu Sappho hinzu und sagt, dieselben Romanleser könnten sich nicht vorstellen, wie sie ihre Mädchen glühend lieben konnte, ohne körperliche Intimität mit ihnen zu begehren. Er fährt fort:

> Wir freilich wissen alles besser. Wir verstehen es auch, was den andern wohl am allerunbegreiflichsten sein muß, wie dieselbe Sappho, die ihre Mädchen mit männlicher Glut geliebt hat, doch wieder ein jubelndes Brautlied anstimmen konnte, wenn es galt, einen ihrer Lieblinge in den hochzeitlichen *thalamos* zu geleiten.

Hier besteht eine Kluft zwischen mir und meinem Großvater, die meine Vorstellungskraft nicht überbrücken kann. Ich bin einer von jenen „andern", von denen David spricht. Ich kann mir vorstellen, daß Sappho ihre Mädchen „mit männlicher Glut" lieben konnte, ohne daß es zwischen ihnen zu sexuellem Kontakt kam; aber ich kann mir nicht vorstellen, daß Sappho diesen Kontakt nicht *begehrte*, zumindest nicht, sobald sie über eine naive Unschuld hinsichtlich solcher Möglichkeiten hinaus war. Und ich finde in der Tat, wie mein Großvater es solchen Menschen unterstellt, am allerunbegreiflichsten, daß Sappho über die Heirat eines Mädchens, das sie so leidenschaftlich liebte, aufrichtig jubeln konnte. Da David und Amalie dies verstehen konnten und über sich vielleicht genauso dachten, gibt es etwas in ihrer Beziehung, das mir ein Rätsel bleibt.

10

Heirat

David und Amalie heirateten am 26. Dezember 1906. Weder die Heiratsurkunde noch irgendwelche Briefe aus den Monaten vor oder nach diesem Datum sind erhalten. Der einzige Gegenstand, den ich von der Hochzeit habe, ist eine weiße Karte etwa von der Größe einer heutigen Glückwunschkarte. Auf der Vorderseite ist ein dekorativer Goldrand, gekrönt von einem Kranz. Innerhalb des Rands steht handgeschrieben mit schwarzer Tinte:

> Seinen teuern Freunden
> Amalie und David
> zum 26. Dezember 1906
> Berthold

Dies muß Davids Vetter Berthold Jellinek sein, der David und Amalie gesagt hatte, daß sie auf einem „neuen, mühseligen Höhenweg" gingen, den sie gemeinsam bahnen müßten. Auf die Rückseite der Karte hat er geschrieben:

> Vor meinem Auge wandelt heut ihr gleichsam
> Aus euren fernen Reichen und von fernen Wegen
> Hinab zum Festplatz der Alltäglichkeit,
> Den altehrwürdgen Torweg zu durchschreiten,
> Dem oft Betretnen neuen Adel,
> Besondre Weihe zu verleihn.

Sonst weiß ich nichts über die Heirat, außer daß die Neuvermählten auf Hochzeitsreise nach Venedig gingen und im Hotel Danielli abstiegen. Das Danielli, damals wie heute eines der berühmtesten Hotels in Venedig, befindet sich in einem Palast, den der Doge, Oberhaupt der Regierung Venedigs, am Ende des 14. Jahrhunderts erbaute, als der Stadtstaat den Höhepunkt seiner Macht und seines Reichtums erreicht hatte.

11

Venezianische Betrachtungen

26. November 1998

Aus dem doppelten Anlaß der historischen Forschung und der Feier unseres 30. Hochzeitstages sind Renata und ich in Venedig. Wir schlendern durch die luxuriös in venezianischer Gotik dekorierte Halle des Hotels Danielli, deren Decke von Marmorsäulen getragen wird. Inmitten dieser Pracht fällt es leicht, mich zurückzuversetzen und mir meine frisch vermählten Großeltern vorzustellen, wie sie durch die Halle gehen und die imposante Treppe hinauf, die sie zu ihrem Zimmer und Brautbett führte.

David war schon in Venedig gewesen, aber Amalie offenbar noch nicht. 1905 schickte David ihr zwei kleine Bilder, die er ein Jahr zuvor in Venedig gekauft hatte. Eines zeigt die oft fotografierte Seufzerbrücke, die die Fassade des Dogenpalastes mit ihrem phantasievollen rosa und weißen Karomuster mit dem düsteren Gefängnis des Bargello verbindet. Das andere zeigt die Kirche San Giorgio, die er als „Palladios erhabenen Tempel“ beschrieb, denn sie ist eines der Hauptwerke Andrea Palladios, des Architekten aus dem 16. Jahrhundert. Als wir das Danielli durch den gotischen Haupteingang verlassen, blicken wir über das Wasser direkt auf San Giorgio, die sich in der winterlichen Nachmittagssonne im bleichen blaugrünen Wasser spiegelt. Palladios vollkommen proportionierte Säulen und Architrave, die auf den architektonischen Prinzipien des klassischen Alterums beruhen, sprachen die „klassische Seele“ meines Großvaters an.

Meine Großeltern werden wie wir vom Danielli den Kai hinuntergeschlendert sein, am Bargello und der Seufzerbrücke vorbei und dann am Dogenpalast entlang. Wo der Canal Grande sich erweitert und in die Lagune mündet, haben die Gondolieri festgemacht und winken die Touristen in ihre zierlichen Boote. Was für ein Erlebnis diese Stadt des Wassers, des Lichts und der alten Gebäude für Amalie gewesen sein muß. Sie dürfte Venedig nur von Schwarzweißfotos und von Gemälden gekannt haben, besonders jenen von Canaletto im Kaiserlichen und Königlichen Kunsthistorischen Museum in Wien. Nun konnte sie alles mit eigenen Augen sehen. Es ist noch immer ein atemberaubendes Erlebnis, sicherlich die schönste Stadt der Welt. Für David muß Venedig, obgleich nicht so neu, voller Wunder um jede Ecke gewesen sein. Es erinnerte nicht nur an eine ferne Vergangenheit, sondern auch an seinen deutschen Lieblingsdichter Goethe, der hier seine *Venezianischen Epigramme* schrieb – kurze Verse über das Leben, die Liebe und die Vergänglichkeit von beiden. David hatte Amalie versprochen, daß sie sie eines Tages gemeinsam lesen würden, an dem Ort, wo sie geschrieben wurden, und so kann man sich leicht ausmalen, wie er am Beginn dieses bedeutsamen Stadiums seines Lebens die Gondeln auf dem Canal Grande sieht und sich auf Goethes Zeilen besinnt:

> Diese Gondel vergleich' ich der sanft einschaukelnden Wiege,
> Und das Kästchen darauf scheint ein geräumiger Sarg.
> Recht so! Zwischen der Wieg' und dem Sarg wir schwanken und schweben
> Auf dem großen Kanal sorglos durchs Leben dahin.

Vom Ufer des Canal Grande lockt die Piazza San Marco. In den letzten drei Jahrhunderten wagte nur Napoleon, an einem der schönsten Plätze Europas herumzupfuschen, so daß meine Großeltern ihn weitgehend so wie wir heute sahen. Immer noch ihren imaginären Fußstapfen folgend, besuchen wir San Marco, um die wunderbaren Mosaiken und den mit Edelsteinen verzierten goldenen Altarvorsatz zu betrachten. Ganz bestimmt bewunderten sie die vier herrlichen Bronzepferde, alte Arbeiten eines unbekannten Künstlers der Antike. Als David und Amalie hier waren, standen die Originale draußen über dem Eingang der Markuskirche. Zum Schutz vor Schäden durch die Luftverschmutzung sind die Originale heute im Innern zu besichtigen, während man draußen Kopien aufgestellt hat. Vielleicht schlenderten sie anschließend wie wir über den Platz, um eine Tasse Kaffee im Café Florian zu trinken, über die paradoxe Art und Weise, wie sie zusammengefunden hatten, zu staunen und auf ihre gemeinsame Zukunft gespannt zu sein.

Was ist die beste Basis für eine gute Ehe? Ein 30. Hochzeitstag schien ein guter Zeitpunkt für Betrachtungen zu dieser Kernfrage zu sein. Wenn ich versuche, dieses Thema bei Freunden zur Sprache zu bringen, wollen viele nichts anderes als Liebe in Betracht ziehen. Auch sind sie nicht willens, diese Vorstellung von Liebe zu analysieren. „Könntet ihr euch vorstellen", frage ich sie, „einen Menschen zu lieben, während man einen anderen sexuell attraktiver findet?" Sie winden sich unbehaglich und geben im allgemeinen keine direkte Antwort. Manchmal scheint es, als hätten sie Angst, es könne ihre Ehe gefährden, wenn sie zugäben, daß ihr Partner bzw. ihre Partnerin für sie nicht der körperlich attraktivste Mensch der Welt sei. Wie verbreitet, frage ich mich, ist die Einstellung, die aus dem Rat spricht, den ein Freund Richard Tull gibt, der Hauptfigur in Martin Amis' Roman *Information*: „Heirate deine Obsession. Heirate die, die dich am härtesten macht. Heirate *sie*." Stimmt das mehr mit der Art, wie die Leute heute über die Ehe denken, überein als: „Heirate die, deren Verstand und Charakter du am meisten bewunderst?"

Wenn sexuelle Attraktivität so wichtig ist für die Vorstellung der Leute von der Person, die sie heiraten möchten, dann ist dies eine relativ neue und kulturell spezifische Vorstellung. Dank seiner klassischen Schulung hatte David immer einen breiteren Standpunkt. Er dürfte zum Beispiel Xenophons *Oikonomikos* gekannt haben, in dem der angesehene Ischomachos Sokrates erzählt, daß er bald nach seiner Heirat seine Frau fragte: „Sag mir, Frau, hast du schon darüber nachgedacht, warum ich dich nahm und warum deine Eltern dich mir gaben?" und er fügt hinzu: „Daß es nicht aus Ermangelung einer anderen war, mit der ich die Nacht verbringen konnte – das ist klar, ich weiß, auch für dich." Ischomachos beantwortet dann selbst die Frage: Er wählte seine Frau „als die beste Gefährtin für den Haushalt und die Kinder". Davids erster Brief über Heirat zeigt, daß auch er nicht einfach jemanden suchte, „um die Nacht mit ihr zu verbringen", sondern eine Partnerin, die durch ihre Kenntnis seines Wesens eine Quelle guten Rates und Rückhalts sein werde.

Als meine Großeltern heirateten, waren gemakelte Ehen in vielen jüdischen (und manchen nichtjüdischen) Gemeinden in Osteuropa einschließlich Teilen Österreich-Ungarns noch üblich. Selbst unter den moderneren Juden Mährens hätten David und Amalie zwei Generationen früher kaum die Wahl gehabt, wen sie heiraten sollten. Heiratsvermittler brachten das junge Paar zusammen, natürlich mit einer Anstandsdame, und sie sprachen nur wenige Worte miteinander, bevor sie heirateten. Vor der Ehe gab es oft weder Liebe noch Wertschätzung der Persönlichkeit des andern. Wenn sie Glück hatten, stellte sich das eine oder beides später ein. Obwohl meine Großeltern sich füreinander entschieden, hatte ihre Beziehung noch etwas mit der Tradition vermittelter Ehen gemein: die Vorstellung, daß romantische Liebe nicht der Schlüssel für eine gute Ehe ist. Ob es daran lag, daß romantische Liebe zum anderen Geschlecht für David und Amalie nicht selbstverständlich war oder daß sie eine philosophischere Ansicht vom Wesen der Liebe teilten, weiß ich nicht. Klar ist aber, daß mein Großvater eine Frau heiratete, bei der er Rat und Verständnis gesucht hatte. Er hatte sie bewundert, bevor er sie gut kannte, aber auch nachdem sie beschlossen hatten zu heiraten, hielt er sie nicht für schön. Vielmehr bildete seine „klare Einsicht in den Wert Ihrer [Amalies] Persönlichkeit" die Grundlage für seine Entscheidung, sein Leben mit ihr zu verbringen, und die Leidenschaft kam später. Es erwies sich als „eine Musterehe. Eine wunderbare Ehe." So beschrieb sie Hilde Koplenig, deren Vater Davids Vetter war. Jeder andere, der sie kannte, stimmte zu.

Kann ich das gleiche von meiner Ehe sagen? Nicht mustergültig vielleicht, aber auf ihre eigene Weise wunderbar. Sie begann ganz anders als die meiner Großeltern. Renata und ich waren zusammen im Bett, bevor wir Zeit hatten, viel Einblick in den Wert der Persönlichkeit des andern zu gewinnen. Aber das ist ein oberflächlicher Unterschied, ein Hinweis darauf, wie viel zwangloser wir in den 1960ern mit Sex umgingen als zu Beginn des Jahrhunderts. Sex lief nicht unbedingt auf eine langfristige Bindung hinaus, und bei der Gestaltung einer ernsten Beziehung mit Renata unterschied sich meine Einstellung nicht so sehr von der meines Großvaters. Es gab andere Frauen, die ich sexuell nicht weniger attraktiv fand, aber Renata war, wie Amalie für David, eine Frau, deren Charakter und Klugheit ich bewunderte, mit der ich glaubte, ein lebenslanges Gespräch führen zu können, das nie langweilig würde, und mit der ich mich gemeinsam den „mühseligen Höhenweg des Lebens" hinunterwandern sehen konnte.

Also war „heirate die, die dich am härtesten macht" weder für die Ehe meines Großvaters noch für meine die Grundlage. Natürlich braucht eine gute Ehe Liebe, und das geht weit hinaus über Bewunderung des Verstands und der Persönlichkeit oder über das Gefühl, daß jemand ein guter Gefährte sein wird. Doch wenn Bewunderung des Verstands und der Persönlichkeit zuerst kommt, kann Liebe folgen und auch Leidenschaft, wie David sagte, als er Amalie von *Lucilie* erzählte. Andersherum funktioniert es nicht. Wird die eine, die dich heute am härtesten macht, die gleiche sein, die dich zehn, 20 oder 30 Jahre später am härtesten macht? Ich kann mir nicht vorstellen, mit einer Frau zehn Jahre – geschweige denn 30 – verheiratet zu sein und *nicht* manchmal andere Frauen sexuell aufregender zu finden. Wenn man also auf der Grundlage in die Ehe geht, daß *diese* Frau die ist, die einen am meisten anzieht, was geschieht dann, wenn dies nicht mehr zutrifft? Beendet man die Ehe? Sind deshalb so viele Menschen meines Alters heute zum zweiten oder dritten Mal verheiratet? Das braucht keine schlechte Sache zu sein, aber es ist ein anderes Ideal der Ehe. Wenn das, was ein Paar verbindet, ihre Leidenschaft für den Körper des andern ist, dann ist es nicht möglich zu sagen, was David zu Amalie sagte: „Was uns verbindet, ist der Zeit entrückt."

Teil III

In Freuds Kreis

12

Eine Einladung von Freud

Im Winter 1906-07 führte Davids Suche nach dem Geheimnis der menschlichen Seele ihn an den Samstagabenden in die Psychiatrische Abteilung des Wiener Allgemeinen Krankenhauses. Dort gesellte er sich zu sieben anderen Personen, die in einem fast leeren Hörsaal saßen und Sigmund Freud zuhörten, der eine Vorlesung mit dem Titel „Einführung in die Psychoanalyse" hielt. Heute erscheint es einem seltsam, daß Freud nur so wenige Hörer anzog, vor allem weil er bereits eine umstrittene Gestalt war. Ein Jahr zuvor hatte er *Drei Abhandlungen zur Sexualtheorie* veröffentlicht – ein Buch, das „ihm mehr Haß eintrug als jede andere seiner Schriften", wie sein Biograph Ernest Jones schrieb.

Hanns Sachs, einer der acht Teilnehmer, hat einen Bericht über Freuds Vorlesungen hinterlassen.

> Freud trug einen kurzen dunkelbraunen Bart, war schlank und mittelgroß. Er hatte tiefliegende, stechende Augen und eine schön geformte, an den Schläfen auffallend hohe Stirn. Mit einer Handbewegung auf eine Reihe von acht oder zehn Stühlen, die im Halbkreis vor den Bänken standen, nahe am Vortragspult, wo schon einige Personen saßen, sagte er sehr höflich: „Möchten Sie

> nicht näher kommen und Platz nehmen, meine Herren?" ... Die Stühle waren vor die leeren Bänke gestellt worden, weil Freud seine Stimme nicht strapazieren mochte ... Die Atmosphäre war intim und zwanglos ... Alle Themen und Probleme der Psychoanalyse, die damals bereits existierten oder im Entstehen begriffen waren, wurden diskutiert. Traumdeutung, das Unbewußte und Verdrängung, die Struktur der Neurose waren natürlich die bevorzugten Themen. Aber die vielen neuen Ausblicke, die sich unseren Augen auftaten, die nicht erschöpften Möglichkeiten für neue Gebiete und die neuen Untersuchungsmethoden in fast jedem Wissenschaftszweig trugen viel zu dem fesselnden Interesse an diesen Stunden bei.

Mein frisch verheirateter Großvater war Lehrer auf Probe in Wien. Das Zeugnis seines Ausbildungslehrers sagt, daß seine gut vorbereiteten Stunden mit „Aufmerksamkeit, Verständnis und Interesse" aufgenommen wurden und daß seine Fähigkeit, im Klassenzimmer für Ordnung und Disziplin zu sorgen, „zufriedenstellend" war. Nach seinem Probejahr wurde er an das Gymnasium in Nikolsburg geschickt, eine Kleinstadt in Mähren zwischen Wien und Brünn, wo über 200 Jahre früher sein Vorfahre David Oppenheim Rabbiner gewesen war, ehe er auf einen wichtigeren Posten in Prag berufen wurde. In Nikolsburg wurde am 12. Dezember 1907 meine Mutter geboren. Davids Eltern hatten darum gebeten, daß das Kind, wenn es ein Mädchen wäre, nach Davids verstorbener Schwester Cornelia genannt werden sollte. David war einverstanden, veränderte aber „Cornelia" zu „Kora", was von *kore* kam, dem altgriechischen Wort für „Mädchen". Dann gab er ihr einen zweiten Namen, das lateinische Wort für „wiedergeboren", „Renata". Die Namen meiner Mutter zeigten die Liebe ihres Vaters zu den Alten.

Während David in Nikolsburg unterrichtete, veröffentlichte er seine erste wissenschaftliche Arbeit, einen Artikel über ein Werk des römischen Dichters Tibull. In der Passage, die David erörtert, stellt sich Tibull als Liebender dar, der in einem Wutanfall mit seiner Geliebten gebrochen hat, sie aber nun zurückwünscht. Unglücklicherweise hat eine böse Kupplerin sie Tibull abspenstig gemacht und einem reichen Rivalen zugeführt. Der Dichter spricht einen langen Fluch gegen die Kupplerin aus, und David versucht das Wesen dieses Fluches zu erklären. Dazu ist er in der Lage, teilt er dem Leser mit, weil er die rituelle Nacktheit untersucht hat, was ihn wiederum zur Erforschung antiker Kulte und Formen der Magie, die in diesem Fluch herangezogen werden, geführt hat. Dieser Aufsatz zeigt Davids Interesse an dem beherrschenden Einfluß sexueller Themen in Mythologie und Literatur.

Die junge Familie blieb nicht lange in Nikolsburg. 1909 bekam David die Stelle eines Lehrers für klassische Sprachen am Akademischen Gymnasium in Wiens historischem 1. Bezirk. Die Anstellung brachte David und Amalie aus der Provinz in die Reichshauptstadt zurück und an das Aushängeschild des staatlichen Bildungssystems, das für diejenigen bestimmt war, die akademische Ambitionen hatten. Unter den Absolventen des Akademischen Gymnasiums waren viele der damaligen und zukünftigen Berühmtheiten des Wiener Kulturlebens, darunter die Schriftsteller Hugo von Hofmannsthal und Arthur Schnitzler, der Rechtsphilosoph Hans Kelsen, der Volkswirtschaftler Ludwig von Mises, der Physiker Erwin Schrödinger und der zukünftige tschechische Staatspräsident Tomáš Masaryk. Es war eine Traumstelle für einen jungen Lehrer, und David konnte einer verheißungsvollen Zukunft entgegensehen.

Als David und Amalie nach Wien zurückkehrten, mochten sie nicht geahnt haben, daß sich sieben Jahrhunderte der Habsburger Monarchie dem Ende näherten. Es herrschte Frieden im Reich und das seit Jahrzehnten. Das Reich schien stabil auf Rechtsstaatlichkeit gegründet. Es hatte eine lebendige freie Presse und wurde langsam demokratischer. Die Wahlen von 1907 zum Reichsrat führten eine wichtige neue Reform ein: Alle erwachsenen Männer waren wahlberechtigt. Das breitere Stimmrecht brachte den Sozialdemokraten und den Christlich-Sozialen große Gewinne, während die Vertretung der Deutschnationalen stark schrumpfte. Die vorherrschend deutschsprachigen herrschenden Kreise des Reichs hatten wichtige Zugeständnisse für den Gebrauch der nationalen Sprachen gemacht. Zugegeben, es gab noch ethnische

Spannungen in Böhmen, wo ein Streit zwischen tschechischen und deutschen Abgeordneten des böhmischen Landtags dazu geführt hatte, daß Tintenfässer flogen und Tische umgestoßen wurden. Das hatte antideutsche Tumulte in Prag ausgelöst und für kurze Zeit zur Verhängung des Kriegsrechts geführt. Aber jeder rechnete damit, daß solche Probleme durch vernünftige Reformen überwunden würden. Jetzt schien es für alle Nationalitäten des Reichs Möglichkeiten für materiellen und moralischen Fortschritt zu geben.

Der ernsteste Mißklang in dieser im großen und ganzen harmonischen Symphonie kam aus den südöstlichen Provinzen des Reichs. 1878 erhielt Österreich-Ungarn im Rahmen des Berliner Kongresses nach dem Russisch-Türkischen Krieg das Mandat zur Besetzung Bosniens und der Herzegowina, ohne an dem Krieg beteiligt gewesen zu sein. Diese Region hatte – und hat immer noch – eine gemischte Bevölkerung aus Muslimen und orthodoxen Serben. Obwohl 30 Jahre lang von Österreich-Ungarn verwaltet, blieb die Provinz nominell Teil des Osmanischen Reichs. Serbien widersetzte sich der Besetzung, denn es hoffte, alle Südslawen in einem Großserbien zu vereinen. Seine Feindseligkeit und die der bosnisch-serbischen Nationalisten verschärfte sich, als die österreichisch-ungarische Regierung anläßlich des 60jährigen Regierungsjubiläums Kaiser Franz Josephs 1908 beschloß, Bosnien und Herzegowina zu annektieren und zu einem Teil Österreich-Ungarns zu erklären. Es gab auch internationale Proteste wegen dieses einseitigen Bruchs eines internationalen Vertrags, doch in Österreich-Ungarn wurde der Schritt begrüßt, selbst von der liberalen Presse. Was war schließlich in der Praxis der Unterschied zwischen Okkupation und Annexion? Die meisten Menschen glaubten, sowohl der nationale als auch der internationale Widerstand werde bald abklingen.

Von diesen Angelegenheiten war David eigentlich nicht betroffen, was immer er davon halten mochte. In der österreichisch-ungarischen Politik war für Menschen wie ihn wenig Platz. Um die Zeit seiner Geburt hatten die zuvor tonangebenden Liberalen, deren der Aufklärung verpflichteten Werte und Glauben an gleiche Rechte für alle er geteilt hätte, eine schwere Schlappe erlitten, von der sie sich nie erholten. Ihren Platz hatten die Deutschnationalen und die Christlich-Sozialen eingenommen, die beide offen antisemitisch waren. Von den großen politischen Parteien hießen nur die Sozialdemokraten Juden willkommen, und David war kein Sozialist. Jedenfalls interessierte er sich mehr für die intellektuellen Möglichkeiten, die die Stadt bot – und besonders für die Fortsetzung seines Bemühens, die Geheimnisse des menschlichen Verhaltens und Wesens zu verstehen.

Bald nachdem er seine neue Stelle in Wien angetreten hatte, schickte David Freud ein Exemplar eines Aufsatzes, den er geschrieben hatte, vermutlich den über Tibull, mit einer Widmung, die seine Wertschätzung von Freuds Arbeit ausdrückte. Freud dankte David für den Aufsatz, der ihn, wie er sagte, bedauern ließ, „daß zu meiner Kenntnis der Alten seit der Gymnasialzeit so wenig hinzugekommen ist“. Dann macht er einen Vorschlag, der David in Aufregung versetzt haben muß:

> Seit längerer Zeit verfolgt mich die Idee, daß unsere Studien über den Inhalt der Neurosen berufen sein könnten, die Rätsel der Mythenbildung aufzuklären, und daß der Kern der Mythologie kein anderer ist, als was wir den „Kernkomplex der Neurose“ nennen, wie ich ihn unlängst in der Analyse der Phobie eines fünfjährigen Knaben bloßlegen konnte. Zwei meiner Schüler, Abraham in Berlin und O. Rank in Wien, haben den Versuch gewagt, ins mythologische Gebiet einzufallen und dort mit Hilfe der psychoanalytischen Technik und Gesichtspunkte Eroberungen zu machen. Aber wir sind Dilettanten und haben allen Grund, uns vor Irrtümern zu fürchten. Uns fehlt der Schulsack, die Vertrautheit mit dem Material. Wir schauen darum nach einem Forscher aus, der die umgekehrte Entwicklung genommen hat, der die Sachkenntnis besitzt und unser psychoanalytisches Rüstzeug, das wir ihm gerne zur Verfügung stellen, dazu annehmen will, einen eingeborenen Forscher sozusagen, der ganz anderes wird leisten können als die ortsfremden Eindringlinge.
>
> Sollten Sie dieser ersehnte Mann sein wollen? Was wissen Sie von der Psychoanalyse? Und haben Sie Muße und Neigung, zu dem angegebenen Zweck weiter in sie einzudringen?

David antwortete positiv und suchte Freud auf. In einem Brief vom 11. November an seinen vertrauten Kollegen Carl Jung bezieht sich Freud auf diese Begegnung:

> Der Zufall hat mir nun jüngst einen klugen Gymnasialprofessor zugeführt, der mit ähnlichen Gedanken, aber mit einem gefüllten Schulsack mythologisch arbeitet ... recht intelligent, nur macht er mir bisher den Eindruck, als ob er nicht recht geschickt wäre, etwas ihm bisher Fremdes anzunehmen. Bei der ersten Zusammenkunft habe ich von ihm erfahren, daß Ödipus ursprünglich ein phallischer Dämon gewesen sein dürfte wie die idäischen Daktylen (!), der Name heißt einfach = Erektion. Ferner, daß der Herd darum ein Symbol für den Mutter(Frauen)leib ist, weil die Alten die Flamme als einen Phallus aufgefaßt haben. Die Vestalinnen waren als richtige Nonnen mit diesem Herdphallus verheiratet, und dgl. mehr.

Freud lud David in die „Mittwoch-Gesellschaft" ein, eine Gruppe von etwa 15 Personen, die an den Mittwochabenden in Freuds Wohnung in der Berggasse 19 zusammenkamen. Die Protokolle der Gesellschaft zeigen, daß Freud am 12. Januar 1910 offiziell die Aufnahme Davids vorschlug. Sein Name erscheint am 26. Januar zum erstenmal unter den Anwesenden. Von da an war er regelmäßiger Teilnehmer und zwischen Januar 1910 und Oktober 1911 bei 39 Sitzungen anwesend. Die Gesellschaft bestand vor allem aus älteren Ärzten jüdischer Herkunft und bis April 1910 ausschließlich aus Männern. Freud war natürlich der Mittelpunkt. Sein Stand in der Welt hatte sich ein wenig verbessert seit dem Sturm, den die Veröffentlichung seiner *Drei Abhandlungen zur Sexualtheorie* fünf Jahre zuvor entfacht hatte. Er hatte seine ersten ausländischen – und nichtjüdischen – Anhänger gewonnen, angeführt von Carl Jung an der Psychiatrischen Klinik in Zürich. Eine Zeitschrift, die sich der Psychoanalyse widmete, war gegründet worden. 1909 hatte er die Vereinigten Staaten besucht und Vorlesungen an der Clark University gehalten, die ihm die Ehrendoktorwürde verliehen hatte. Dennoch sorgte außerhalb des kleinen Kreises seiner Anhänger Freuds Behauptung, kleine

Kinder hätte auf ihre Eltern gerichtete sexuelle Wünsche, immer noch für Empörung. Auf dem Kongreß der deutschen Neurologen und Psychiater, der 1910 in Hamburg stattfand, reagierte ein Professor auf die Erwähnung der Theorien Freuds, indem er mit der Faust auf den Tisch schlug und rief: „Dies ist kein Diskussionsthema auf einer wissenschaftlichen Konferenz: Das ist ein Fall für die Polizei."

Die bedeutendste Gestalt im Wiener Kreis nach Freud war Alfred Adler, ein 40jähriger Hausarzt, der drei Jahre davor seine *Studie über Minderwertigkeit von Organen* herausgebracht hatte, ein Buch über die Art und Weise, wie ein Gefühl körperlicher Minderwertigkeit die Psychologie eines Menschen beeinträchtigen kann. Adlers eigene Erscheinung könnte als Grundlage für eine solche Studie gedient haben: Im Unterschied zu Freuds streng vornehmem Gesichtsausdruck hatte Adler ein aufgedunsenes rundes Gesicht und Schweinsaugen; doch strahlte er eine geistige Energie aus, die dies mehr als wettmachte. David gehörte zu den jüngsten der Gruppe. Otto Rank, der das Protokoll führte, war das einzige Mitglied, das jünger war als David, während ein anderes regelmäßiges Mitglied der Gruppe, Carl Furtmüller, ungefähr gleichaltrig und, wie mein Großvater, nicht Arzt, sondern Lehrer war. Das andere nicht medizinisch ausgebildete Mitglied der Gruppe war ein ehemaliger Richter, Viktor Tausk.

Bei Davids erster Sitzung stellte Eduard Hitschmann den Fall eines jungen Mannes mit Angstproblemen vor, die auf sein Schuldgefühl wegen Masturbation zurückzuführen waren. Die sich anschließende Diskussion muß meinem Großvater gezeigt haben, daß dies kein Forum für Dünnhäutige war. Paul Federn eröffnete sie mit der Bemerkung, „das seien Fälle, wie wir sie ja bereits kennen und die nichts wesentlich Neues bieten". Rudolf Reitler fand den ersten Fall „oberflächlich analysiert". Der erste Beitrag meines Großvaters ist wie folgt protokolliert.

> OPPENHEIM kann Reitlers Hinweis bestätigen, daß eine Verwünschung des Penis (Todeswunsch) dem Volksgeist nicht fremd sei. Die sexuelle Deutung von Wald und Wiese im Traume habe

ihr Analogon in der griechischen Mythologie, wo die Geburtsgöttin Artemis auf Wiesen verehrt werde. Auch die sexuelle Verwendung des Schlüssels, der die verschlossene Tür sperrt, ist aus der Bibel bekannt. – Zu den Träumen vom Kopfabschneiden gehöre vielleicht die südslawische Symbolisierung des Penis als Kahlkopf.

Die Bemerkung ist typisch für viele, die David bei diesen Sitzungen machen sollte. Er rechtfertigt die sexuelle Deutung von Träumen oder anderen Phänomenen, indem er aus seiner Kenntnis des antiken Griechenland, der Bibel oder von Volksüberlieferungen schöpft, wo sexuelle Symbolik leichter sichtbar wird. Einige dieser Vorschläge sind erhellend, während sich andere wie komische Parodien der Freudschen Psychoanalyse lesen, in der alles irgendeine sexuelle Bedeutung annimmt.

Nur Freud und Adler gaben sich große Mühe, etwas Positives über Hitschmanns Vortrag zu sagen, aber ihre Kommentare richteten sich auf wichtigere Ziele. Adler betonte Hitschmanns Fleiß und ehrliche Arbeit und sagte, die Unzulänglichkeiten seiner Analyse seien die Unzulänglichkeiten aller Analysen, nämlich das Versäumnis, zu zeigen, was wirklich hinter der Neurose liegt. Freud lobte den Vortrag für die „Richtigkeit der Beobachtungen", bevor er im weiteren Federn und Adler kritisierte, weil sie nicht würdigten, daß alle neurotischen Phänomene sexuellen Ursprungs seien, und Adlers Suche nach den Wurzeln der Neurose abtat als Frage, die er „für erledigt" hielt. Aus diesem Austausch könnte David gefolgert haben, daß er sich der Mittwoch-Gesellschaft zu einem Zeitpunkt anschloß, als die Differenzen zwischen Freud und Adler unmittelbar unter der Oberfläche gärten. Die Streitfrage zwischen ihnen berührte den Kern dessen, worum es bei der Psychoanalyse ging. Geht letztlich alles auf unbewußte sexuelle Wünsche zurück? Sollte der sexuelle Ursprung der Neurose und anderer Formen von Geisteskrankheiten als „erwiesen" betrachtet werden? Oder konnte man andere Möglichkeiten erwägen? Aber über diese Differenz bei der Erklärung der Neurose hinaus stand auch die Frage im Raum, wie die Diskussion in der Psychoanalyse weitergehen sollte. Freud war zwar eindeutig der Pionier bei der Entdeckung des Unbewußten, aber das ganze Terrain war noch unerforscht, und es war keineswegs vorherbestimmt, daß Freuds Theorien sich als die richtigen erweisen würden. Im Gegenteil, das Gebiet schien reif für die Betroffenen, konkurrierende Theorien vorzutragen, die auf der Grundlage ihrer Fähigkeit, die Beweise zu erklären, beurteilt würden. Wenn die Differenzen zwischen Freud und Adler auf den Prüfstand gekommen und in dieser Atmosphäre offener wissenschaftlicher Untersuchung zerstreut worden wären, hätte die Zukunft der Psychoanalyse anders ausgesehen – und vielleicht auch Davids Zukunft.

Im Februar hielt Adler einen Vortrag über „Psychischen Hermaphroditismus" – d.h. über Menschen, die sowohl männliche als auch weibliche Züge haben –, und David fand sich sofort in den Streit zwischen Freud und Adler hineingezogen. Adler argumentierte, daß die Disposition zur Neurose nicht in unbewußten sexuellen Wünschen stecke, sondern im „Gefühl der Minderwertigkeit, der Furcht vor Zurücksetzung". Wir alle haben männliche und weibliche Charakterzüge, aber wir betrachten die männlichen als ideal und die weiblichen als minderwertig. Der neurotische Mann versucht, seine weibliche Seite zu verdrängen. Die Neurose entsteht dann aus „dem Kampfe zwischen der weiblichen Grundlage und dem männlichen Proteste". Das Protokoll gibt Davids Kommentar wieder:

> OPPENHEIM möchte sich damit begnügen, auf die Frage Tausks zurückzuverweisen, was im psychologischen Sinne männlich und was weiblich ist. Man könne sich das Männliche und Weibliche nur im anatomischen Sinne denken, in der Übertragung aufs Psychologische schwer. Er möchte bezweifeln, ob das ein naturwissenschaftlicher Begriff und nicht vielmehr ein historischer ist, der aus Wertgesichtspunkten aufgebaut ist.
> Als Freud sprach, bemerkte er hierzu:
> Es sei bemerkenswert, daß drei eigentlich nicht psychoanalytisch eingestellte Redner, Tausk, Oppenheim und Furtmüller, das Entscheidende hervorgehoben haben: daß wir auf dem Gebie-

> te der Psychologie nicht wissen, was wir männlich und was wir weiblich zu nennen haben ... Doch taugen die Begriffe männlich und weiblich in der Psychologie nichts, und wir bedienen uns mit Rücksicht auf die Ergebnisse der Neurosenpsychologie besser der Begriffe Libido und Verdrängung. Alles, was libidinös ist, hat männlichen, was Verdrängung ist, weiblichen Charakter. Psychologisch können wir nur darstellen den Charakter der Aktivität und Passivität.

Bei Freuds Bemerkungen geht es darum, die Unterschiede zwischen seiner und Adlers Position zu zeigen. Sein positiver Bezug auf Tausk, Oppenheim und Furtmüller will anscheinend unterstellen, daß sie für ihn Partei ergreifen anstatt für Adler. Aber als Freud unmittelbar darauf die Libido mit dem Männlichen und die Verdrängung mit dem Weiblichen gleichsetzt, begreift er das Wesentliche an Davids Aussage nicht, denn er fährt fort, „männlich" und „weiblich" im psychologischen Sinn zu verwenden und nicht im anatomischen, und er hat keine Begründung für die Assoziation der Verdrängung mit dem Weiblichen und der Libido mit dem Männlichen geliefert. David hinterfragte die ganze Grundlage für solche „wissenschaftlichen" Charakterisierungen dessen, was „im wesentlichen weiblich" oder „im wesentlichen männlich" ist, indem er behauptete, dies seien nur maskierte Werturteile, wie er es vier Jahre zuvor in seinem Brief an Amalie über Weininger getan hatte. Doch bei dieser Gelegenheit sagte David nichts mehr.

Bei einer Sitzung am 16. März 1910 brachte David das Problem des Selbstmords bei Gymnasiasten zur Sprache, damals ein brandaktuelles Thema, weil ein Gymnasiast aus einer Wiener Familie von hohem Rang jüngst Selbstmord begangen hatte, nachdem er ein schlechtes Zeugnis bekommen hatte. Dies führte zu einer Pressekampagne gegen Wiens Gymnasiallehrer, denen vorgeworfen wurde, durch ihre übertrieben strenge Disziplin Selbstmorde zu verursachen, und es wurden Untersuchungen verlangt. Wilhelm Stekel schlug vor, einen bestimmten Abend für die Diskussion des Selbstmords, besonders unter jungen Menschen, zu reservieren, und dies führte einen Monat später zu Davids Behandlung dieses Themas an seinem 29. Geburtstag.

Als Antwort auf die Vorwürfe der Presse wegen übertriebener Disziplin argumentiert mein Großvater, daß Selbstmord von Kindern in vielen verschiedenen Ländern vorkommt und das seit vielen Jahrhunderten. Das Rätsel, das er Freud und seinem Kreis präsentiert, ist jedoch, wie der stärkste menschliche Instinkt – die Selbsterhaltung – aufgehoben werden kann. Er berichtet von Fällen, bei denen Heranwachsende Selbstmord nach dem Tod eines Elternteils des entgegengesetzten Geschlechts begingen, und führt aus, daß man vom Standpunkt der Freudschen Psychologie vermuten muß, daß Heranwachsende einen erotischen Konflikt erleben – in der Liebe eines Mädchens zum Vater und eines Jungen zur Mutter. Dies macht es möglich zu verstehen, wie der Lebenswunsch des Kindes von dem „biologisch gleichwertigen" Geschlechtstrieb überwältigt wird. Aber, fügt David hinzu, nicht alle Selbstmordfälle unter Heranwachsenden haben solche bequemen Freudschen Erklärungen, und er führt als Beispiel den Fall an, daß ein Kind von eines anderen Selbstmord hörte und dadurch zur Nachahmung der Tat veranlaßt wurde. Dies führt ihn zu seinem ursprünglichen Ziel zurück, zur Presse, „der neuen Zwingherrin im Reiche der Geister". Dann beschuldigt er die Presse der Sensationshascherei und Scheinheiligkeit, denn sie berichte über jeden neuen Kindesselbstmord mit Wehklagen und beschuldige die Lehrer des Kindes, das Opfer „ermordet" zu haben – während das öffentliche Aufsehen dank der Presse tatsächlich weitere Kinder veranlaßt, Nachahmungsselbstmorde zu begehen. Das gibt der Presse natürlich neues Material für weitere Sensationsberichte, und so nährt die Geschichte sich selbst.

Dann kommt David auf das Problem, das, wie er sagt, „mein eigenes Leben peinlich nahe berührt". Er stellt die Frage, ob die Bedingungen in den Schulen, etwa strenge Disziplin oder der Prüfungsdruck, Kinder in den Selbstmord treiben. Seine Antwort ist nein, und um seinen Standpunkt zu beweisen, zitiert er Statistiken, die zeigen, daß der Anteil der Kinder, die Selbstmord begehen, unter Gymnasiasten nicht höher ist als unter Kindern gleichen Alters, die nicht aufs Gymnasium gehen. Er verteidigt die harte Schuldisziplin, indem er erklärt, die Mittelschule „würde ihren obersten Zweck, für das Leben vorzubereiten, verfehlen, wenn sie nicht selbst ein Stück von diesem Leben in sich hätte, von diesem harten Leben mit seinen steten Kämpfen, seinen schweren Niederlagen und teuer erkauften Siegen".

Nach Davids Rede machte die Gruppe die übliche 15minütige Pause. Martha, Freuds Frau, kam mit Kuchen und schwarzem Kaffee, und dann begann die Diskussion. Freud brachte seine Wertschätzung des Vortrags zum Ausdruck, stimmte aber nicht mit Davids Ansicht überein, wie Schulen sein sollten. Sie sollten nicht, sagte er, wie das Leben mit seiner ganzen Härte sein. Kinder sind keine reifen Persönlichkeiten, und die Schule sollte dazu dienen, den notwendigen Übergang vom Elternhaus zur harten Realität des Lebens zu erleichtern.

Dies veranlaßte Freud zu einem verblüffenden Kommentar zur Homosexualität bei Lehrern:

> Die Lehrer beschäftigen sich zu wenig mit der Sexualität des Kindes ... Der Grund, warum so wenige Lehrer heutzutage dazu geeignet sind ... hängt zusammen mit der zunehmenden Ächtung der Homosexualität in unserer Zeit. Mit der Betätigung der Homosexualität hat man die für unsere Gesellschaft so notwendige homosexuelle Gefühlsrichtung des Menschen einfach mit unterdrückt. Die besten Lehrer sind nun die wirklich Homosexuellen, die ihren Zöglingen wirklich mit jener wohlwollenden Überlegenheit gegenüberstehen. Tritt diese Forderung aber an einen solchen Lehrer mit unterdrückter Homosexualität heran, so werden sie den Buben gegenüber sadistisch; sie hassen und verfolgen sie, weil sie diese „sexuellen" Ansprüche stellen und dadurch irritierend auf die Sexualität des Lehrers wirken. Wie die Homosexuellen die besten Lehrer sind, so sind die verdrängt Homosexuellen die schlechtesten und strengsten.

Danach war nur noch Zeit für kurze Bemerkungen, bevor Adler angesichts der späten Stunde vorschlug, die Diskussion bis zur nächsten Sitzung zu vertagen, und die Frage aufwarf, „ob die wertvollen Anregungen und Ergebnisse dieser Diskussion nicht unter Leitung eines Komitees als Flugschrift herausgegeben werden sollten". Dieser Vorschlag wurde angenommen. Auf der Sitzung am 4. Mai wurde entschieden, daß mein Großvater ein Einleitungskapitel speziell über den Selbstmord von Schülern schreiben sollte. Nach dem Protokoll äußerte er Bedenken, „erklärt sich schließlich aber doch bereit mit dem Vorbehalt, eventuell unter einem Pseudonym zu schreiben".

Über den Selbstmord, insbesondere den Schüler-Selbstmord erschien vor Jahresende. Davids Einleitungskapitel ist eine wesentlich überarbeitete Fassung seines Referats vor der Mittwoch-Gesellschaft. Das neue Material enthält einen Angriff auf Schulreformer, die glauben, die Schulen müßten sich ändern, um zu ihren Schülern zu passen, einschließlich den weniger tauglichen. Falls dies geschieht, sieht er voraus: „Unsere Schüler werden, da sie nicht nur Schulinteressen haben, vielleicht auch bei der neuen, bequemen Hutfaçon Selbstmorde verüben. Sicher aber wird ein Mord begangen werden an dem geistigen Leben der Volkes." David fährt fort: „Vielleicht aber wären, auch ohne daß wir uns zur Zertrümmerung unserer überlieferten Schulformen entschließen, einige vorbeugende Maßregeln gegen den Schülerselbstmord durchführbar." Die dann folgenden Vorschläge klingen vertraut, obwohl sie 1910 in Österreich-Ungarn und nicht in den Vereinigten Staaten zu Beginn des 21. Jahrhunderts gemacht wurden: Sie schließen eine bessere Kommunikation zwischen den Eltern und der Schule und einen erschwerten Zugang der Schüler zu Schußwaffen ein. Freuds Kommentar wiederholt einige Bemerkungen, die er bei der Diskussion von Davids Vortrag in der Mittwoch-Gesellschaft gemacht hatte, läßt aber jede Erwähnung der Homosexualität fort. Dann kommen Aufsätze von Adler, Furtmüller und anderen Mitgliedern der Gruppe sowie einige „Schlußbemerkungen" von Freud.

Wie David während der Diskussion der Pläne zu dieser Veröffentlichung angedeutet hatte, erscheint sein Aufsatz unter einem Pseudonym: „Unus multorum", lateinisch für „einer unter vielen". Die Wendung stammt aus einem Abschnitt einer Satire von Horaz, der lautet:

„Heute ist der Dreißigste, der Sabbat:
Du willst doch nicht die beschnittenen Juden verhöhnen?"
„Ich habe keine religiösen Bedenken."
„Aber ich habe welche. Ich bin ein wenig schwächer, einer unter vielen."

Wies David darauf hin, daß er einfach eine gewöhnliche Person war, einer der „schweigenden Mehrheit"? Oder beschrieb er sich, da er die Quelle gekannt haben muß, als „einen ein wenig schwächeren" der sich an die Regeln haltenden Juden? Dr. Erwin Ringel, einer von Davids Schülern und später ein persönlicher Freund, betrachtet sowohl die Verwendung eines Pseudonyms als auch die Wahl gerade dieses Pseudonyms als Zeichen der „enormen Bescheidenheit" Davids; er meinte, als gewöhnlicher Lehrer unwürdig zu sein, seinen Namen als Autor des Artikels erscheinen zu lassen. Andererseits weist die Tatsache, daß auch Carl Furtmüller ein Pseudonym verwendete, auf den klugen Wunsch der beiden Gymnasiallehrer hin, dafür zu sorgen, daß ihre Karrieren nicht durch die Verbindung mit dem berüchtigten Mann litten, der behauptete, Kinder hätten auf ihre Eltern gerichtete sexuelle Wünsche.

13

Davids Wahl: Freud oder Adler?

Der Zweite Internationale Psychoanalytische Kongreß, der im März 1910 in Nürnberg stattfand, war ein weiterer Schritt in einem Vorgang, der entscheidende Wirkung auf die Richtung von Davids Leben hatte. Freud veranlaßte Sandor Ferenczi, einen engen Freund aus Ungarn, zu einem außergewöhnlichen Vorschlag. Er schlug die Gründung einer Internationalen psychoanalytischen Gesellschaft mit Sitz in Zürich und Carl Jung als Präsident vor – nicht für einen bestimmten Zeitraum, sondern auf Lebenszeit. Außerdem, fuhr Ferenczi fort, sollten alle Aufsätze, die jeder Psychoanalytiker schrieb, und Adressen, die er ablieferte, zuerst dem Präsidenten der Gesellschaft vorgelegt werden, der dann über ihre Veröffentlichung entscheiden würde. Freuds Versuch, der Behauptung entgegenzutreten, die Psychoanalyse sei eine „jüdische Wissenschaft", war der eine Faktor seines Plans, Jung größeres Gewicht zu geben, der andere war jedoch sein Wunsch, die Hebel der Macht aus Wien zu verlagern, wo Adler seine Anhänger hatte.

Es überrascht nicht, daß Ferenczis Vorschlag aufgebrachte Reaktionen auslöste. Adler und Stekel sprachen offen von „Zensur" und „Einschränkungen der wissenschaftlichen Freiheit". Freud begriff, daß er Kompromisse eingehen mußte. Er sagte, er werde den Vorsitz der Wiener Psychoanalytischen Vereinigung niederlegen und Adler als Nachfolger nominieren. Auf dieser Basis stimmten Adler und Stekel der Ernennung Jungs zum Präsidenten der neuen internationalen Gesellschaft zu, aber nur für die Dauer von zwei Jahren und ohne jede Zensurbefugnis. Freud war auch einverstanden, daß Adler und Stekel eine neue Monatsschrift gründeten, die parallel zu einer anderen Zeitschrift laufen sollte, die in Zürich erscheinen würde; aber er überredete Adler und Stekel, daß er den Titel des „Herausgebers" mit dem Vetorecht gegen die Veröffentlichung jedes beliebigen Artikels bekommen würde.

Am ersten Mittwoch nach dem Kongreß traf sich die Wiener Gesellschaft wie gewohnt in Freuds Räumen. David war anwesend und hörte Freud die Sitzung mit einer Rückschau auf den Kongreß eröffnen. Die Wiener Vereinigung, sagte er, müsse sich nun selbst als Zweig der internationalen Gesellschaft konstituieren. Wie in Nürnberg vereinbart, schlug er Adler als Obmann vor und bot seine Zusammenarbeit als Mitglied der Vereinigung an. Die Regelung, wonach die Gruppe sich in seinen Räumen traf, „ginge nun nicht mehr". Viele Mitglieder drängten Freud, eine Position anzunehmen, die über das bloße Mitglied der Vereinigung hinausging, und am Ende willigte er ein, den Posten eines „wissenschaftlichen Vorsitzenden" anzunehmen, auf den er durch Akklamation gewählt wurde. Dann schlug er erneut Adler als Obmann der Wiener Vereinigung vor, und Adler wurde ebenfalls durch Akklamation gewählt. Ein Komitee zur Führung der Vereinigung wurde ernannt und ein gesondertes Redaktionskomitee aus vier Personen gewählt, um Adler und Stekel bei der neuen Monatsschrift, die als *Zentralblatt für Psychoanalyse* erscheinen sollte, zur Seite zu stehen. David wurde in das Redaktionskomitee gewählt.

Unter Adlers Vorsitz verliefen die Sitzungen durch das ganze Jahr 1910 mehr oder weniger wie zuvor, obwohl im Herbst der Treffpunkt verlegt wurde. Neue Mitglieder wurden aufgenommen, und die Zahl der Personen, die an den Diskussionen teilnahmen, wuchs auf 20 oder mehr. Allmählich verschärften sich jedoch die Meinungsverschiedenheiten zwischen Freud und Adler. Im November vereinbarte die Wiener Vereinigung, daß Adler gebeten werden sollte, zu einem Thema zu sprechen, das etwas Licht auf die Unterschiede zwischen seinen und Freuds Ansichten werfen würde. Adler war geschmeichelt von der Tatsache, daß er und nicht Freud dieses eine Mal im Mittelpunkt der Aufmerksamkeit stünde, und er hoffte ernsthaft, daß Freud bereit wäre, seine Argumente anzuhören und vielleicht sogar einige seiner Ideen zu akzeptieren. Freud hatte jedoch andere Pläne. Im Dezember schrieb er an Jung:

> Mit Adler wird es wirklich arg… Praktisch bedenklich ist, daß alles auf die Absetzung des Sexualtriebes hinausläuft und daß die

Gegner bald auf einen geübten Psychoanalytiker werden hinweisen können, der anderes findet als wir.

Auf der ersten Sitzung 1911 legte Adler der Wiener Psychoanalytischen Vereinigung einen Aufsatz mit dem Titel „Einige Probleme der Psychoanalyse“ vor. Nachdem er Freuds Arbeit als „Grundlage für die Untersuchung dieser Probleme“ gewürdigt hatte, argumentierte Adler, daß die Neurose von einem Minderwertigkeitsgefühl verursacht werde. Darauf reagierte Federn mit dem Vorwurf, Adler habe „sich mit den Gegnern der Freudschen Lehre in eine Reihe gestellt“, indem er leugne, daß die Neurose von den unterdrückten sexuellen Instinkten des Kindes stamme. Freud schwieg – ein sehr seltenes Ereignis auf diesen Sitzungen. Andere kritisierten Adler, und im Protokoll ist niemand erfaßt, der sich klar für seine Ansichten aussprach. David ergriff nicht das Wort.

Bei der zweiten Fortsetzung, am 1. Februar, ging Adler weiter. Indem er auf Minderwertigkeitsgefühle und Ängste, „eine weibliche Rolle“ annehmen zu müssen, hinwies, sagte er, daß der Wunsch von Jungen, sexuellen Verkehr mit der Mutter zu haben, eine Folge des männlichen Wunsches von Jungen sei, „oben“ zu sein und ihre Mutter zu erniedrigen, um die weibliche Seite ihres Wesens zu leugnen. Adler ging zum Freud entgegengesetzten Extrem und bestritt die primäre Rolle sexueller Libido nicht nur in frühkindlichen sexuellen Wünschen, sondern auch in „Dienstmädchen- und Gouvernanten-Liebschaften“. Auch diese sollten als Wege verstanden werden, sich der eigenen Männlichkeit und Überlegenheit zu versichern. Der Vorrang dieses Triebes erklärt, argumentierte Adler, warum bei manchen Patienten, die von ihrem Ödipuskomplex erfahren haben, keine Besserung eintrete. Das Problem sei nicht, daß sie ihr sexuelles Verlangen nach ihren Müttern verdrängt haben, sondern daß der Ödipuskomplex nur eine Komponente des männlichen Protestes sei.

Freud hielt sich nicht mehr zurück. „Das ist nicht die Psychoanalyse“, polterte er und ließ dann eine zweistündige vernichtende Kritik vom Stapel. Adler, sagte er, betreibe nur „Oberflächenpsychologie“, indem er das Unbewußte ignoriere; seine Ansichten seien „wissenschaftlich falsch“ und würden „der Psychoanalyse zunächst sehr schaden“. Adlers Antwort war kurz; er behauptete, daß er sexuelle Wünsche nicht leugne, sondern eher versuche, hinter das zu kommen, was wir als sexuell erkennen, nämlich zu den wichtigeren Beziehungen, die nur die Maske der Sexualität annehmen. Stekel machte eine Schlußbemerkung, die Adler sowohl lobte, als auch kritisierte, und danach wurde die Debatte auf den 22. Februar vertagt.

Obwohl mein Großvater bei beiden Vorträgen Adlers dabeigewesen war, war der Abschluß der Freud-Adler-Debatte am 22. Februar eine der wenigen Sitzungen, an denen er während seiner Mitgliedschaft in der Vereinigung nicht teilnahm. Vielleicht wußte er, was kommen würde, und wollte nicht gezwungen sein, Partei für Freud oder Adler ergreifen zu müssen. Oder er empfand nach dem Schlagabtausch am 1. Februar die ganze Szene als so unerfreulich, daß er beschloß fernzubleiben. Daß diese Entscheidung nicht ohne Grund war, geht aus Berichten anderer hervor. Freud saß am Kopfende des Tisches. Die Diskussion begann rechts von ihm, und jeder am Tisch mußte sagen, ob er mit Adler übereinstimmte oder nicht, und es begründen. Die meisten Redner waren auf Freuds Seite, auch mehrere, die am Ende ihrer Kritik positive Bemerkungen über den Wert der Arbeit Adlers hinzufügten. Als die Sitzung sich dem Ende näherte, legte Maximilian Steiner die Folgerungen aus Freuds früherer Erklärung („das ist nicht die Psychoanalyse“) dar. Sollte die Gruppe Adlers Ansichten akzeptieren, würde das bedeuten, „daß wir unsere Vereinigung, in deren Programm und Rahmen die Adlerschen Ideen gar nicht passen, würden umtaufen müssen“. Der Wink war eindeutig: Adlers Ansichten machten ihn ungeeignet, Mitglied der Vereinigung zu sein. Adler hatte das Schlußwort und sagte, er an Steiners Stelle hätte „nicht den Mut zu solcher Rede gefunden“. Aber seine Antworten auf wesentlichere Punkte der Kritik sind die eines erschütterten Mannes.

Auf der nächsten Ausschuß-Sitzung der Vereinigung legte Adler seine Stelle als Obmann nieder. Stekel verzichtete gleichfalls auf seine Stelle als Obmann-Stellvertreter. Am 1. März fand eine außerordentliche Generalversammlung statt, und dieses Mal war

David anwesend. Nachdem Freud sich als „nicht abgeneigt“ erklärt hatte, den Vorsitz zu übernehmen, wurde er durch Akklamation auf diesen Posten gewählt. Am 3. März schrieb Freud an Jung:

> Seit vorgestern bin ich der Obmann der Wiener Gruppe. Es ging nicht mehr länger mit Adler … Die Opposition gegen Adler war bei den älteren Mitgliedern sehr stark, während bei den jungen und neuen sich viel Sympathie für ihn gezeigt hat.

Adler und Stekel waren noch Herausgeber des *Zentralblatt*, aber Freud hatte auch da seine Pläne. Am 14. März teilte er Jung mit:

> Beim >Zentralblatt< hat sich durch die Palastrevolution in Wien wenig geändert. Natürlich lauere ich auf die Gelegenheit, die beiden abzuwerfen, aber sie wissen es und benehmen sich darum vorsichtig und konziliant, so daß ich vorläufig nichts tun kann. Eine strengere Kontrolle meinerseits ist selbstverständlich; sie lassen sich auch die gefallen. Ich bin in meinem Herzen mit ihnen beiden fertig.

Obwohl Adler als Obmann zurückgetreten war, blieb er Mitglied der Vereinigung und nahm an zehn der zwölf Sitzungen teil, die im Frühjahr 1911 stattfanden. Früher eines der vernehmbarsten Mitglieder der Gruppe, sprach er nur einmal während dieser ganzen Zeit. Gelegentlich verteidigte Furtmüller eine Adlersche Behandlung einer Frage, die zur Diskussion stand. Freud unternahm nichts bis Ende Mai, als die Vereinigung in die Sommerpause ging. Dann schrieb er an J. F. Bergmann, den Leiter der Firma, die das *Zentralblatt* produzierte, und drängte ihn, Adler als Herausgeber zu entlassen. Wieder berichtete Freud Jung alles darüber:

> Adler bin ich endlich losgeworden. Nachdem ich von Bergmann seinen Rücktritt vom >Zentralblatt< verlangt, hat er viel herumgezogen und endlich in sonderbaren Wendungen etwas erklärt, was man als Verzicht deuten muß … Der Schaden ist nicht sehr groß. Paranoische Intelligenzen sind nicht rar und mehr gefährlich als wertvoll. Er hat als Paranoiker natürlich in vielem recht,

> wenn auch in allem unrecht. Einige recht unbrauchbare Mitglieder werden wahrscheinlich seinem Beispiel folgen.

Weniger als drei Monate vorher hatte Freud von David als „einem sehr braven und ernsthaften klassischen Philologen“ gesprochen. Er machte diese Bemerkung in einem Brief, in dem er Jung mitteilte, daß er zusammen mit David „eine kleine Arbeit“ für die Zeitschrift, die Jung herausgab, vorbereite, „die den ersten Streifzug ins Folklore ausmachen soll: ‚Über eine gewisse Gattung von indezenten Schwankträumen‘“. Noch im Mai teilte er Ferenczi mit, daß er an „der kleinen folkloristischen Sache mit Oppenheim“ arbeite.

Die Zusammenarbeit, die Freud in seinem ersten Brief an David so begeistert vorgeschlagen hatte, war nun im Gang. Freud und mein Großvater beschlossen, nicht mit einer psychoanalytischen Interpretation antiker Mythen zu beginnen, wie Freud ursprünglich vorgehabt hatte, sondern mit populären Volkssagen. Freud verwendete selten Mitautoren – nur mit Josef Breuer, der damals der Seniorpartner gewesen war, hatte er gemeinsame Werke von Bedeutung geschrieben. Für einen jungen Gymnasiallehrer war es deshalb eine große Auszeichnung, von Freud eingeladen zu werden, mit ihm eine Arbeit zu schreiben, eine Auszeichnung, die Davids Karriere auf eine völlig neue Bahn hätte bringen können. Die Anregung zu dem Artikel kam anscheinend von Davids Bericht über „volkskundliches Material zur Traumsymbolik“ auf der Sitzung der Wiener Psychoanalytischen Vereinigung am 16. November 1910. Die Hinweise auf Träume in Volkssagen zeigen, argumentierte David, daß im Volk das Bewußtsein lebendig ist, daß der Traum sich sexueller Symbolik bedient. Auf der nächsten Sitzung setzte er seinen Bericht fort, nannte Beispiele von Volksschwänken, in denen Träume eine Rolle spielen und fragte, ob diese Träume nach den Regeln der Freudschen Lehre deutbar seien. In der Diskussion bejahte Freud Davids Frage, indem er sagte, daß in Volkssagen berichtete Träume sich deuten ließen wie andere Träume.

Die dritte Auflage von Freuds *Die Traumdeutung*, erschienen im Frühjahr 1911, hat diese neue Fußnote:

> Prof. Ernst Oppenheim* (Wien) hat mir an volkskundlichem Material gezeigt, daß es eine Klasse von Träumen gibt, für welche auch das Volk die Erwartung der Zukunftsbedeutung fallen läßt und die in völlig korrekter Weise auf Wunschregungen und Bedürfnisse, die während des Schlafes auftreten, zurückgeführt werden. Er wird über diese, meist als ‚Schwänke' erzählten Träume in nächster Zeit ausführlichen Bericht geben.

Freuds Bereitschaft, auf diese Arbeit hinzuweisen, zeigt, daß er an ihrer befriedigenden Fertigstellung keine Zweifel hatte; doch inzwischen spitzte sich der Streit zwischen Freud und Adler zu. David hatte sehr gute Gründe, sich auf Freuds Seite zu stellen. Erstens schien er mehr mit Freud gemein zu haben, der wie David aus einer hochgebildeten mährischen jüdischen Familie stammte und sich für die Alten begeisterte. Freuds Räume in der Berggasse 19 enthielten Bücherschränke, die mit den Resultaten seiner Sammelleidenschaft für Antiquitäten gefüllt waren, darunter Statuetten, Bronzen und Terrakotten aus Ägypten, Griechenland und Rom. Freud und mein Großvater teilten auch die Liebe zur deutschen Literatur und besonders zu Goethe. Adler dagegen war der Sohn eines jüdischen Getreidehändlers. Er war an der Peripherie von Wien in einem Bezirk mit wenigen gebildeten Familien aufgewachsen, und sein Leben lang hörte man aus seinem Deutsch den Dialekt der Wiener Arbeiterklasse heraus. Als junger Mann war er in einer protestantischen Kirche getauft worden, möglicherweise in der Hoffnung, so den Auswirkungen des Antisemitismus entgehen zu können.

Davids politische Neigungen hätten einen zweiten Grund für meinen Großvater, Partei für Freud und gegen Adler zu ergreifen, abgeben können. Freuds Biograph Ernest Jones unterstellt, daß Politik eine entscheidende Rolle zwischen den beiden spielte:

> …die meisten Anhänger Adlers waren wie er selbst glühende Sozialisten. Adlers Frau, eine Russin, war eng mit führenden

* In seinen frühen Veröffentlichungen verwendete mein Großvater seinen typisch deutschen zweiten Namen „Ernst" anstelle des offenkundiger jüdischen „David".

russischen Revolutionären befreundet; Trotzkij und Joffe zum Beispiel besuchten häufig ihr Haus. Furtmüller war selbst aktiver Politiker.*

Freuds Lehren konnten Sozialisten nicht zusagen, denn er verstand die Kultur als notwendigerweise repressive Kraft, gefangen im ständigen Konflikt mit unserem Geschlechtstrieb und unseren elementaren Instinkten. Einzelnen konnte vielleicht durch die Analyse geholfen werden, aber Ideen von einer besseren Gesellschaft ohne Verdrängung oder Neurose gehörten nicht zu Freuds Vision. Adler dagegen sah die Verdrängung nicht als unausweichlich, sondern als beeinflußt von der jeweiligen Gesellschaft, in der man lebte. Er unterstützte die Reformpolitik der österreichischen Sozialdemokraten, und Furtmüller und Margarete Hilferding, das erste weibliche Mitglied der Mittwoch-Gesellschaft, waren Mitglieder der Sozialdemokratischen Partei. Davids politische Neigungen waren zu dieser Zeit eher konservativ, wie seine Ablehnung der Schulreform zeigt.

Der dritte Grund für David, sich auf Freuds Seite zu stellen – und für die meisten dürfte es der gewichtigste gewesen sein –, war die Arbeit, mit der sie nun gemeinsam beschäftigt waren und die um vieles bedeutender sein würde als die kleineren gelehrten Artikel, die David bis dahin veröffentlicht hatte. Verlockender noch war, sobald diese Arbeit erfolgreich abgeschlossen wäre, was Freud David in seinem ersten Brief an ihn in Aussicht gestellt hatte: Mit ihren kombinierten Sachkenntnissen und Talenten würden sie „ins mythologische Gebiet einfallen und es aus einer psychoanalytischen Perspektive erklären. Davids ganzes Leben und seine ganze Ausbildung bis zu diesem Augenblick – seine Liebe zur klassischen Philologie, sein einfühlendes Verständnis für die Mannigfaltigkeit der menschlichen Sexualität und die selbstgestellte Aufgabe, die Geheimnisse der menschlichen Seele zu

* Trotzkij lebte in Wien, nachdem er 1907 aus Rußland geflohen war, und blieb bis zum Ausbruch des Ersten Weltkriegs dort. Er besuchte häufig das Café Central, und Klemperer erinnert sich, ihm im Haus der Adlers begegnet zu sein. Mein Großvater lernte ihn wahrscheinlich ebenfalls kennen, doch gibt es kein Zeugnis dafür.

erschließen – schienen genau darauf zugeschnitten, ihm das Rüstzeug zu geben, Freud bei seiner Aufgabe zu helfen. In Zusammenarbeit mit dem Mann, dem die Entdeckung des Unbewußten zugeschrieben wurde, einer von manchen bereits als Genie bejubelten Gestalt, konnte David die antike Mythologie aus einer psychoanalytischen Perspektive erforschen und dabei ihre universelle, aber verborgene sexuelle Bedeutung entdecken. (Man stelle sich vor, der erste zu sein, der so ein jungfräuliches Feld pflügen würde!) Als Freuds Mitautor konnte David mit internationalem Ansehen rechnen, mit Einladungen, auf wichtigen Konferenzen zu sprechen, vielleicht damit, Freud auf einer Vortragsreise durch Amerika zu begleiten und am Ende mit dem „bequemen akademischen *thronos*", von dem er Amalie geschrieben hatte, als er darüber nachdachte, ob er an der Universität bleiben oder Gymnasiallehrer werden sollte.

Was also könnte David in die entgegengesetzte Richtung gezogen haben? Viele Jahre später sagte er zu seinen Töchtern: „Ich habe Freud bewundert, aber ich habe Adler geliebt." Also zog vielleicht eine Art von Liebe zu Adler David auf dessen Seite. Ein anderes Mitglied von Adlers Kreis, Paul Klemperer, erinnert sich, daß Adler und seine Frau sich während des entscheidenden Sommers 1911 jeden Abend im Café Central, damals wie heute eines der schönsten Kaffeehäuser Wiens, mit ihren Freunden trafen. Klemperer erwähnt, daß mein Großvater zusammen mit Furtmüller und zwei oder drei anderen dabei war.

Davids eigene Psychologie weist auf einen zweiten Grund hin, der ihn zu Adler gezogen haben könnte. Davids Briefe an Amalie verraten, daß er selbst zeitweise Minderwertigkeitsgefühle hatte, sowohl als Philologe als auch in allgemeinerer Hinsicht. In einem Brief, den er während seines Militärdienstes schrieb, nachdem er bei der ersten Runde der Beförderungen übergangen worden war, sagt er, diese Gefühle der Unzulänglichkeit „fehlen mir eigentlich niemals". Obwohl David diese Gefühle überwunden zu haben scheint, dürften sie und der Einfluß, den sie auf ihn haben konnten, ihm dank seiner feinen psychologischen Sensibilität bewußt gewesen sein. Und von daher könnte er Verständnis für das Seelenleben anderer gehabt haben, bei denen solche Gefühle vielleicht stärker ausgeprägt waren. Somit hätte er aus einer Position der persönlichen Kenntnis zu Adler tendiert, der die Bedeutung des Triebs, Minderwertigkeitsgefühle zu überwinden, betonte, und er könnte durchaus geglaubt haben, daß Adler recht hatte, wenn er die Allgemeingültigkeit und Bedeutung solcher Gefühle voraussetzte. Vielleicht sah er in Adler, der ein kränkliches und unbeholfenes Kind gewesen war und zu einem untersetzten Mann mit dicklichem Gesicht und Schweinsaugen herangewachsen war, sogar einen verwandten Geist, der über seine Minderwertigkeitsprobleme triumphiert hatte.

Ein dritter möglicher Faktor, der Davids Entscheidung beeinflußte, könnten wachsende Zweifel an einigen Ansichten Freuds gewesen sein, zumindest in der starken Form, in der Freud und seine engen Anhänger sie auf den Sitzungen, an denen David teilnahm, vortrugen. Er kann nicht damit einverstanden gewesen sein, wie Freud Libido und Verdrängung in der Diskussion nach Adlers Vortrag über „Psychischen Hermaphroditismus“ als „männlich“ bzw. „weiblich“ kategorisierte. Außerdem deutete seine eigene Erörterung des Selbstmordes an, daß manche Selbstmorde, von Erwachsenen wie von Schülern, nichts mit Neurosen sexueller Art zu tun hatten. Hier wie in seinen späteren Arbeiten scheint David eine Richtung eingeschlagen zu haben, die mehr auf vernünftiger empirischer Beobachtung der Fakten beruhte als auf spekulativer Deutung unbewußter Motivationen. Vielleicht hatte David schon bei seiner ersten Begegnung mit Freud Zweifel an solchen Spekulationen, und das erklärt, warum Freud fand, er wäre „nicht recht geschickt, etwas ihm bisher Fremdes anzunehmen“.

Für einige Mitglieder der Psychoanalytischen Vereinigung ging es bei der Wahl zwischen Freud und Adler nicht darum, wer über die Ursachen der Neurose recht hatte, auch nicht um Politik, sondern eher darum, was für eine Art von Gremium die Psychoanalytische Vereinigung sein sollte. Hanns Sachs, ein Mitglied der Vereinigung, das bei Freud blieb, sagte, daß diejenigen, die sich auf Adlers Seite schlugen, dies aus der Überzeugung heraus taten, „daß das gesamte Verfahren die ‚Freiheit der Wissenschaft‘ verletzte“. Hierin liegt ein vierter Grund für David, sich gegen Freud zu entscheiden. Die Sprache, die Freud in seinen privaten Briefen gebraucht, verrät, daß er oft wie der Führer einer religiösen Sekte dachte und sich verhielt und nicht, wie ein Wissenschaftler denken und sich verhalten sollte. In einem Brief an Jung beschrieb er den neuen Obmann-Stellvertreter Hitschmann als „Strenggläubigen" und fügte hinzu: „Ich ... werde auch im >Zentralblatt< schärfer als bisher darauf sehen, daß die Ketzerei nicht zuviel Raum einnehme." Freuds Verteidiger mochten behaupten, daß sein Gebrauch solcher Begriffe nicht ernst gemeint war – aber wer war es noch, der uns lehrte, die unbewußte Absicht aus den Witzen, die die Leute machen, herauszulesen? Der Ausschluß Adlers und anderer, die mit fundamentalen Grundsätzen der Lehren Freuds nicht übereinstimmten, war eine Tragödie für die Psychoanalyse. Er sorgte dafür, daß sie Dogma bleiben würde anstatt Wissenschaft, weil Psychoanalytiker ihre zentralen Lehren wie Wahrheiten behandelten, die gegen jede Art von Erprobung, die sie als falsch erweisen könnten, immun waren.

Als Adlers Freunde von Freuds Manövern erfuhren, Adler aus der Redaktion des *Zentralblatts* hinauszuwerfen, beschlossen sie, eine Erklärung aufzusetzen, die ihre Sicht der Dinge darstellte. Das Dokument beschreibt Adlers Ausscheiden aus der Psychoanalytischen Vereinigung als „eindeutig provoziert" und drückt die Billigung seines Verhaltens aus sowie den Wunsch, weiter wissenschaftliche Ideen mit ihm zu diskutieren. „Wir werden", fährt die Erklärung mit einem klaren Hinweis auf Pläne zur Gründung einer neuen Gesellschaft fort, „ohne Zweifel einen geeigneten Rahmen dafür finden." Gleichzeitig sagen die Unterzeichner, daß sie „größten Wert darauf legen, weiterhin eifrige Mitglieder der Psychoanalytischen Vereinigung zu sein, aber nur, wenn wir als Mitglieder willkommen sind". Sie sagen, sie seien offen hinsichtlich ihrer Absicht, den Kontakt mit Adler fortzusetzen, so daß die Angelegenheit, sollte sich das Komitee der Psychoanalytischen Vereinigung dagegen aussprechen, einer Generalversammlung zur Entscheidung durch die Mitglieder vorgelegt werden können.

Sieben Mitglieder der Wiener Psychoanalytischen Vereinigung unterzeichneten die Erklärung. Mein Großvater war einer von ihnen. Während die Erklärung als Versuch gesehen werden kann, eine Brücke zwischen dem Freudschen und dem Adlerschen Lager zu schlagen, indem man den Wunsch aussprach, Mitglied beider Gruppen zu bleiben, muß David gewußt haben, daß Freud auf diesen Versuch wahrscheinlich nicht mit Wohlwollen reagieren würde. Indem er die Erklärung unterschrieb, setzte er die größte wissenschaftliche Gelegenheit aufs Spiel, die er wahrscheinlich jemals bekommen würde. Als er mit vier anderen Unterzeichnern den Verein für freie psychoanalytische Forschung mitgründete, bestätigte er, daß er zu dem Risiko bereit war, diese Gelegenheit zu verlieren.

Freuds Reaktion kam auf der ersten Sitzung der Wiener Psychoanalytischen Vereinigung nach der Sommerpause 1911, einer außerordentlichen Generalversammlung, die am 11. Oktober im Café Arkaden stattfand. David war zusammen mit vier anderen Unterzeichnern der Erklärung anwesend. Das Protokoll stellt fest:

> Prof. FREUD gibt hierauf bekannt, daß seit der letzten Vereinssitzung folgende Mitglieder ausgetreten sind: Dr. Adler, Dr. Bach, Dr. Maday und Dr. Baron Hye.

An diesem Punkt war Freuds Voraussage, daß „einige recht unbrauchbare Mitglieder" zusammen mit Adler austreten würden, ziemlich korrekt. Keiner der drei, die unmittelbar mit Adler austraten, hatte in der Vereinigung eine bedeutende Rolle gespielt. Aber dann hielt das Protokoll fest:

> DER VORSITZENDE [FREUD] ergreift hierauf das Wort zu dem Punkt: innere Angelegenheiten und legt jenen Herren, die dem Kreise Dr. Adlers, dessen Unternehmungen den Charakter einer feindseligen Konkurrenz zeigen, angehören, im Namen des Ausschusses die Entscheidung vor, zwischen ihrer Zugehörigkeit hier oder dort zu wählen, da der Vorstand den jetzigen Zustand für inkompatibel halte. Der Vorsitzende motiviert diese Auffassung des Vorstandes und bittet jene Herren, die ihm nicht bekannt sind, ihre Entscheidung bis zum nächsten Mittwoch vorzulegen.

Furtmüller erhob sich, um Freud herauszufordern. Er verlangte, das Plenum solle darüber abstimmen, ob die Mitgliedschaft in Adlers Kreis inkompatibel sei mit einer Mitgliedschaft in der Wiener Psychoanalytischen Vereinigung. Freuds Autorität stand auf dem Spiel. Fünf seiner Anhänger sprachen sich zugunsten der Ansicht aus, daß es eine „reinliche Scheidung" geben solle. Darauf ergriff Freud selbst das Wort. (Das Protokoll macht hier keinen Versuch, seine Äußerungen wiederzugeben.) Furtmüller ergriff erneut das Wort und sagte, das eigentliche Problem sei, ob die psychoanalytische Forschung frei sein solle. Am Ende der Debatte erklärte die Versammlung mit elf zu fünf Stimmen, daß sie „die Zugehörigkeit zum Verein für freie psychoanalytische Forschung als inkompatibel mit der Zugehörigkeit zur Psychoanalytischen Vereinigung empfindet". Dann hält das Protokoll fest:

> DR. FURTMÜLLER erklärt hierauf in seinem Namen und im Namen von weiteren fünf Mitgliedern (Dr. Oppenheim, Frau Dr. Hilferding, Franz und Gustav Grüner, Paul Klemperer) den Austritt aus der Vereinigung.

Damit war die Zusammenarbeit meines Großvaters mit Freud unwiderruflich zu Ende, und sein intellektueller Weg sollte statt dessen dem Beispiel folgen, das Adler vorgab. Damals war Adler noch relativ unbekannt und stand sehr stark im Schatten Freuds. Glaubte David, Adler sei im Begriff, aus diesem Schatten herauszutreten und Freud in der Bedeutung seines Denkens gleichzukommen oder ihn sogar zu übertreffen? Heute steht außer Frage, daß Freuds Ideen sehr viel einflußreicher waren als Adlers und daß Davids Werk besser bekannt wäre, wenn er die Zusammenarbeit mit Freud fortgesetzt hätte, aber 1911 war das vielleicht nicht so klar ersichtlich. Die Idee, daß Geisteskrankheit ihre Wurzeln in Minderwertigkeitsgefühlen hat, ist an sich genauso vernünftig wie die Idee, daß diese Wurzeln im verdrängten sexuellen Verlangen nach dem Elternteil des anderen Geschlechts zu finden sind. Und wie wir sehen werden, gab es eine Zeit, nämlich in den 1920ern, als Adlers Ideen tatsächlich von größerer praktischer Bedeutung waren als Freuds, jedenfalls in Wien. David mochte sich damals gefreut haben, daß er sich auf die Seite des erfolgreicheren Denkers geschlagen hatte.

Auf jeden Fall waren solche Überlegungen zu der Zeit, als mein Großvater seine schicksalhafte Entscheidung traf, nicht vorrangig für ihn. Später schrieb Furtmüller, daß die meisten von denen, die mit Adler aus Freuds Kreis ausschieden, dies nicht taten, weil sie engagierte Anhänger der Theorien Adlers waren, sondern „weil sie glaubten, ihm sei Unrecht geschehen, und über Freuds Umgang mit ihm empört waren". Zu ihnen zählte sicherlich Klemperer – er sagte später, daß er „wütend" war „über das tyrannische Verhalten Freuds". Das paßt vollkommen zu dem, was ich immer von meiner Mutter und meiner Tante hörte, als ich alt genug war, um von der Verbindung meines Großvater mit Freud zu erfahren. Er entschied sich für Adler, sagte man mir, weil Freud sich Adler gegenüber nicht anständig verhalten hatte. Das Zeugnis der Gedanken und Handlungen Freuds, die zum Bruch mit Adler führten, rechtfertigt Davids Urteil. Davids Entscheidung beruhte nicht auf eigener wissenschaftlicher Bewertung der konkurrierenden Theorien und noch weniger auf persönlichem Ehrgeiz. Er tat, was er – aus guten Gründen – für richtig hielt, was auch immer die persönlichen Folgen sein mochten.

Freud verzieh Adler und den andern, die mit ihm gegangen waren, nie. Klemperer berichtete, daß Freud, wenn er ihn auf der Straße zusammen mit einem Begleiter traf, den Freud kannte, den Begleiter grüßte und durch Klemperer ohne ein Wort des Grußes hindurchsah, als existierte er nicht. Selbst nach dem Ersten Weltkrieg, als Klemperers Vetter, der getreue Anhänger Freuds Paul Federn, Freud bat, einem Besuch Klemperers, der nun nichts mehr mit den Adlerianern zu tun hatte, zuzustimmen, lehnte Freud ab. Da mein Großvater aktives Mitglied der Gruppe Adlers blieb, dürften seine Aussichten auf weiteren Kontakt mit Freud gleich Null gewesen sein. Die einzige Person, der Freud jemals gestattete, Sitzungen beider Gruppen beizuwohnen, war Lou Andreas-Salomé, eine lebhafte Frau russischer Abstammung mit einem bemerkenswerten Talent, berühmte Männer zu bestricken.

Nach dem Bruch machte sich Freud daran, die Arbeit der „Abtrünnigen" herunterzuspielen. Die Fußnote in der Ausgabe der

Traumdeutung von 1911, in der Freud anerkannte, was er David schuldete, da dieser ihm gezeigt habe, daß volkskundliches Material eine sexuelle Deutung mancher Träume stütze, wurde aus der nächsten Auflage gestrichen. Einigen Bezügen auf Adler widerfuhr Ähnliches. Für Freud waren die Adlerianer Unpersonen geworden.

Postum leistete mein Großvater, was weder er noch irgendeiner der anderen Angehörigen der Freudschen oder der Adlerschen Gruppe zu Lebzeiten tun konnte: Er brachte die Wiener Freudianer und Adlerianer wieder zusammen. Im Juni 1989 fand die erste gemeinsame Tagung der Wiener Psychoanalytischen Vereinigung und der von den Adlerianern gegründeten Vereinigung, die heute Österreichischer Verein für Individualpsychologie heißt, zu dem Zweck statt, an David Oppenheim und seine Verbindung zu beiden Gruppen zu erinnern. Die Hauptredner waren ehemalige Schüler meines Großvaters am Akademischen Gymnasium. Einer, Erwin Ringel, war ein führender Adlerianer, der andere, Ernst Federn, ein bekannter Freudianer und der Sohn Paul Federns, eines der loyalsten Schüler Freuds. Vor einem Publikum, zu dem Davids zwei Töchter, drei Enkel und einige seiner Urenkel wie auch mehrere noch lebende Freunde zählten, diskutierten die Adlerianer und Freudianer Davids Leben, seine Arbeit mit Freud und Adler und seinen Tod. Im Gedenken an ihn sprachen sie von Möglichkeiten, über eine bittere Spaltung, die fast 80 Jahre gedauert hatte, Brücken zu bauen.

14

„Träume im Folklore"

Zur Zeit des endgültigen Bruchs zwischen Freud und meinem Großvater befand sich das Manuskript von „Träume im Folklore" in Davids Besitz, vermutlich damit er Anmerkungen anbringen konnte. Dort blieb es, unveröffentlicht und weitgehend unbekannt, während Freuds Ruf wuchs. Amalie brachte es nach dem Krieg nach Australien.

Oben auf der ersten Seite des Manuskripts steht in Freuds Handschrift:

> Träume im Folklore
> Von Sigm. Freud und Prof. Ernst Oppenheim
> (Wien)

Zwischen den Titel und die erste Zeile des Manuskripts gequetscht, steht in Davids Handschrift und in roter Tinte, die von Freuds schwarzer absticht, ein lateinisches Zitat aus Horaz' *Ars Poetica*, das sich ungefähr so übersetzen läßt: „Sich erhaben Dünkende verschmähen rohe Gedichte." Die Arbeit selbst beginnt mit einer Erklärung, wie sie zustande kam:

> Der eine von uns (O.) hat bei seinen Folklorestudien an den dort erzählten Träumen zwei Beobachtungen gemacht, die ihm der Mitteilung wert erschienen sind. Erstens, daß die in diesen Träumen angewendete Symbolik sich vollkommen mit der von den Psychoanalytikern angenommenen deckt, und zweitens, daß eine Anzahl dieser Träume vom Volke so gefaßt wird, wie sie auch die Psychoanalyse deuten würde, nämlich nicht als Hinweise auf eine zu enthüllende Zukunft, sondern als Wunscherfüllungen, Befriedigungen von Bedürfnissen, die sich während des Schlafzustandes regen. Gewisse Eigenheiten dieser durchwegs indezenten, als Schwänke erzählten Träume haben es dann dem anderen von uns

(Fr.) nahegelegt, eine Deutung derselben zu versuchen, welche sie doch als ernsthafter und beachtenswerter erscheinen läßt.

Am Manuskript können wir ersehen, was jeder Autor schrieb. David ging Berichte von Volkssagen in anthropologischen Zeitschriften durch und kopierte diejenigen, die für eine psychoanalytische Deutung geeignet erschienen. Einiges davon ist in seiner Handschrift geschrieben, anderes auf der Maschine. Er gab seine Abschriften mit einigen kurzen Anmerkungen an Freud, der sie auf große Bogen Papier klebte, einen Kommentar zum Material hinzufügte und eine Einleitung und einen Schluß schrieb. Freud gab diese Bogen dann David zurück, der eine oder zwei zusätzliche Anmerkungen hinzufügte.

Nach der Einleitung kommt ein Abschnitt mit dem Titel *„Penis-Symbolik in Folklore-Träumen"*. Er beginnt mit einer südslawischen Geschichte, in der ein Mädchen seiner Mutter erzählte, ihr habe „etwas Langes, Rotes und Abgestumpftes geträumt". Die Mutter beginnt es als Weg zu deuten, doch der Vater unterbricht sie: „Das gleicht ja einigermaßen meinem Prächtigen!" Freud bemerkt dazu, solche Geschichten „freuen sich der Bloßlegung der verhüllenden Symbole". Dann kommen einige österreichische Volksverse, in denen ein königliches Zepter mit einem Penis gleichgesetzt wird, und ein schlesisches Volkslied von einem im Gras liegenden Mädchen, das träumt, ihr Liebster habe sich in einen dicken Regenwurm verwandelt und krieche in ihren Bauch. Später wird sie schwanger, und das Lied warnt Mädchen davor, im Gras zu träumen, damit kein dicker Regenwurm in sie kriecht. Darauf folgt eine ukrainische Bauerngeschichte, in der eine Frau träumt, daß sie versucht, einen Dolch aus der Scheide zu ziehen, beim Erwachen aber merkt, daß sie am Penis ihres Mannes zieht. Freud merkt an, daß die Darstellung des Penis als Waffe „auch zahlreichen Phobien neurotischer Personen zugrunde" liegt. In einer Randbemerkung Davids heißt es: „Das Messer führt gewöhnlich ein ‚Einbrecher'." Daß es ein volkstümliches Bewußtsein der Doppeldeutigkeit von „Einbruch" gibt, beweist die Tatsache, sagt David, daß ein kräftiger Penis in der Berliner Mundart als „Brecheisen" bezeichnet wird.

Der Abschnitt über Penis-Symbolik ist in der gedruckten Fassung zehn Seiten lang. Darauf folgt ein fast dreimal so langer zweiter Teil, „Kotsymbolik und entsprechende Traumhandlungen", der volkstümliche Geschichten zusammenträgt, die von Träumen über Scheißen und Pissen erzählen. Die Träumenden stellen beim Aufwachen typischerweise fest, daß sie auf ihren Partner gekotet haben, und in manchen Träumen streicheln oder lecken sie auch die Genitalien des Partners.

Beweist dieser Aufsatz, wie die Einleitung behauptet, daß die „Symbolik sich vollkommen mit der von den Psychoanalytikern angenommenen deckt"? Besser wäre es zu sagen, er macht einen Ansatz zu diesem Bemühen. Die Geschichte von der Frau, die träumt, einen Dolch aus der Scheide zu ziehen, während sie tatsächlich am Penis ihres Mannes zieht, scheint psychoanalytische Deutungen von Träumen über Messer und Dolche zu stützen, wonach diese von sexuellen Wünschen oder Phantasien hergeleitet seien, denn in der Geschichte wacht die Träumende tatsächlich auf und findet sich mitten in einem Geschlechtsakt.

Aber anderen Traumdeutungen in dem Aufsatz fehlt dieser deutliche Zusammenhang mit Sex. In „Des Bauern Himmelfahrt" träumt ein Bauer, daß der Weizenpreis im Himmel hoch ist. Er belädt seinen Wagen mit Weizen, spannt das Pferd an und macht sich auf den Weg, aber das Himmelstor schlägt zu, bevor er hineinfahren kann. Er bittet die Engel, es wieder zu öffnen, aber sie sagen, er komme zu spät. Als er umkehren will, sieht er, daß der Weg verschwunden ist. Die Engel raten ihm, er möge sich an einem Strick hinablassen, aber er hat keinen Strick. Er nimmt die Zügel seines Wagens, dann verschiedene andere Dinge, die aber immer noch zu kurz sind. Also raten ihm die Engel, er solle scheißen und aus dem Dreck werde ein Strick. Er klettert an diesem hinab, aber er ist immer noch nicht lang genug, und so sagen ihm die Engel, er solle pissen und daraus werde eine Seidenschnur. Auch an dieser klettert der Bauer hinab, aber nicht einmal sie ist lang genug, und er muß das letzte Stück springen. Als er das tut, weckt er sich selbst, denn er ist von seinem Schlafpodest über dem Ofen gesprungen. Er ruft nach seiner Frau, die aufwacht und merkt, daß er auf sie geschissen und gepisst hat. Es ist einleuchtend, diesen Traum als Bestätigung der zweiten Beobachtung meines Großvaters zu sehen – daß eine Anzahl von Träumen „als Wunscherfüllungen, Befriedigungen von Bedürfnissen, die sich während des Schlafzustandes regen“ verstanden werden. In diesem Fall würden wir natürlich annehmen, daß der Bauer auf die Toilette gehen muß. Aber Freud scheut eine so einfache Deutung. Er schreibt, die psychoanalytische Erfahrung der Traumdeutung sage uns, daß Gegenstände, die sich verlängern, Symbole für die Erektion sind. Er deutet die Angst des Bauern wegen des zu kurzen Strickes als ein Zeichen, daß der Bauer sich bemüht, eine Erektion zustande zu bringen. Erst als ihm das nicht gelingt, wendet er sich der Kotentleerung zu. Folglich behauptet Freud: „Hinter der exkrementellen Not dieser Träume kommt mit einem Male die sexuelle Not zum Vorschein.“

Freud schlägt auch für andere Elemente des Traums eine sexuelle Deutung vor. Der Weizenpreis ist hoch. Weizen ist „wohl gleich Samen“. Pferd und Wagen stehen für „Genitalsymbole“, mit denen der Bauer ins offene Himmelstor zu fahren versucht. Aber das Tor schlägt zu, was zeigt, daß das Objekt der Libido des Bauern unerreichbar ist. Seine Frau reizt ihn nicht, und er bemüht sich vergebens, für sie eine Erektion zu bekommen. Die enttäuschte sexuelle Libido findet Erleichterung auf dem Weg der Regression in der exkrementellen Wunschregung, die das untaugliche Sexualobjekt beschimpft und besudelt. Laut Freud muß man annehmen, daß die Handlung, mit der der Traum endet, von den latenten Gedanken des Träumers beabsichtigt ist. Wenn der Träumer aufwacht und sieht, daß er seine Frau besudelt hat, bedeutet dies, daß er sie verschmäht.

Hier liest Freud eine sexuelle Deutung in einen Traum hinein, der auf den ersten Blick nichts mit Sex zu tun hat, weder im Traum noch in dem, was der Träumer tatsächlich tut. Folglich bietet die Geschichte keine unabhängige Bestätigung von Freuds Deutung oder von ähnlichen Deutungen vergleichbarer Träume, die Patienten im Rahmen einer Psychoanalyse erzählen. Wenn dies außerdem die Art und Weise ist, wie der Traum psychoanalytisch gedeutet werden soll, dann versäumt *Träume im Folklore*, Davids zweite Beobachtung nachzuweisen, nämlich daß „eine Anzahl dieser Träume vom Volke so gefaßt wird, wie sie auch die Psychoanalyse deuten würde". Denn es gibt keinen Beweis, daß das einfache Volk diesen Traum als auf *sexuelle* Bedürfnisse bezogen deuten würde.

Hier ist ein weiteres Beispiel für Freuds Deutung. Ein Bauer träumt, daß Krieg herrscht und er seinen Schatz vergraben muß, damit er nicht von Soldaten geplündert wird. Er kann keinen Spaten finden, also gräbt er mit den Händen und schafft es, den Schatz zu vergraben. Aber nachdem er ihn vergraben hat, fragt er sich, wie er die Stelle kennzeichnen soll. Plötzlich überkommt ihn das Bedürfnis, sich zu entleeren, und so kommt ihm der Gedanke, die Stelle mit seinem Kot zu markieren. Das tut er und sucht dann ein Büschel Gras, um sich zu säubern. Als er ein Büschel ausreißt, bekommt er einen Schlag, daß ihm Hören und Sehen vergeht. Seine Frau schreit ihn an: „Du Påtznlippl, Du elendiga, glaubst i muaß ma ålles von Dir gfälln låssn? Z'erscht stierst ma mit Deine zwa Händ in da Fumml rum, daun scheißt ma drauf und hiatz willst ma går no d'Håar a davo ausreißn!" In Freuds Deutung verrät dies den Todeswunsch des Träumers gegen seine Frau, „die heuchlerische Verwandlung des Weibes in einen Schatz". Aber wenn der Traum die verborgenen Gedanken des Träumers spiegelt, weist hier die Tatsache, daß der Träumer seine Hände in der Vagina seiner Frau hat, auf ein sexuelles Interesse an ihr hin, das neben der Verschmähung, die Freud zufolge durch seine Darmentleerung auf sie gezeigt wird, existieren muß. Das ist nicht unmöglich, aber es wirft Fragen danach auf, ob die angebotenen Deutungen richtig sind – und ob die Annahme richtig ist, daß das, was der Träumer tatsächlich tut, seine verborgenen Gedanken sind. *Träume im Folklore* bietet interessantes und unterhaltsames Material zu Träumen, aber keinen unabhängigen Beweis für die sexuelle Deutung von Träumen, die selbst nicht ausdrücklich von sexuellen Dingen handeln oder nicht mit sexuellen Handlungen seitens des Träumers verbunden sind.

Es gibt eine letzte überraschende Wendung in der Geschichte des Schicksals dieses Manuskripts. Nach Amalies Tod 1955 nahm meine Tante Kontakt mit dem Freud-Archiv in New York auf und verkaufte es ihm schließlich – zumindest glaubte sie das. Später wurde das Manuskript in einem Sonderband veröffentlicht, sowohl deutsch als auch in englischer Übersetzung. Aber als ich es unter den anderen Dokumenten im Besitz des Freud-Archivs suchte – die über die Library of Congress in Washington zugänglich sind –, fand ich nur eine Fotokopie. Die Bibliothek schlug vor, Kontakt mit Dr. Bernard Pacella aufzunehmen, einem ehemaligen Präsidenten der Amerikanischen Psychologischen Vereinigung und Autor des Vorworts zu dem veröffentlichten Text. Er sagte mir, das Manuskript sei in seinem persönlichen Besitz und er habe es seiner Tochter und seinem Schwiegersohn übergeben. Der Schwiegersohn, Dr. John Oldham, Leiter des New York State Psychiatric Institute, war so freundlich, es mich in seinem Büro in Manhattan einsehen zu lassen. Als ich Dr. Oldham fragte, wie das Manuskript in Dr. Pacellas Besitz gekommen sei, teilte er mir mit, sein Schwiegervater und nicht das Archiv sei der ursprüngliche Käufer des Manuskripts gewesen. Das gleiche sagte mir Dr. Pacella später in einem Brief. Diese Behauptung ist allerdings nicht nur mit der Korrespondenz zwischen meiner Tante und dem Freud-Archiv zur Zeit des Verkaufs schwer in Einklang zu bringen, sondern auch mit Dr. Pacellas eigener Erklärung im Vorwort zu dem veröffentlichten Text, wonach das Manuskript vom Freud-Archiv gekauft wurde. Weil Freud alle Originalmanuskripte in seinem Besitz zur Zeit des Ersten Weltkriegs verbrannte, ist dies das einzige Freudsche Manuskript aus dieser Periode, das erhalten ist. Als meine Tante es verkaufte, hatte sie geglaubt, es würde in öffentliche Hände kommen, ins Freud-Archiv. Sie ist anscheinend getäuscht worden.

15

Psychologie, frei und individuell

David wurde bald eines der aktivsten Mitglieder des neuen Vereins für freie analytische Forschung, später in Verein für Individualpsychologie umbenannt. Carl Furtmüller erinnert sich, daß sich die Gruppe anfangs „ein wenig konfus" fühlte und die Routine der Mittwoch-Gesellschaft vermißte, doch Adler wirkte aufmunternd, und es gab jede Menge Arbeit. Philosophen, Schriftsteller, Lehrer und Ärzte, Männer und Frauen und meist relativ jung, schlossen sich dem Verein an, was ihm eine für neue Ideen viel offenere Atmosphäre als Freuds Kreis verlieh. Der Verein war auch politischer, und das bedeutete, daß David plötzlich zu einer Gruppe gehörte, die sich für Sozialreformen interessierte. Adler stand vor der Vollendung einer Arbeit, die sein Hauptwerk werden sollte, *Über den nervösen Charakter*, worin er seine psychologische Theorie der Minderwertigkeit in eine in großen Zügen marxistische Sicht des Einflusses der gesellschaftlichen Kräfte auf das Individuum einbaut. Von unserem Schulunterricht an werden wir entmutigt, schreibt er, unser Potential auszuschöpfen und einen sinnvollen Beitrag zur Gesellschaft zu leisten. Wir leiden an Minderwertigkeitsgefühlen, unbefriedigtem Streben nach Überlegenheit und unerfüllten Bedürfnissen, uns in einem größeren gesellschaftlichen Ganzen zu engagieren. Wir fühlen uns machtlos angesichts einer gleichgültigen Welt. Mit diesen Problemen konfrontiert, ziehen sich manche Menschen aus der Realität zurück und werden Neurotiker. Wir übrigen werden vielleicht entmutigt, kommen aber irgendwie zurecht – wenn auch nicht so gut, wie wir könnten, wenn wir anders erzogen würden in einer Gesellschaft, die uns ein stärkeres Gefühl unseres Wertes und unserer Bedeutung vermittelte.

In Einklang mit den Interessen der Gruppe an Sozialreformen und der Rolle der Schule erschien die erste Aufsatzsammlung, die von Adler und Furtmüller herausgegeben wurde, *Heilen und Bil-*

Amalies Eltern (und meine Urgroßeltern), Marcus und Minna Pollak.

Amalie Pollak am Tag ihrer Promotion, März 1905.

Davids Eltern (und meine Urgroßeltern), Heinrich Joachim und Ernestine Oppenheim.

David (sitzend) mit seiner älteren Schwester Cornelia.

David als junger Mann. Dieses Foto wurde in Brünn aufgenommen, vielleicht bevor er 1899 an die Wiener Universität ging.

David als Offizier der österreichisch-ungarischen Armee.

David, sitzend als zweiter von links, mit anderen Offizieren zu Beginn des Ersten Weltkriegs.

Sommerferien 1931 in Velden am Wörthersee. David steht hinten als dritter von links. Seine Schwester Hannchen steht neben ihm. Amalie, die ein Kleid trägt, sitzt vor ihr, links daneben Hannchens Mann, Sandor Kunstadt. Dritte von links unter den Kindern vorn ist meine Tante Doris Oppenheim, die Kinder von Sandor und Hannchen Kunstadt, Gerti und Georg, sitzen links und rechts neben ihr.

Auf einem Ausflug nach Kobenzl im Wienerwald im Sommer 1938. Dies ist das letzte gemeinsame Foto der Familie Oppenheim. Ernst Singer, der Vater des Autors, steht hinten.

Amalie mit meiner Mutter Kora Oppenheim (später Kora Singer und, nach der Ankunft in Australien, Cora Singer).

Die Familie meines Vaters. Ernst Singer, mein Vater, sitzt vorn mit seinem Vater Albert Singer. Hinter ihnen, von links nach rechts, Ernsts Großvater Gustav Ernst, seine Mutter Philippine Singer, seine Großmutter Rosa Ernst und seine jüngeren Brüder Hans und Fritz.

Otto Soyka, aufgenommen 1934 in Wien. „Die Macht dieser Persönlichkeit" zog David in ihren Bann.
Abbildung mit freundlicher Genehmigung des Bildarchivs, Österreichische Nationalbibliothek, Wien

Lise Tarlau, Amalies Freundin, über die David an Amalie schrieb: „Du aber kannst mit Lise frei über Deine Liebe reden … sie findet es ganz natürlich, sie erstrebt es, von Dir geliebt zu werden, und beginnt erst zu erstaunen, da Du einem Mann Deine Liebe schenkst."

Das Akademische Gymnasium in Wien, an dem David 30 Jahre unterrichtete, bis er nach dem Anschluß Österreichs im März 1938 fristlos entlassen wurde.
Abbildung mit freundlicher Genehmigung des Bildarchivs, Österreichische Nationalbibliothek, Wien

Freuds Wartezimmer, wo die Mittwoch-Gesellschaft zusammenkam.
Foto von Gerald Zugmann. Copyright © Sigmund-Freud-Gesellschaft

Der Autor mit seiner
Mutter und Großmutter
in Melbourne, Australien,
1946.

Dr. Eva Berger (geborene Hitschmann), die beste Freundin meiner Mutter, in ihrer Wohnung in Wien. (1998)

Dr. Albert Massiczek, ehemaliges Mitglied der SS, der unter den Nazis ein Freund der Oppenheims wurde. (1998)

Der Autor und seine Tochter Marion neben dem Grabstein von Davids Eltern, Joachim und Ernestine Oppenheim, auf dem jüdischen Friedhof in Brno. (1998)

Das Krematorium in Theresienstadt, wo David verbrannt wurde. Nahebei gibt es einige Grabsteine, aber Davids Asche dürfte mit der Tausender anderer in den nahegelegenen Fluß geschüttet worden sein. (1998)

den. Sie enthielt Davids Aufsatz über Schülerselbstmord, der zuvor von der Wiener Psychoanalytischen Vereinigung herausgebracht worden war, sowie andere Aufsätze zu Erziehungsfragen. Die Verknüpfung der zwei Ideen, die im Titel erscheinen, gab Davids Tätigkeit als Lehrer einen neuen Sinn. Er konnte seine Arbeit nun aus neuer Sicht sehen, denn er unterrichtete seine Schüler nicht nur in Griechisch, Latein und der Kultur der Antike, sondern er bereitete sie auch darauf vor, seelisch gesunde Menschen zu werden, die bereit wären, zum Aufbau einer besseren Gesellschaft beizutragen, und darin einen Lebenssinn fänden. Er muß begonnen haben, seinen politischen Konservatismus und besonders seine Feindschaft gegen eine Schulreform zu überdenken.

Die Sitzungsprotokolle der ersten zwei Jahre des neuen Vereins sind nicht erhalten, aber das Tagebuch von Lou Andreas-Salomé zeigt, daß David zwei Vorträge über Goethes *Faust* hielt. Am 7. November 1912 hielt sie das folgende fest:

> Mit Adler in den Vortrag von Oppenheim über Faust II (zweiter Vortrag). Gut und interessant. Anregend auch die Diskussion durch Furtmüller (inwiefern Faust der kompensierende Minderwertige, den nur Unerreichbares befriedigt); doch sehr deutlich zeigten sich dabei die verwischten Grenzlinien zwischen Schöpferisch und Neurotisch, eben das verwischte Problem. Vieles Anregende wäre in diesem Adlerkreis möglich, hielte er sich *außerhalb der Psychoanalyse.*

David könnte der gleichen Meinung gewesen sein. Er interessierte sich nicht für Adlers Psychologie, um Patienten zu helfen, Neurosen oder andere Formen seelischer Erkrankungen zu überwinden, sondern als Hilfsmittel zum Verständnis literarischer Texte und, durch sie, der Natur der Menschen. Protokolle von Ende 1913 und aus der ersten Hälfte von 1914 zeigen, daß David in dieser Zeit dreimal sprach, über Thomas Manns *Tod in Venedig*, über Plutarchs *Leben des Quintus Fabius Maximus Cunctator*, des römischen Konsuls, dessen ausweichende Taktik zu Hannibals Niederlage in Italien führte, und über das Stück *Cyrano de Bergerac* des französischen Dramatikers Edmond Rostand. An *Tod in Venedig* interessierte ihn die Psychologie des Protagonisten Gustav Aschenbach, der, wie er bemerkte, ein schwacher und kränklicher Junge gewesen war, dies aber mit seiner Entschlossenheit, ein erfolgreicher Schriftsteller zu werden, überwunden hatte. Interessanterweise erwähnt der Bericht über seinen Vortrag nicht das Problem der Liebe eines älteren Mannes zu einem schönen Knaben, das die Erzählung ebenfalls anspricht, obgleich diese Frage in der Diskussion zur Sprache gebracht wurde. Es gibt keinen Bericht über den Inhalt der beiden anderen Vorträge Davids, aber sein Thema ist unschwer zu erraten. Plutarch berichtet uns, daß Quintus Fabius Maximus Cunctator langsam im Sprechen und Lernen war und wegen einer Warze auf der Oberlippe den Spitznamen „Verrucosus" hatte. *Cyrano de Bergerac* handelt von einem begabten Mann, der glaubt, daß keine Frau ihn jemals lieben wird, weil er eine riesige Nase hat. David beschäftigte sich mit dem Adlerschen Thema, wie Menschen ein Minderwertigkeitsgefühl kompensieren, das Folge eines körperlichen Makels oder einer Schwäche ist.

Doch bevor David sich weiter für Adlersche Themen in der Literatur interessieren konnte, unterbrachen äußere Ereignisse die Arbeit des neuen Vereins und konfrontierten David mit einer persönlichen Prüfung seines eigenen Vermögens, sein Gefühl der Unzulänglichkeit zu überwinden. Die sichere und glückliche Welt, in der er aufgewachsen war, stand vor einem abrupten Ende.

Teil IV

Der Soldat

16

Die Ostfront

An einem herrlichen Sonntag Ende Juni 1914 fuhr Stefan Zweig nach Baden bei Wien, wohin man ging, um den Brunnen zu trinken und im Park spazierenzugehen. Er saß still im Park und las, als er hörte, daß die Musik der Kapelle, die durch die Bäume herübergeschwebt war, plötzlich abbrach. Er schaute sich um und bemerkte, daß keine Menschen mehr vorbeischlenderten. Er ging zum Pavillon, wo die Kapelle gespielt hatte. Die Musiker waren verschwunden. Menschen hatten sich um eine gerade angeheftete Mitteilung geschart. Sie gab bekannt, daß Seine Kaiserliche Hoheit Erzherzog Franz Ferdinand und seine Gemahlin Sophie in Sarajewo ermordet worden waren.

Das kaiserliche Paar hatte Pech gehabt. Die bosnisch-serbischen Verschwörer hatten einen ersten Versuch, den österreichisch-ungarischen Thronfolger zu erschießen, verpfuscht, und einer von ihnen, Gavrilo Princep, stand völlig verzweifelt an einer Straßenecke und beklagte das Scheitern des Anschlags, als das offene Auto mit dem Paar direkt an ihm vorbeifuhr. Der Fahrer war falsch abgebogen. Als er seinen Irrtum bemerkte, hielt er an und wendete das Auto, womit er Princep die unverhoffte Gelegenheit gab, auf das Trittbrett zu springen, seine Pistole zu ziehen und den wehrlosen Erzherzog und seine Gemahlin aus nächster Nähe zu erschießen.

So schockierend das Attentat war, wurde die Nachricht in Wien doch ruhig aufgenommen. Franz Ferdinand galt vielen als arroganter Mann mit schrecklichem Kunstgeschmack, so daß über seinen Tod wenig Tränen vergossen wurden. Niemand glaubte, daß das Attentat zu einem Krieg zwischen den europäischen Großmächten führen würde.

Als diese Ereignisse ihren Lauf nahmen, genossen David und Amalie ihre gewohnten Sommerferien außerhalb Wiens und erholten sich mit ihrer inzwischen sechsjährigen Tochter Kora an einem Bergsee. Die Freude, die sie normalerweise in diesem besonders schönen Sommer 1914 gehabt hätten, muß langsam von Sorgen über die politischen Entwicklungen überschattet worden sein. Aber diese Sorgen an sich hatten zwei Seiten, da die Aussicht, zum erstenmal persönlich in welterschütternde Ereignisse verwickelt zu sein, für den jetzt 33 Jahre alten David etwas Aufregendes hatte.

Die österreichischen Behörden hatten Beweise, daß serbische Beamte die Waffen geliefert und die Attentäter ausgebildet hatten. Von Deutschland gedrängt, sahen die Führer der Doppelmonarchie dies als Chance, mit Serbien abzurechnen, das schon eine zentrale Rolle in zwei Balkankriegen gespielt und nationalistische Bewegungen unter den slawischen Völkern in den südlichen Provinzen des Reiches unterstützt hatte. Am 23. Juli stellte Österreich-Ungarn Serbien ein Ultimatum, das verlangte, die serbische Regierung solle auf Befehl der österreichischen Regierung nach der Vorlage von Beweisen für ihre Verwicklung Beamte entlassen. Österreich-Ungarn bestand auch darauf, daß die Serben die Beteiligung der österreichischen Polizei an der Zerschlagung antiösterreichischer subversiver Gruppen akzeptierten. Die Forderungen selbst waren unter den gegebenen Umständen nicht unvernünftig, aber Österreich-Ungarns kriegerische Absichten sind daran ersichtlich, daß Serbien nur 48 Stunden für eine Antwort gegeben wurden. Als Serbien die meisten Forderungen akzeptierte, aber zu einigen Details Einwendungen machte, brach Österreich-Ungarn die diplomatischen Beziehungen ab und erklärte Serbien am 28. Juli den Krieg.*

Selbst damals glaubte man in breiten Kreisen, der Konflikt werde lokalisiert bleiben, ohne Intervention seitens anderer Großmächte. Aber auf die österreichisch-ungarische Kriegserklärung an Serbien folgte Rußlands Ankündigung der Mobilmachung des Heeres, und am 1. August kündigte Österreich-Ungarn angesichts einer mobilisierten Armee an seiner Grenze die Mobilisierung des eigenen Heeres an. Da Deutschland verpflichtet war, Österreich-Ungarn zu unterstützen und Frankreich und England mit Rußland verbündet waren, standen sich zwei große Bündnisse gegenüber. Das deutsche Militär war entschlossen, einen Zweifrontenkrieg im Osten und Westen zu vermeiden. Sein Plan war für solche Umstände, zuerst gegen Frankreich loszuschlagen und ihm eine schnelle Niederlage zu bereiten – wie Preußen es 1870 getan hatte –, bevor es sich mit Rußland befaßte, dessen vollständige Mobilmachung mehrere Wochen in Anspruch nehmen würde. Diese Strategie machte es unmöglich, den Konflikt auf den Balkan zu beschränken. Ein europäischer Krieg war nicht mehr zu vermeiden.

Heute ist es schwer vorstellbar, daß irgend jemand auf diese Ereignisse anders als mit Entsetzen und Angst reagierte. Aber 1914 rechnete niemand mit einem Krieg, der vier Jahre dauern und über neun Millionen Menschenleben kosten würde. Stefan Zweig war während der ersten Kriegstage in Wien:

> Eine Stadt von zwei Millionen, ein Land von fast fünfzig Millionen Menschen empfanden in dieser Stunde, daß sie Weltgeschichte, daß sie einen nie wiederkehrenden Augenblick miterlebten und daß jeder aufgerufen war, sein winziges Ich in diese glühende Masse zu schleudern, um sich dort von aller Eigensucht zu läutern. Alle Unterschiede der Stände, der Sprachen, der Klassen, der Religionen waren überflutet für diesen einen Augenblick

* Österreich-Ungarn war jedoch nicht kriegerischer – und achtete sicherlich mehr auf diplomatische Feinheiten – als die Vereinigten Staaten gegenüber Afghanistan nach dem 11. September 2001.

> von dem strömenden Gefühl der Brüderlichkeit. Fremde sprachen sich an auf der Straße, Menschen, die sich jahrelang auswichen, schüttelten einander die Hände, überall sah man belebte Gesichter. Jeder einzelne erlebte eine Steigerung seines Ichs, er war nicht mehr der isolierte Mensch von früher, er war eingetan in eine Masse, er war Volk, und seine Person, seine sonst unbeachtete Person hatte einen Sinn bekommen.

David muß ähnlich empfunden haben. Neun Jahre zuvor hatte er seinen Militärdienst in den Heereskasernen seiner Geburtsstadt Brünn geleistet. Als Student hatte er die Möglichkeit, sich für eine einjährige Ausbildung zum Offizier zu entscheiden. Er hatte keine besondere Lust dazu gehabt und gehofft, daß ein freundlicher Arzt ihn vielleicht für untauglich erklären würde. Als dies nicht geschah, stärkte er sich moralisch, indem er die *Selbstbetrachtungen* des römischen Kaisers Mark Aurel las, eine passende Lektüre, weil sie, wie er an Amalie schrieb, im Feldlager geschrieben wurden, „von einem Manne, der auch Soldat war ohne die Neigung dazu" und „mitten unter seinen Heereshaufen auch ein Einsamer". Anfangs hatte David eine sehr schwere Zeit. Er teilte Amalie mit, daß die Leutnants auf dem Exerzierplatz nichts wußten „von dem heiligsten der Menschenrechte, dem Recht auf natürliche Ungeschicklichkeit". Er bekannte, daß er seit der Volksschule unfähig zu körperlichen Übungen war, und jetzt war er „sicher einer der ungeschicktesten u. in manchen Übungen sogar der allerungeschickteste". Ein Hauptmann versuchte, ihn durch Beschimpfungen und verschiedene Strafen zu bessern, meist durch Extrastunden im Exerzieren und Ausgehverbote. Als David einmal bei einer Übung auf dem Exerzierplatz mit seinen Gedanken anderswo war, blieb er stehen, während seine Kompanie losmarschierte. Der Hauptmann schrieb seine Unzulänglichkeiten der Tatsache zu, daß er Jude war, und sagte, es sei unmöglich, „‚diesen Leuten' etwas Militärisches beizubringen". David war empört, in eine Schublade gesteckt zu werden: „Ich, der ich durch meine historischen Studien im Kriege ‚den Beweger des Menschenschicksals' erkannt habe u. mich darum für die Kriegswissenschaft aufs Lebhafteste interessiere … soll kein Interesse haben." Er räumte ein, daß es vielen seiner Kameraden an Interesse mangle und dies unter den jüdischen auch häufiger war, blieb aber dabei: „Ich bin eben anders als die andern." Seine militärischen Schnitzer rührten, wie er meinte, nicht von mangelndem Interesse her, sondern von der Tatsache, daß seine Persönlichkeit „nicht nur für den Militärdienst wenig geeignet ist, sondern für das praktische Leben als Ganzes, eine Persönlichkeit, deren Originalität in ihrer konfusen Mischung aus Talenten und Untauglichkeiten liegt".

Trotz der vielen Schwierigkeiten gelang es David, etwas Positives in seiner militärischen Erfahrung zu finden: „Trotz alledem vermag ich ... die Großartigkeit der ganzen Heeresinstitution vollkommen anzuerkennen u. empfinde eine gewisse Befriedigung, ihr anzugehören." Nach der Teilnahme an der feierlichen Vereidigung der Rekruten, zu der die ganze Garnison antrat, schrieb er, man fühle sich, „wenn ein größerer militärischer Körper an einer Stelle vereinigt sei ... als Glied eines bedeutenden u. doch bis auf den gleichen Schritt u. Tritt einheitlichen Ganzen". Dies erzeugte in ihm „einen echt demokratischen Stolz, man freut sich eben, nur *unus multorum* zu sein".

David war nicht in der ersten Gruppe der Rekruten, die zum Gefreiten befördert wurden, erreichte diesen Rang aber drei Monate später, und als die Beförderung zum Korporal anstand, nahm er unter 49 Eingezogenen den elften Rang ein. Seine Entschlossenheit, ein erfolgreicher Soldat zu werden, wirkte sich positiv aus, sobald die Militärwissenschaft ein wichtigerer Teil der Ausbildung wurde als das Exerzieren. Am Ende seines Militärdienstes wurde er zum Zugführer befördert, der übliche Rang, mit dem Universitätsabsolventen, die sich für eine Ausbildung zum Offizier entschieden, ihren einjährigen Militärdienst abschlossen. Nachdem er über mehrere Jahre an sommerlichen Waffenübungen teilgenommen hatte, hatte er 1914 den Rang eines Leutnants der Reserve.

Als Österreich-Ungarn mobil machte, erhielt David eine Einberufung „zum aktiven Dienst wegen des allgemeinen Mobilmachungsbefehls". Nun würde er „den Beweger des Menschenschicksals" aus erster Hand erleben und sein Rolle dabei spielen, nicht nur als einfacher Infanterist, sondern als junger Offizier, verantwortlich für Leben und Tod seiner Männer. Eine im August 1914 aufgenommene Fotografie zeigt ihn mit der 1. Kompanie, 2. Marschbataillon, eines Reserveinfanterieregiments. Er sitzt stolz kerzengerade, den Säbel über dem Knie, flankiert von seinen Unteroffizieren und umgeben von 50 Soldaten unter seinem Kommando.

Davids Einheit wurde an die Ostfront in Galizien geschickt, damals ein Kronland des österreichisch-ungarischen Reiches, heute der südliche Teil Polens und der westliche Teil der Ukraine. Sie kamen am 18. September 1914 an der Front an. Eine katastrophale Fehleinschätzung des österreichischen Befehlshabers über die Lage des russischen Heeres hatte bereits zum Verlust Lembergs, der größten Stadt Galiziens, geführt. Im ersten Kriegsmonat kamen 100000 österreichisch-ungarische Soldaten ums Leben, und eine ähnliche Anzahl geriet in Kriegsgefangenschaft. Ein großer Teil Galiziens war in russischer Hand, und die inkompetent geführten österreichischen Truppen versuchten, die belagerte Festung Przemyśl, die wichtigste Festung der ganzen Region, zu entsetzen. Die Aufhebung der Belagerung wurde unter dem Verlust von 10000 Mann erzwungen, und österreichische Soldaten schafften 15000 Leichen aus dem Umkreis der Festung fort. Dann gruppierten die Russen sich neu, warfen die Österreicher zurück, und Przemyśl war wieder völlig vom Feind umzingelt. Am 19. Oktober, in dieser Zeit chaotischen Kampfes, wurde David von einer Kugel am rechten Oberschenkel getroffen und in ein Wiener Krankenhaus geschickt.

Amalie hörte in Brünn von Davids Verwundung. Sie fuhr sofort nach Wien, um bei ihm zu sein, und ließ die siebenjährige Kora bei Davids Eltern. Von Wien aus meldete sie ihnen gute Neuigkeiten. Die Kugel hatte den Schenkel durchschlagen, aber den Knochen verfehlt, die Wunde „schmerzt wohl ein bißchen“, würde aber heilen. Abgesehen von der Wunde ging es David gut, er hatte guten Appetit, „denn er kam ganz ausgehungert“. Amalie versuchte, Davids Eltern zu beruhigen: „Bitte seid ganz unbesorgt… In der Polyklinik ist er wunderbar aufgehoben, wie ein teuerstes Sanatorium“. Aber sie merkte doch noch an: „Freilich für seine Nerven war der Krieg nicht günstig. So z. B. hat sein nächtliches Schreien sowohl im Kriege als hier Aufsehen erregt." David fügte einige Zeilen hinzu und sagte, seine Wunde sei „unbedeutend", sein allgemeiner Gesundheitszustand ungetrübt, er werde gut betreut und freue sich auf ein baldiges Wiedersehen mit den Eltern. Aber er schreibt nichts über den Zustand seiner Nerven, und man kann sich kaum vorstellen, daß seine Eltern Amalies Verbot, sich Sorgen zu machen, befolgen konnten. Am Ende des Jahres – nach nur vier Kriegsmonaten – waren fast eine Million österreichisch-ungarische Soldaten gefallen, verwundet oder in Kriegsgefangenschaft geraten. Nicht nur die Soldaten litten. Versorgungsengpässe wurden schon im Oktober 1914 spürbar, als 10000 Pferde erschossen wurden, um Fleisch zu liefern. (Kein Wunder, daß David „ganz ausgehungert" nach Wien kam.) Die kaiserliche Regierung hatte keinen längeren Krieg erwartet oder geplant, und der Verlust von Österreichs Kornkammer in der Ukraine, bevor die Ernte eingebracht war, schnitt Wien von einer Hauptquelle seiner Getreideversorgung in Friedenszeiten ab.

Ein Dokument des Kriegsministeriums aus dieser Zeit zeigt, daß 96 Prozent der gefallenen, verwundeten oder gefangengenommenen Offiziere von der Infanterie waren. Drei von vier verlorenen Offizieren waren Leutnants oder Hauptleute, und bei den Offizieren der Reserve war die Zahl der Opfer viermal so hoch wie bei denen des regulären Heeres. Als Leutnant der Reserve bei der Infanterie hatte David alle Merkmale, die seine Überlebenschancen verringerten. Das Memorandum gab der wenig realistischen Ausbildung vor dem Krieg die Schuld, aber auch russischen Scharfschützen, die gelernt hatten, die bunten Uniformen der Offiziere des kaiserlichen und königlichen Heeres auszumachen. Das Kriegsministerium selbst fragte sich, wie lange dieser Verlust an Offizieren andauern konnte, ehe die Armee völlig zusammenbrach.

Am 12. März 1915 kehrte David nach Galizien zurück, nur wenige Tage bevor die Russen das angeblich uneinnehmbare Przemyśl endgültig eroberten und 120000 österreichische Soldaten gefangennahmen. Zwischen der russischen Armee und der ungarischen

Ebene standen nur noch die Karpaten, eine lange niedrige Bergkette, etwa 100 Kilometer breit und 1000 Meter hoch. David war in die erbitterten Kämpfe verwickelt, die die Russen am Durchbruch durch die Gebirgspässe hindern sollten, die noch im eisigen Griff des Winters waren. Eine Woche nach Davids Rückkehr an die Front brach über der Region ein Unwetter von einer Wucht los, wie man es nach der Schilderung von Oberst Georg Veith von der österreichischen 3. Armee gewöhnlich „nur in Gletscherregionen findet... Täglich erfrieren Hunderte von Soldaten. Ganze Linien von Schützen ergeben sich unter Tränen, um der Qual zu entkommen... die Infanterie ist ohne Deckung und unfähig, sich vor den Verteidigungsanlagen des Feindes zu bewegen; die Artillerie ist mehrere Tagesmärsche zurück". Der Frost war so streng, daß Infanteriesoldaten die Hände in warmem Wasser auftauen mußten, bevor ein Angriff auf feindliche Stellungen vorgetragen werden konnte. Unter diesen Bedingungen, rechneten österreichische Quellen aus, betrug die effektive Lebensdauer eines Soldaten nicht mehr als fünf bis sechs Wochen – nach dieser Frist war es wahrscheinlich, daß er tot, gefangengenommen oder verwundet war. Viele begingen Selbstmord. Nur solche mit „eiserner Konstitution", schloß Veith, überlebten in den Karpaten; die andern brachen einfach zusammen.

Davids militärische Ausbildung hatte gezeigt, daß ihm das Soldatenleben nicht leichtfiel. In den neun Jahren zwischen seiner Ausbildung und dem Kriegsausbruch hatte er als Lehrer und Gelehrter ruhig gelebt. Seine Nerven waren schon durch den ersten Einsatz an der Front strapaziert. Nun machte er einen Monat des bittersten Winterfeldzugs und zwei weitere Monate mit schweren Kämpfen im Frühjahr durch, eine Zeitspanne, in der die habsburgische Armee jeden Monat 170000 Mann verlor. Erstaunlicherweise überlebte David nicht nur den Feldzug, sondern arbeitete währenddessen sogar wissenschaftlich. Im April 1915 schickte er Amalie einen Aufsatz mit dem Titel „Horaz im Schützengraben". Der Titel sei gerechtfertigt, teilte er Amalie mit, denn er habe den Aufsatz zwar beim Marschieren vorbereitet, seine Gedanken aber im Schützengraben in die endgültige Form gebracht und niedergeschrieben. Das Interessanteste an dem Aufsatz ist sein Vorwort, das David an seine Lehrerkollegen richtete:

> Denker und Dichter rühmen den Krieg als den Vater aller Dinge, als den Beweger des Menschengeschickes. Vollgültigen Anspruch auf diese Ruhmestitel hat freilich erst der Krieg erworben, den wir heute führen. Denn er allein ist wirklich allumfassend, ein Kampf, an dem die ganze Menschheit teilhat. Und so sind denn seine zeugenden und bewegenden Kräfte sichtlich am Werk, die Welt von Grund aus umzugestalten. Das neue Geschlecht erbt eine neue Welt; daß es würdig von ihr Besitz ergreife, dafür zu sorgen ist die Aufgabe der Schule. Folglich muß die Schule zum Kriege Stellung nehmen.

Dann fährt David fort, daß jeder Unterrichtszweig „die frische, starke Luft des Krieges“ einatmen müsse, aber keiner werde das natürlicher finden als die klassische Philologie, denn fast alle klassischen Werke, mit denen die Jugend sich beschäftigt, sind erfüllt von Kampf und Krieg. Als er die Schule verließ, ließ er nicht die geliebten alten Autoren zurück, die „mir willig und gern auch ins kriegerische Leben gefolgt sind“, und seine Kriegserlebnisse haben „manche Stelle eines Klassikers in blutwarme Wirklichkeit verwandelt“. Er berichtet uns, daß in der „herben Abschiedsstunde“ von seiner Gattin alles, was er auf dem Herzen hatte, in diesen Zeilen von Horaz zusammengefaßt war:

Tu ne quaesieris, scire nefas, quem mihi, quem tibi
Finem di dederint, Leuconoe, nec Babylonios
Temptaris numeros. Ut melius, quidquid erit, pati!
Frag nicht, Leuconoe – wissen ist Fluch –, was Götter mir, was dir
Ausersehen an Zeit. Frage auch nicht Babylons weisen Rat,
vielbedeutende Zahl. Besser ist's doch zu dulden, was kommen mag!

Die Nervenspannung, die ihn vor dem Kampf durchzuckte, schreibt David, ist in Xenophons Bericht über die Vorbereitungen zur Schlacht bei Kunaxa gut beschrieben. Vom Winterfeldzug in den Karpaten gewann er eine innere Gewißheit, daß die

Standhaftigkeit des Soldaten, von der Xenophon spricht, kein passives Erdulden ist, wie es fälschlich übersetzt wurde, sondern daß der Dulder mit aktiver Willenskraft vielerlei Mühsal und Gefahr erträgt. In Erinnerung an Tacitus' Schilderung der harten Schanzarbeit der Soldaten verrät David, daß auch er niedergeschlagen war, als er sich „wieder und wieder mit eigener Hand eine Deckung graben mußte". Er fühlte sich Germanicus verbunden, da er das Ermüdende der „endlosen Märsche auf zähflüssigen Wegen" kannte. Aber sein letztes Beispiel ist das aufschlußreichste:

> Und wenn mich jetzt zu Hause neugierige Frager bestürmen, von meinen Kriegsfahrten und -erlebnissen zu erzählen, dann fühle ich tief die Wahrheit des elegischen: *Infandum, regina, iubes, renovare dolorem.* (Königin, du befiehlst mir, den unsäglichen Schmerz aufs neue zu durchleben.)

Auf seine Arbeit über Horaz kommend, behauptet David, daß „der tödlich bittere Ernst des Krieges ... den ganzen Menschen läutert und vertieft". Denn zwei „friedliche Schuljahre" hatte er sich erfolglos bemüht, die Konstruktion der ersten Horazode zu verstehen; jetzt, sagt er, hat er wegen der „Läuterung und Vertiefung" das Problem lösen können. Er schließt sein Vorwort in der Hoffnung, daß die Veröffentlichung der Horaz-Analyse, auch wenn sie nicht ganz originell und nicht vollkommen durchgearbeitet ist, gerechtfertigt ist, da sie als „eine Äußerung des Geisteslebens an der Front" betrachtet werden kann.

Davids Vorstellung vom Krieg als etwas Läuterndem war damals verbreitet. Thomas Mann beschrieb die vorausgegangene Friedenszeit als „giftig vom Komfort des Friedens" und fuhr fort: „Krieg! Es war Reinigung, Befreiung, was wir empfanden, und eine ungeheuere Hoffnung." Ludwig Wittgenstein trug in sein Tagebuch ein: „Jetzt wäre mir Gelegenheit gegeben, ein anständiger Mensch zu sein, denn ich stehe vor dem Tode Aug in Auge." Dennoch ist bemerkenswert, daß David so positiv zum Krieg stehen konnte, nachdem er sieben Monate des Gemetzels gesehen hatte. Nur in der einzelnen lateinischen Zeile, die die Bitte, von

seinen Kriegserlebnissen zu erzählen, als Befehl darstellt, „unsäglichen Schmerz aufs neue zu durchleben“, findet sich ein Hinweis auf Leid und Tod, die im Mittelpunkt des Krieges standen, in dem David kämpfte.
Im Mai 1915 wendete sich das Blatt im Osten. Die deutsche Armee, die von Norden her vorstieß, durchbrach die russischen Armeen und trieb sie zurück. Die russischen Truppen in den Karpaten waren in Gefahr, abgeschnitten zu werden, und befanden sich bald in voller Flucht. David war an ihrer Verfolgung nicht beteiligt, denn Mitte Juni war er wieder auf Urlaub in Wien. Verglichen mit der Front muß es ein behagliches Leben gewesen sein, aber die Grundnahrungsmittel waren jetzt rationiert, und die Preise für fast alles schossen in die Höhe.

Nach fast sechs Monaten fern von der Front kehrte David – inzwischen zum Oberleutnant befördert – am 8. Dezember 1915 nach Galizien zurück und tat dort die schlimmste Zeit des Winters über Dienst. Währenddessen wurde „Die Alten und der Krieg: Horaz im Schützengraben“ in der *Zeitschrift für die österreichischen Gymnasien* veröffentlicht, und die Publikation wurde in der *Wiener Zeitung* kurz erwähnt als „eine erfreuliche Äußerung des Geisteslebens an der Front“. Amalie schickte Sonderdrucke an viele Freunde und Kollegen, und über ein Dutzend von ihnen schickten Karten zurück, dankten ihr für die Zusendung und gaben kurze Kommentare ab. Die meisten Karten waren voll des Lobs für den Aufsatz. Auf einer allerdings – unleserlich unterschrieben – drückte der Schreiber seine Verwunderung darüber aus, wie das Erlebnis des Krieges „den ganzen Menschen läutert und vertieft“, und fügt hinzu: „Offenbar fehlt uns hier das Organ der Empathie.“

Am 2. März 1916 wurde David von seinem Dienst an der Front abgelöst.

17

Die Isonzoschlachten

Im Mai 1915, während Deutschland und Österreich-Ungarn den russischen Rückzug feierten, erlitten sie einen Schlag aus dem Süden. Italien, ursprünglich mit ihnen im Dreibund verbündet und bis dahin neutral, trat auf der Seite Großbritanniens, Frankreichs und Rußlands in den Krieg ein. Anlaß war die Zusage, daß es nach errungenem Sieg die österreichische Provinz Südtirol erhalten würde. Weil die Grenze zwischen Italien und Österreich-Ungarn weitgehend von den Alpen gebildet wurde, konzentrierten sich die Kämpfe in der felsigen Schlucht des Isonzo an der Grenze zwischen Italien und dem heutigen Slowenien. Nachdem mehrere verlustreiche Angriffe die Österreicher nicht von den Anhöhen zu vertreiben vermocht hatten, spürte das österreichische Oberkommando vielleicht, daß man hier endlich einem Feind gegenüberstand, dessen Inkompetenz der eigenen gleichkam. Da es an der Ostfront relativ ruhig war, wurden in der Hoffnung auf einen größeren Sieg Truppen an die italienische Front verlegt. Am 1. Juli 1916 wurde David an den Isonzo geschickt und hatte nun als Feinde nicht die „östlichen Barbaren" vor sich, sondern die Bewohner des Landes, wo er seine Flitterwochen verbracht hatte, ein Volk, dessen Sprache er sprach und für dessen kulturelle Leistungen er uneingeschränkte Bewunderung hegte.

David traf rechtzeitig zur 6. Isonzoschlacht ein. Während zehn Tagen heftiger Gefechte errangen die Italiener ihren ersten wirklichen Erfolg gegen die Österreicher, indem sie ihnen Verluste von 40000 Mann beibrachten und die Stadt Görz einnahmen, heute die italienische Stadt Gorizia. In der 7., 8. und 9. Isonzoschlacht zwischen dem 14. September und 4. November behaupteten die Österreicher ihr Gelände, jedoch um den Preis von weiteren 100000 Mann. Für seine Führung in diesen Schlachten wurde mein Großvater für eine Auszeichnung vorgeschlagen. Der „Belohnungsantrag", von dem nur ein Teil leserlich ist, erklärt, daß David als taktischer Kommandant der 1. Kompanie des 161. Bataillons diente, wo er die „technischen Arbeiten" leitete. Er tat das „aufs vorzüglichste" an der Einmündung des Meso in die Brenta, wo er „in unmittelbarer Nähe des Gegners bei konstanter Beschießung" war. Während eines Gefechts bei Passumer im Abschnitt Riva wurde er zum provisorischen Kommandanten derselben Kompanie ernannt und erwies sich als völlig geeignet für diesen Posten. Der Antrag schließt mit der Bemerkung: „Äußerst verläßlicher und gewissenhafter Officier." Eine zusätzliche, von einem anderen Offizier unterschriebene Bewertung lautet: „Die Verdienste dieses braven und musterhaften Offiziers, der 11 Monate vor dem Feinde steht, müssen belohnt werden." David erhielt die Bronzene Militärverdienstmedaille am Bande des Militärverdienstkreuzes und am 11. November 1916 „die Allerhöchste belobende Anerkennung für tapferes Verhalten vor dem Feinde".

Österreich-Ungarns Reserven waren nun so geschrumpft, daß David über ein Jahr, bis August 1917, an der Isonzo-Front blieb. Während dieser Zeit dürften er und seine Kameraden für zwei oder drei Wochen in den Schützengräben gelebt haben und dann durch ein anderes Bataillon ersetzt worden sein, um eine ähnlich lange Zeit wenige Kilometer hinter der Front in Reserve zu liegen, bis er wieder in die Schützengräben zurückkehrte. Essen und Wasser mußte nachts zu den Gräben gebracht werden, denn nur dann konnte man sich sicher bewegen. Wasser war besonders knapp. Soldaten erhielten nur genug zum Trinken, während Offiziere täglich auch eine Schüssel zum Waschen bekamen. In den Schützengräben wimmelte es von Ratten und Mäusen, und Läuse waren unvermeidlich. Andererseits gab es zwischen den großen Schlachten wenig zu tun. Bei Tageslicht mußten die Soldaten in den Schützengräben ausharren, und wer keine Wache hatte, konnte lesen, schreiben oder sich die Zeit vertreiben, wie er wollte.

Ein verblaßtes und zerknittertes Foto aus dieser Zeit zeigt David aufrecht stehend und gutaussehend in einem Schützengraben, der hoch über seinen Kopf ragt. Er trägt seine Uniformmütze, die sein bärtiges Gesicht vor der seitlich in den Graben scheinenden grellen Sonne schützt. Hinter ihm ist teilweise ein kleiner Holzbau zu sehen. Unter das Foto hat er mit verblaßtem Bleistift geschrieben: „Schützengraben am Musobach [?] bei Castelnuovo aufgenommen nächst meiner Deckung. Ich als Kommandant des Abschnitts Musodelta [?] I. Ende Sept. 1916."

Amalie muß sich während des Krieges darum gekümmert haben, daß Kora genug zu essen bekam, um nicht unterernährt zu sein, und – da ihre eigenen Eltern schon früher gestorben waren – daß Davids betagte Eltern so gut wie möglich zurechtkamen. Der schlechte Gesundheitszustand seines Vaters war sicherlich eine zusätzliche Belastung zu der ständigen Sorge, daß nicht eines Tages Davids Name zu den langen Listen der bei der Verteidigung ihres Landes Gefallenen hinzukäme. Im Februar 1917 erfuhr David, daß seine Schwester Hannchen einen Heiratsantrag erwartete. Der Freier, Sandor Kunstadt, war der jüngere Bruder eines Schwagers von Amalie, den Hannchen anscheinend kennenlernte, während sie bei Amalie in Wien wohnte. Sandor Kunstadt war 14 Jahre älter als Davids Schwester, aber im Gegensatz zum Altersunterschied zwischen Amalie und David scheint dies Ernestine, Davids Mutter, nicht beunruhigt zu haben. Joachim, Davids Vater, hatte Bedenken, aber aus anderen Gründen: „Papa hätte sich einen gelehrten Schwiegersohn gewünscht", schrieb Ernestine an Hannchen. Sandor Kunstadt war nicht gelehrt, aber er hatte etwas, das in Ernestines Augen wichtiger war: „Ich habe immer den Wunsch gehabt, daß Du einen guten, redlichen, wohlhabenden Mann bekommen würdest... so daß Du in späteren Tagen ein angenehmes Leben an seiner Seite führen kannst." Außerdem schrieb sie in einem Abschnitt, der Ernestines Vertrauen auf Amalies Urteil zeigte, daß Amalie „niemals die häufigen Begegnungen erlaubt hätte, wenn sie ... es nicht gut für Dein künftiges Glück gefunden hätte". Also würde „Papa" seinen Traum von einem weiteren Gelehrten in der Familie aufgeben müssen und „seine Zustimmung nicht verweigern". Sie fügte hinzu, daß sie über diese Dinge an David geschrieben, aber noch keine Antwort erhalten habe, und daß „seine Ansichten ebenfalls wichtig sind".

Davids Antwort ist nicht erhalten, aber Hannchen hob einen Brief auf, den er ihr sechs Monate später schickte und in dem er über ihre Beziehung schreibt. Es hat nicht viel geschwisterliches Zusammenleben zwischen ihnen gegeben, räumt er ein. Als Hannchen klein war, war der Altersunterschied von 15 Jahren zu groß, und in den vergangenen drei Jahren, als Hannchen vom kleinen Mädchen zur Braut heranreifte, war David im Krieg in fremden Ländern. Bei den seltenen Gelegenheiten, wenn er zu Hause war, hatten die Krankheit ihres Vaters und andere Sorgen über den Krieg verhindert, daß er so viel Notiz von ihr genommen hätte, wie es ratsam gewesen wäre. Jetzt, da Hannchen erwachsen ist und in derselben Stadt wie er wohnen wird – ihr Ehemann lebt in Wien –, erwartet David, daß zwischen ihnen eine engere Beziehung entstehen wird. Er schließt, indem er sich für eine Wurst bedankt, die sie ihm geschickt hat.

Die 10. Isonzoschlacht vom 12. Mai bis 6. Juni bedeutete für die Italiener eine weitere Katastrophe. Unterstützt von 2200 Kanonen und 1000 Granatwerfern, warfen sie 280000 Mann gegen 173000 Österreicher. Die Italiener machten einen Geländegewinn von drei Kilometern nackter Felsen – zum Preis von 36000 Toten und 123000 Verwundeten oder Gefangengenommenen. Von den Soldaten auf der Seite meines Großvaters wurden 7300 getötet und 68000 verwundet oder gefangengenommen. Die 11. Schlacht begann am 18. August. Diesmal hatten die Italiener 51 Divisionen zusammengezogen. Die österreichische Artillerie stand unter solchem Druck von dem Dauerfeuer, daß mehr als ein Drittel der Kanonen versagte. Die Italiener machten zehn Kilometer gut, zu einem noch höheren Preis als in der 10. Schlacht, durchbrachen aber dennoch nicht die österreichische Front. Die österreichischen Verluste beliefen sich auf 40000 Tote oder Vermißte und 45000 Verwundete. Unter diesen 45000 Verwundeten war mein Großvater. Am 31. August traf ihn eine Kugel in die Brust und tötete ihn nur deshalb nicht, weil er ein kleines Buch in der Brusttasche hatte, das sie zur Schulter anstatt ins Herz ablenkte. Es war ein Meßbuch, und warum er es bei sich hatte, bleibt ein Rätsel. Es könnte eine Standardausgabe des Heeres gewesen sein, und vielleicht gab sie ihm jemand zum Lesen, denn er interessierte sich immer für religiöse Lehren. Später scherzte er, daß der Vorfall, wäre er nicht Atheist gewesen, ihn verlaßt hätte, zum Katholizismus überzutreten. Die Wunde war ernster als die erste vor drei Jahren, und er wurde zur Behandlung nach Wien zurückgeschickt. Er behielt das Meßbuch und schenkte es viele Jahre später seinem ehemaligen Schüler Friedrich Heer.

Bis dahin hatte David insgesamt 21 Monate an der Front zugebracht. Dafür, daß er sein Leben für sein Land aufs Spiel gesetzt hatte, erhielt er das Karl-Truppenkreuz und die Verwundetenmedaille mit zwei Streifen zusätzlich zu seiner Bronzenen Militärverdienstmedaille, zu der er die besondere Auszeichnung der zwei gekreuzten Schwerter dazubekam. Zugegeben, das Kaiserreich Österreich-Ungarn gab so bereitwillig Medaillen aus, daß Kritiker sagten, der Krieg wäre vielleicht besser verlaufen, wenn man das ganze Metall für Waffen verwendet hätte, aber niemand konnte David vorwerfen, er habe nicht seinen Teil zur Verteidigung des Landes beigetragen. Der „ungeschickteste" aller Auszubildenden des Jahrgangs 1905/06 in Brünn hatte sich als tapferer Soldat und beispielhafter Offizier erwiesen.

Über die nächsten Monate kurierte mein Großvater seine Schulterwunde aus, aber seine Erlebnisse am Isonzo, wo er eine Folge von Schlachten durchlebt hatte, die genauso sinnlos blutig wie die von Verdun oder an der Somme an der Westfront waren, sollten ihn sein Leben lang verfolgen. Unter den Toten war Werner, sein Leibbursche, mit dem er drei Jahre zusammengewesen war und der an seiner Seite fiel. Einer seiner Schüler aus den Zwanzigern erinnert sich, daß er während des Unterrichts bei der Lektüre einer Homer-Stelle innehielt und sagte: „Ich werde es nie vergessen, wie bei einem Sturmangriff, den ich zu kommandieren hatte, die Leute rechts und links von mir fielen und die Leute riefen: ‚Kameradi, Kameradi'." 20 Jahre später blieb der Krieg sein Maßstab für das Schlimmste, was ihm passieren konnte. Als er auf eine größere Operation wartete, schrieb er, er habe „manches andere und noch Schlimmeres bestanden, z. B. eine Nacht auf das am nächsten Morgen einsetzende Trommelfeuer gewartet". Nach der Operation und ihren schmerzhaften Folgen schrieb er, daß „nur das Fronterlebnis nach Art und Stärke etwas Vergleichbares geboten hat".

Am 24. November 1917 ersuchte David ein militärisches Prüfungskomitee um Einstufung als untauglich für den Frontdienst. In dem Gesuch erklärt er, er stelle es vom Garnisonsspital für Offiziere aus wegen eines „Herzfehlers und Neurasthenie". Am 28. November wurde David von Militärärzten untersucht. Der für die körperliche Untersuchung zuständige Arzt fand ihn „groß, mittelkräftig, recht gut genährt" und zog keine Schlüsse auf seine Diensttauglichkeit, aber der Bericht über seinen nervlichen Zustand fand verschiedene Anomalitäten: „Während dieser anfallsartigen Attacken auf Anruf nicht reagierend, völlig haltlos, erholt sich aber auf energisches Zureden bald." Dies wurde als Zeichen einer Nervenerkrankung betrachtet, und er wurde als untauglich für den Dienst im Feld, aber tauglich für Büroarbeit befunden.

David beantragte und erhielt eine Abkommandierung zur Zensurabteilung der Regierung, wo seine Kenntnis des Italienischen nützlich gewesen sein dürfte, denn Österreich-Ungarn hatte eine bedeutende Anzahl italienischsprachiger Staatsangehöriger, die vor allem im Trentino lebten und deren Korrespondenz überprüft werden mußte. Es war eine große Abteilung, die 1000 Personen beschäftigte, um jeden Monat über acht Millionen Postkarten und Briefe zu kontrollieren. Die Zensoren zensierten nicht nur; sie machten auch Erhebungen über die öffentliche Meinung, wie sie sich in den Briefen, die sie lasen, darstellte, und unterrichteten die Regierung darüber. David kam in einer Zeit wachsender Opposition gegen den Krieg in die Abteilung. Viele Arbeiter wußten, daß Lenins erfolgreiche Revolution in Rußland dieses Land aus dem Krieg zurückgezogen hatte, und manche wollten seinem Beispiel folgen, aber unmittelbare Ursache der Unzufriedenheit waren eher Lebensmittel als die Politik. Den Märkten gingen Milch, Fett, Eier und Gemüse aus. Eine weitere Kürzung der Mehlration im Januar 1918 löste Streiks in Motoren-, Lokomotiven- und Flugzeugfabriken in ganz Österreich-Ungarn aus. Manche Arbeiter forderten nicht nur mehr Lebensmittel, sondern auch ein Ende des Krieges. Die Zensoren meldeten, daß 14 Prozent der Briefschreiber die Streiks begrüßten und ein Drittel darin revolutionäre Akte sah. Die Briefe waren voller Klagen nicht nur über den Lebensmittelmangel, sondern auch über Einberufungen zum Militärdienst und die Unfähigkeit der Regierung.

Davids Zustand wurde am 7. Juli 1918 erneut überprüft, und er wurde immer noch als untauglich für den Dienst im Feld befunden. Aber ganz so schlecht kann es ihm nicht gegangen sein, denn um diese Zeit und trotz der Kriegsentbehrungen und der ungewissen Zukunft empfing Amalie ihr zweites Kind. Während dieses neue Leben begann, ging ein älteres zu Ende: Davids Vater starb im August. Das kriegsmüde Kaiserreich Österreich-Ungarn überlebte ihn nicht lange. Am 14. Oktober wurde die Provisorische Regierung der Tschechoslowakei ausgerufen und prompt vom den Alliierten anerkannt. Innerhalb ihrer Grenzen lebten nicht nur Tschechen und Slowaken, sondern auch drei Millionen mit deutscher Muttersprache. Plötzlich befanden sich Davids und Amalies Kindheitshäuser und viele ihrer Familienangehörigen im Ausland. Auf die Bildung der Tschechoslowakei folgte bald die Polens und Jugoslawiens. Kroatische, tschechische, ungarische und rumänische Armee-Einheiten verließen einfach ihre Stellungen und machten sich auf den Heimweg. Da die deutsche Armee den Krieg ebenfalls nicht fortsetzen konnte, akzeptierten Deutschland und Österreich-Ungarn am 11. November einen Waffenstillstand. Einen Tag später folgten die deutschsprachigen Abgeordneten des österreichischen Reichsrats dem Vorbild der anderen Nationalitäten des Reiches und proklamierten die „Republik Deutsch-Österreich". Außerhalb des Reichsrats, auf der Ringstraße, feierte eine riesige Menschenmenge die neue Republik und den unblutigen Übergang von sechs Jahrhunderten Habsburgermonarchie in eine neue, demokratische Ära. Sie jubelten auch, weil sie den blutigsten Krieg, den Europa jemals erlebte, durchgemacht hatten und noch am Leben waren.

Meine Mutter sagte immer, sie und Doris hätten verschiedene Väter gehabt. Ihr Vater war ein fröhlicher junger Mann, der in den sieben Jahren vor dem Krieg mit Vergnügen alle möglichen Spiele mit ihr spielte. Doris, nach dem Krieg geboren, hatte einen Vater, der „schwer depressiv war und nicht mehr der junge Schlingel, der er gewesen war, als ich klein war". Doris erinnert sich an ihren Vater als emotional labil, ein Mann, der gewöhnlich nachdenklich und ruhig war, aber auch sehr emotional und erregt sein und „Wutausbrüche“ bekommen konnte. Während dieser Ausbrüche, die sehr kurz waren, aber relativ häufig auftraten, schlug er auf den Tisch und schrie „sehr, sehr, sehr laut“. Obwohl David als Anhänger Adlers gegen die körperliche Bestrafung von Kindern war und sie nie schlug, empfand Doris ihn dennoch als „unbeherrscht“.

Die Angstattacken und das nächtliche Schreien, worüber Amalie 1914 geschrieben hatte, hörten nicht auf, als der Krieg endete. Von 1921 bis 1931 suchte David häufig um eine Reduzierung seiner Wochenstundenzahl auf Grund seiner Krankheit an, die auch gewährt wurde. Ärztliche Untersuchungen während dieser Zeit ergaben eine Arbeitsunfähigkeit zwischen 20 und 35 Prozent, teils wegen eines „hohes Grades von Nervenschwäche“ oder „Neurasthenie“, aber auch, weil er in diesen Jahren an Diabetes erkrankte. Noch 1931 bestätigte ein amtsärztlicher Bericht, daß er „Kriegsinvalide mit über 35% Invalidität“ sei.

In politischer Hinsicht berichtete David, nachdem er das Blutbad am Isonzo gesehen hatte, einem Freund von der Armee: „Ich werde mehr und mehr rot.“ Anstelle der positiven Sicht des Krieges, die er im Vorwort zu „Horaz im Schützengraben“ geäußert hatte, wurde er Pazifist. Er war kein politisch Konservativer mehr. Er trat in die Sozialdemokratische Partei ein, die große österreichische Partei der Linken, für die in jeder Wahl zwischen 1918 und dem Ende der österreichischen Demokratie 1934 rund 40 Prozent stimmten. Er war kein aktives Mitglied, beteiligte sich aber an den großen Kundgebungen am 1. Mai, dem internationalen Tag der Arbeit.

Trotz seiner neuen politischen Überzeugungen blieb David stolz auf seinen Militärdienst. Nichts illustriert das besser als eine Geschichte, die Eva Berger erzählte (früher Eva Hitschmann, die engste Schulfreundin meiner Mutter). In den dunklen Jahren der Naziherrschaft in Wien, nach der Emigration meiner Mutter und meiner Tante, besuchte Eva, die keine Jüdin war, meine Großeltern oft in ihrer Wohnung. Bei einem dieser Besuche traf sie ihn in höchst erregtem Zustand an. Er hatte einen Brief von den Nazibehörden erhalten, die ihm mitteilten, er sei als Jude unwürdig für den Militärdienst. „Unwürdig für den Militärdienst! Unwürdig für den Militärdienst!“ wiederholte er, offensichtlich völlig außer sich. Eva war über seine Reaktion verblüfft – wie konnte er bloß in der Naziarmee dienen wollen? Aber er sah nur eine Zurückweisung des Wertes dessen, was er im vergangenen Krieg getan hatte, und das verletzte ihn tief.

Teil V

Gelehrter und Lehrer

18

Die neue Republik

Im November 1918 hörte Wien auf, der Sitz eines kaiserlichen Hofes zu sein, der über 55 Millionen herrschte, und wurde statt dessen die kopflastige Hauptstadt einer kleinen, binnenländischen, weitgehend alpinen Republik mit einer Bevölkerung von weniger als sieben Millionen. Von den vielen notwendigen Anpassungen war die Versorgung mit Lebensmitteln und Brennstoff die dringlichste. Der Waffenstillstand hatte die Kämpfe beendet, aber die Alliierten hielten die strenge Blockade, die sie während des Krieges verhängt hatten, bis zu einer endgültigen Friedensregelung aufrecht. Wien war bei seiner Lebensmittelversorgung von Einfuhren aus den ehemaligen Kronländern des Reiches abhängig gewesen. Diese waren nun selbständige Staaten, deren Grenzen noch festgelegt werden mußten. Die politischen Führer der Tschechoslowakei, Ungarns und Jugoslawiens wußten sehr wohl, daß eine Einschränkung der Lebensmittelexporte in das halb verhungerte Österreich ein wirkungsvolles Druckmittel war. Die Folge war ein Winter, der die harten Rationierungen der Kriegsjahre zu einer Zeit relativen Überflusses machte. In der Mitte Europas starben Menschen aller Altersgruppen an Krankheiten, die durch Unterernährung bedingt waren.

Gegen diese hoffnungslosen Umstände konnten David, Amalie und Kora nicht gefeit gewesen sein, vor allem weil Amalie im März 1919 ihr zweites Kind erwartete. Sie hätten einen Ausweg gehabt. Da sie alle in dem Land geboren waren, das jetzt Tschechoslowakei hieß, hätten sie Bürger der neuen Republik werden können. Zwar stand auch die Tschechoslowakei vor schwierigen Zeiten, aber sie war nicht der Blockade unterworfen, und die Engpässe waren bei weitem nicht so schlimm wie in Wien. Aber David und Amalie waren durch und durch deutsch, in Sprache und Kultur, und sie hatten nun fast 20 Jahre in Wien gelebt. Trotz der schrecklichen Not war Wien immer noch Wien und für sie attraktiver, als jede tschechisch sprechende Stadt sein konnte. Sie entschieden sich für die österreichische Staatsbürgerschaft.

Als Berichte über die Hungersnot in Wien den Rest der Welt erreichten, wurden Hilfsprogramme organisiert, und Familien in mehreren europäischen Staaten boten an, bedürftige Kinder aus Wien aufzunehmen. Zehntausende Wiener Kinder wurden in fremde Länder geschickt. David und Amalie waren in Sorge, wie sie sich um das neue Baby kümmern sollten und ob Kora unter der Lebensmittelknappheit leiden würde, und schickten meine damals elf Jahre alte Mutter mit den anderen Kindern fort. Sie ging nach Stockholm, wo sie über ein Jahr bei einer schwedischen Familie verbrachte. David kehrte an das Akademische Gymnasium zurück, aber der Beruf brachte Geld, kein Essen. Die Wiener fuhren aufs Land, um Bauern zu finden, die Überschuß an Lebensmitteln hatten, und nahmen das Familiensilber und Wäsche mit, weil die Bauern der entwerteten Währung mißtrauten. Vielleicht konnten ihnen Davids und Amalies Verwandte in der Tschechoslowakei helfen (obwohl gerade in dieser Zeit Davids Mutter nach einer Erkrankung starb).

Die Bauern waren gut beraten, der Währung nicht zu trauen. Die österreichischen Kronen waren nicht mehr jene „blanken Goldstücke“, von denen Stefan Zweig schrieb, und die Sicherheit und Vorhersehbarkeit der Habsburger Ära war nur noch Erinnerung. Sowohl die Krone als auch die deutsche Mark waren schon während des Krieges im Wert gefallen. Nach dem Krieg nahm dieser Verfall eine bis dahin unvorstellbare Form der Inflation an. 1918 kostete eine Straßenbahnfahrt in Wien weniger als eine halbe Krone. Im Januar 1922 kostete die Fahrkarte 60, im Januar 1923 1500 Kronen. Bis 1924 war eine Mahlzeit, die 1918 rund 1 Krone gekostet hatte, für nicht weniger als 30000 Kronen zu haben. Davids Gehalt wurde regelmäßig erhöht, konnte aber mit den Lebenshaltungskosten dennoch nicht Schritt halten. Die Gehälter im Staatsdienst sanken auf ein Viertel bis die Hälfte ihres früheren realen Wertes. Am schlimmsten betroffen waren die Pensionäre, die geplant hatten, von dem Geld zu leben, das sie bei einer Bank sicher angelegt hatten. Jetzt konnten sie von den Ersparnissen ihres Lebens keinen Teller Gulasch mehr kaufen. Die Inflation wurde schließlich 1924 durch von wichtigen ausländischen Mächten garantierte Anleihen in harter Währung und die Einführung einer neuen Währung, des österreichischen Schillings, eingedämmt. In dieser plötzlich so instabilen Situation fanden die Führer extremistischer Parteien neue Anhänger.

So enorm diese Probleme waren, war es für Sozialdemokraten in Wien eine aufregende Zeit. Die Stadt wurde die erste große Metropole auf der Welt, die ihre Stadtregierung in zwar demokratische, aber eindeutig sozialistische Hände übergab. Das „Rote Wien" bestand von 1919 bis 1934. Außerdem bildete die Stadt, in der ein Drittel der Gesamtbevölkerung Österreichs lebte, seit 1922 ein eigenes Bundesland mit weitgehender Steuerhoheit. David lebte und arbeitete nun in einem Laboratorium für neue soziale Ideen. Fortschrittlich gesinnte Menschen kamen aus der ganzen Welt, um Wiens soziale Programme zu studieren. Der neue öffentliche Wohnungsbau schuf Wohnraum für fast 10 Prozent der Bevölkerung. Das öffentliche Gesundheitswesen hatte ebenfalls Vorrang, und sobald die Hungersnot vorbei war, ging die Säuglingssterblichkeit dramatisch zurück. „In Wien", schrieb eine Sozialdemokratin, „lebten wir mit der großen Illusion, daß wir eine Generation der Erfüllung würden, daß unsere Generation den demokratischen Sozialismus in Österreich errichten würde … diese Illusion war konstruktiv und bereichernd fürs Leben."

Die Vision des Roten Wien vom Sozialismus paßte besonders gut zu einer Person von Davids Ausbildung und Interessen, denn die österreichischen Sozialisten unterschieden sich von den russischen Bolschewiken genau darin, daß die Österreicher Kultur und Bildung als Kräfte des Wandels verstanden, die den Sozialismus herbeiführen konnten. In diesem aktiven Kampf war Adlers psychologische Theorie gut positioniert, um eine Schlüsselrolle zu spielen. Seit dem Krieg hatte Adler seinen Standpunkt noch attraktiver für die Linke gemacht, indem er hervorhob, daß wir alle danach streben, Teil einer Gemeinschaft zu sein, dazuzugehören und mit anderen für ein gemeinsames Ziel zu arbeiten. Eine fehlgeleitete Erziehung und ein feindseliges gesellschaftliches Umfeld können unser angeborenes Gemeinschaftsgefühl unterdrücken und uns den falschen Glauben einflößen, wir könnten Erfüllung finden, wenn wir nur an uns selbst denken. Wenn Bildung die Art und Weise verändern kann, wie Kinder aufgezogen werden, werden sie aufhören, Arbeit für das Gemeinwohl als eine von außen auferlegte Pflicht zu sehen. Mit anderen für ein gemeinsames Ziel zu arbeiten wird statt dessen die natürliche Folge der Beachtung unseres Bedürfnisses sein, zu einer Gemeinschaft zu gehören.

Spätestens Mitte der 1920er Jahre waren die Sitzungen des Adlerschen Vereins in den Worten Furtmüllers „einer der lebendigen Mittelpunkte des geistigen Wien", und David war eines der führenden Mitglieder dieses Vereins. Er hielt häufig Vorträge und gehörte der Redaktion der *Internationalen Zeitschrift für Individualpsychologie* an, und als im Dezember 1925 zwei Facharbeitsgruppen eingerichtet wurden, von denen sich eine mit medizinischen Fragen und die andere mit der klassischen Literatur befaßte, wurde David zum Vorsitzenden der Literaturgruppe gewählt. Vier Monate später, als der Verein seine erste förmliche Nachkriegswahl für den Vorstand abhielt, wurde Adler zum Vorsitzenden gewählt und David einer der beiden stellvertretenden Vorsitzenden.

In Einklang mit seiner Sicht der Rolle, die Erziehung und Bildung bei der Vermeidung von Neurosen spielen können, eröffnete Adler eine Klinik für Kinderpsychologie, in der er Lehrer und Eltern von Problemkindern beriet. Diese erwies sich als so erfolgreich, daß die Stadtverwaltung die Idee aufgriff und 28 Kliniken einrichtete, die meist in Schulen untergebracht waren. Plötzlich brachte die Kinderpsychologie, besonders die Individualpsychologie, wirklich Veränderung in das Leben einfacher Leute. Das Rote

Wien erlebte auch einen enormen Aufschwung der Erwachsenenbildung, an der sich die Adlerianer begeistert beteiligten. Zum Beispiel leitete Adler von Oktober 1923 bis Januar 1924 ein „Seminar für Massenpsychologie" im Volksheim in der Leopoldstadt, nur wenige Straßen von Davids Wohnung entfernt. Wien hatte viele dieser „Volksheime", Treffpunkte oder Klubs, die für Vorträge und Diskussionen genutzt wurden. Das Thema der Vortragsreihe über „Massenpsychologie" war Gemeinschaftsgefühl und wie seine Verwirklichung Gefühle der Schwäche im Individuum überwinden kann. Davids Beitrag zu der Reihe war ein Vortrag über „Das Massenpsychologische in Schillers Tell", in dem er über die verschiedenen Möglichkeiten sprach, wie der Schweizer Nationalheld Wilhelm Tell in Schillers Schauspiel mit dem Bündnis von Individuum und Gemeinschaft umgeht.

Die meisten Vorträge, die David in Adlers Gruppe hielt, hatten literarische Themen – über Goethes *Faust*, über das zeitgenössische Stück *Der Weibsteufel* von Karl Schönherr, über Schiller als Individualpsychologen und ein allgemeinerer Vortrag mit dem Titel „Individualpsychologische Lesefrüchte". Auf dem Ersten Internationalen Kongreß des Vereins für Individualpsychologie, der 1922 in München stattfand, sprach David über „Shakespeares Menschenkenntnis", und 1925 reiste er zum Zweiten Internationalen Kongreß für Individualpsychologie nach Berlin, wo er über das Thema „Der Kampf der Frauen um ihre gesellschaftliche Stellung im Spiegel der antiken Literatur" sprach. Gelegentlich wagte er sich jedoch direkter auf das psychologische Feld, als er drei Vorträge zu Aspekten von Adlers Idee des „männlichen Protestes" hielt, einen über das Minderwertigkeitsgefühl selbst, einen anderen über „Die Psychologie der Sklaven" und sogar einen über die Eingriffsmöglichkeit im Fall eines Zusammenbruchs.

Die Begeisterung meines Großvaters für die neue demokratische Zeit zeigt sich in einer Rede, die er an seiner Schule am fünften Jahrestag der Gründung der Republik hielt. Österreich wurde damals von manchen als „Republik ohne Republikaner" bezeichnet, was sich auf die Tatsache bezog, daß die Republik Österreich für alle Parteien nur die zweite Wahl war. Manche zogen eine Vereinigung mit Deutschland vor, andere sehnten sich nach der Rückkehr der Monarchie, eine weitere Gruppe wünschte eine sozialistische Gesellschaft nach sowjetischem Vorbild, und manche bevorzugten eine faschistische Diktatur von der Art, wie sie Mussolini gerade in Italien errichtet hatte. In diesem Zusammenhang bedeutete ein Vortrag mit dem Titel „Rede zur Feier der Republik" eine politische Erklärung, und dieser Vortrag ist denn auch die ausdrücklichste politische Arbeit meines Großvaters. Wie, fragt er, kann eine Republik, definiert als Bündnis von Menschen mit der Sorge, das allgemeine Wohl voranzubringen, lebendige Wirklichkeit werden? David übernimmt von Platon die Idee, daß der Staat die Bürger aufziehen muß, die er braucht. Die junge österreichische Republik ist daher noch nicht richtig angekommen. Sie wird in dem Maß entstehen, wie sie Republikaner für sich gewinnt. Hier findet er eine Rolle für Erzieher wie er selbst und seine Kollegen. Wir sollten eine Republik anstreben, nicht im Sinne einer bloßen Anhäufung freier Bürger, sondern als Zusammenschluß zu einer Lebensgemeinschaft. „Entsagen sollen wir nämlich dem Einzelmenschtum zugunsten der Gemeinschaft und, damit das Ganze sich verwirkliche, seine dienenden Glieder werden. Das aber heißt nach Goethe, sich zum tüchtigen Fachmann bilden. Die Bildungsarbeit ... ist Aufbauarbeit im Dienste der Republik."

David geht dann näher auf das Wesen der republikanischen „Seele" ein. Er verknüpft das Streben nach politischer Freiheit mit dem Streben des Kindes, frei von der Autorität der Eltern und Lehrer zu sein. Er erläutert die Verachtung der Jungen für das Alter mit einem langatmigen Abschnitt aus Goethes *Faust*, dem er den Gedanken entnimmt, daß das jugendliche Freiheitsstreben, wie trüber Apfelsaft im ersten Gärungsstadium, schließlich guter, klarer Apfelwein werden kann. Aber es gibt noch eine andere Möglichkeit: Der Saft kann seinen Behälter sprengen, und anstatt der erhofften Klarheit kann auch Todesdunkel anbrechen.

Davids Rede wirft wichtige philosophische Fragen auf, dringt aber nicht in die schwierigen Probleme ein, vor denen die Republik Österreich bald stehen würde. Was sollen wir tun, wenn die Redefreiheit genutzt wird, um für den Sturz der Republik einzutreten und anderen die Freiheit zu verweigern? Dieses Dilemma sollte sich als entscheidend für die Zukunft der Republik erweisen, die schon bedrängt wurde von Feinden, bereit, ihre Freiheiten auszunutzen, um ihren Sturz herbeizuführen. Das Reich der Habsburger hatte alles Zubehör der Demokratie gehabt, aber bis zum Ende hatte der Kaiser weit mehr Macht behalten als zum Beispiel die britischen konstitutionellen Monarchen. Österreichische Intellektuelle waren auf zahlreichen Gebieten führend in der Welt, vom Logischen Positivismus bis zur Psychologie, Literatur und Wirtschaftswissenschaft, aber nur wenige waren aktive Verfechter liberaler demokratischer Ideale. Vielen unter ihnen war Politik gänzlich fremd. Die meisten Intellektuellen, die sich politisch betätigten, waren Sozialisten, die zwar demokratisch in ihren Methoden waren, sich aber mehr dafür interessierten, eine sozialistische Gesellschaft zu schaffen, als die Demokratie um ihrer selbst willen zu verteidigen. Es braucht seine Zeit, eine Tradition zu entwickeln, die stark genug ist, um eine Rückkehr zu einer autoritären Führung unvorstellbar zu machen, und die junge Republik bekam nicht diese Zeit. Das republikanische Ideal vermochte die Massen nicht so zu packen, wie es anderen Ideologien, linken wie rechten, gelang. Aus diesem Grund sollte David in einem Punkt absolut recht behalten. Der trübe Saft jugendlicher Freiheit kann sich in Todesdunkel verwandeln.

19

„Das Geheimnis der Menschenseele“

Wie die Briefe Davids an Amalie vor ihrer Heirat zeigen, wußte er schon damals, daß es sein Lebenswerk war, „das Geheimnis der Menschenseele“ ans Licht zu bringen, indem er sein eigenes Leben und das anderer untersuchte, „mögen sie vor Jahrtausenden gelebt haben oder meiner nächsten Gegenwart angehören“. Er hatte begonnen, Mappen zu führen, in die er Amalies Berichte über ihre Gespräche mit Lise einordnete, denen er zweifellos die früheren über Martina beilegte, über seine eigenen Beobachtungen seiner Beziehung zu Victor und über das, was er von Soyka erfahren hatte. Sein Besuch der Vorlesungen Freuds und seine spätere Mitgliedschaft in Freuds Kreis wie auch seine Forschungen für *Träume im Folklore* sind alle als Teil dieser Suche zu verstehen. Daß er Adler den Vorzug vor Freud gab, änderte daran nichts; es gab David nur einen anderen psychologischen Rahmen für dasselbe Ziel. Die 1920er waren die fruchtbarste Zeit für diese Arbeit. Er schrieb 16 Artikel, von denen zehn veröffentlicht wurden, und ein größeres Buch.

David hatte sich eine gewaltige Aufgabe gestellt, nicht weniger als „die Menschenkenntnis zu erweitern“, wie er schrieb, als alles vorbei war. Als ich Davids veröffentlichte Arbeiten und die unveröffentlichten Manuskripte, die ich unter seinen Papieren fand, zu lesen begann, war ich neugierig, zu entdecken, wie weit er dabei gekommen war. Die Wendung „*knowledge of humanity*“ stammt aus der englischen Zusammenfassung seines Lebenswerks, ist also Davids eigene Übersetzung der Idee der „Menschenkenntnis“, des Schlüsselbegriffs für das Ziel, das er sich gesetzt hatte. Anderswo sagt David, daß wir nicht die analytische Methode der Naturwissenschaften brauchen, um unsere Mitmenschen verstehen zu lernen, sondern intuitive Einsicht in das Wesen der Person. Man denke an Sokrates, der ungerechterweise verurteilt wurde, durch den Schierlingstrunk zu sterben. Ein Freund kommt zu ihm und bietet ihm die Möglichkeit der Flucht ins Exil an, aber Sokrates lehnt ab. Warum? Hier kann die Naturwissenschaft nicht helfen. Um Sokrates' Entscheidung zu verstehen, sagt David, muß ich den ganzen Menschen verstehen und wissen, daß Sokrates es als sittliche Pflicht betrachtete, auch ein ungerechtes Urteil anzunehmen, denn andernfalls würde er selbst das Unrecht begehen, das Gesetz seiner Gemeinschaft zu verletzen.

Die Unterscheidung, die David hier trifft, verdankt Wilhelm Dilthey viel, dem deutschen Philosophen des späten 19. und frühen 20. Jahrhunderts, den David als Begründer einer neuen Methode der psychologischen Untersuchung bezeichnet. Zu Lebzeiten weitgehend unbeachtet, war es Diltheys wichtigstes Anliegen, die Einzigartigkeit der Geisteswissenschaften zu bewahren, indem man Versuchen widerstand, auf sie die Methoden der Naturwissenschaften anzuwenden. In Einklang mit dieser Ansicht stellt David in „Mein wissenschaftliches Werk“ die akademische Psychologie der „Menschenkenntnis“ gegenüber, indem er sagt, die erstere versuche, menschliches Verhalten zu *erklären*, die letztere, es zu *verstehen*. Wir verstehen etwas Gemeintes oder Beabsichtigtes, indem wir es mit dem, was wir über menschliche Denk-, Handlungs- und Lebensweisen wissen, in Zusammenhang bringen. Das ist die Aufgabe der Menschenkenntnis. Etwas zu erklären, etwas in eine Reihe von Ursachen und Wirkungen zu stellen, ist dagegen eine Aufgabe für die akademische Psychologie. Somit gehört Menschenkenntnis zu den Geisteswissenschaften und akademische Psychologie zu den Naturwissenschaften.

Unsere Mitmenschen zu verstehen ist keine Sache, schrieb David, die in einem Buch zusammengefaßt werden kann. Es ist eher eine Begabung. Anstatt einen Charakter in seine Teile zu zerlegen, wie es ein Botaniker vielleicht tut, wenn er eine neue Pflanze untersucht, müssen diejenigen, die Menschenkenntnis suchen, die Teile zusammensetzen, um das Ganze zu verstehen. Aus diesem Grund gewinnen wir Menschenkenntnis nicht durch eine Reihe kontrollierter Experimente unter künstlichen Laborbedingungen; vielmehr kommt sie aus einer Art von Intuition, die darauf beruht, daß man sich in die Person versetzt, die man zu verstehen sucht. Nur über unser eigenes Ich ist direktes Wissen möglich; indirektes Wissen über andere gewinnen wir, indem wir unser eigenes Innenleben analysieren. Den Kern dieser Methode des Verstehens anderer bildet deshalb das Verstehen des eigenen Ichs, und Davids Konzentration auf die Selbstprüfung diente als wesentlicher Ausgangspunkt für seine lebenslange Suche. Außerdem bewegt sich diese Suche in einem Kreis: Kenntnis anderer ist unmöglich ohne Selbstkenntnis, und umgekehrt ist vollkommene Selbstkenntnis nur erreichbar mit Hilfe der Kenntnis anderer, denn nur mittels eines Vergleichs mit anderen können wir ein klares Bild unseres eigenen Wesen gewinnen.

Davids Suche nach Menschenkenntnis ist somit die Verfolgung der zwei voneinander abhängigen und verflochtenen Interessen, die in den Briefen, die er von 1904 bis 1906 an Amalie schrieb, so stark im Vordergrund stehen: sich selbst zu verstehen und andere zu verstehen. Auf dem Ersten Internationalen Kongreß für Individualpsychologie erklärte David, warum dieses Gebiet für ihn so wichtig war: „Denn Leben ist schließlich Zusammenleben, und was könnte dafür wesentlicher sein, als jederzeit zu wissen, wen wir vor uns haben und wer wir selbst sind."

Es gibt zwei wichtige Unterschiede zwischen Davids Erforschungen des Wesens der Menschen in der Zeit seines Briefwechsels mit Amalie und während seines Engagements im Verein für Individualpsychologie. Der erste ist, daß er in der früheren Periode Material über reale Personen sammelte – Victor, Martina, Soyka, Lise und sicherlich andere. Jetzt konzentriert er sich auf Charaktere aus Literatur jeder Art: Volkssagen, Fabeln, Märchen, die Aussprüche von Religionsgründern und Staatsmännern und die Werke der großen Schriftsteller und Dichter. All diese versteht er als riesige Fundgrube der Menschenkenntnis. Der zweite wichtige Unterschied zwischen Davids früherer und späterer Arbeit ist, daß alles, was er während der 1920er Jahre schreibt, auf Adlers Theorien beruht.

Adler hat nachgewiesen, schreibt David in der Einleitung zu seinem Buch *Dichtung und Menschenkenntnis*, daß wir eine „biologisch begründete Unzulänglichkeit" haben. Als vereinzelte Individuen sind wir zu schwach für eine gesicherte Existenz. Damit es uns gut geht, müssen wir Teil der Gemeinschaft sein, und dies bringt uns dahin, daß wir das Bedürfnis empfinden, zu einer Gemeinschaft zu gehören. Andererseits verspüren wir auch einen Wunsch, Überlegenheit als Individuum zu erlangen. Dieser entsteht aus einem Minderwertigkeitsgefühl heraus, das existiert, weil die unterschiedlichen Schwächen der ganzen Gattung Mensch jedem genügend Gründe geben, sich irgendwie minderwertig zu fühlen. Jeder strebt an, die Nachteile, die er zu haben glaubt, zu überwinden. Wir konstruieren ein ideales Ich, in dem wir groß, stark und oben sind. Unter ungünstigen Umständen, wenn nämlich die Minderwertigkeitsgefühle extrem stark sind, wird unser ideales Ich gottähnlich. Dann bemühen wir uns, dieses ideale Ich zu verwirklichen, und bringen uns damit in Widerstreit mit unserem eigenen Wunsch, Teil einer Gemeinschaft zu sein. Die Natur dieser Spannung und auch der größere oder geringere Mut, mit dem wir unsere Anstrengungen verfolgen, formen unseren Charakter. Wenn das Bedürfnis nach Gemeinschaft schwach ist und andere Möglichkeiten zur Überwindung von Minderwertigkeitsgefühlen nicht existieren, kann ein Mensch zum Verbrecher werden. Wo die Demoralisierung noch tiefer geht, kann ein Mensch vor der Realität fliehen, sich auf kindliches Verhalten verlegen oder eine Neurose entwickeln.

Auffallend ist, wie weit David sich von Freuds Lehre entfernt hat. In der Einleitung zu seinem Buch erwähnt seine Zusammenfassung unserer Menschenkenntnis die Sexualität nicht einmal. Deutlicher sprach David über seine Meinungsverschiedenheiten mit Freud 1930 in einer Rede mit dem Titel „Ziel und Weg der Menschenkenntnis". Hier kehrt er zu seinem Thema der Liebe zurück, das ihn in jüngeren Jahren so sehr beschäftigt hat:

> Wein *lieben*... ist im höchsten Maße soziales Gefühl. Wer das Weib als Mittel zur Lustgewinnung liebt wie den Wein oder als eine Art Instrument, auf dem er meisterlich spielt, verfälscht die Liebe praktisch, wer ihre Verfälschung als ursprünglich anerkennt, fälscht sie theoretisch (Freuds Libidotheorie). Der Wirrwarr wird noch ärger, wenn man die Liebe zur Geliebten von der Liebe zur Mutter nicht reinlich scheidet. Jene ist *eros* oder *amor*, diese *agape* oder *caritas*.

Hier verwirft David die Grundlage von Freuds ganzem psychologischen Gebäude, denn er sagt, daß Freuds Theorie der Libido auf der falschen Idee beruht, daß Liebe zwischen einem Mann und einer Frau im Sinne einer Suche nach sinnlichem Genuß zu verstehen ist, während sie in Wirklichkeit ein Wunsch nach sozialem Kontakt, Kameradschaft und einem Gefühl der Zugehörigkeit ist. Außerdem unterläßt es Freud, Liebe zwischen Mann und Frau von der Liebe eines Kindes zu seiner Mutter zu unterscheiden. David konnte diese Ansicht zur Zeit seiner gemeinsamen Arbeit mit Freud an *Träume im Folklore* nicht vertreten – zumindest nicht offen. Jede Andeutung von Ketzerei bei einem solchen Kerngedanken hätte dazu geführt, daß Freud die Zusammenarbeit sofort beendet hätte.

Obwohl David Freuds Sicht des Menschen verwirft, bringt er über die Tatsache hinaus, daß Adler Arzt ist, der seine Patienten beobachtet hat und ihnen helfen konnte, keinen positiven Beweis dafür vor, daß er dessen Standpunkt akzeptiert. Davids Methode ist die eines Humanisten, nicht die eines Naturwissenschaftlers im heutigen Sinn, nämlich eines Menschen, der Hypothesen einer strengen Prüfung unterzieht. Insofern unterscheidet er sich nicht von Freud und Adler, von denen keiner – obwohl beide medizinisch ausgebildet waren – sehr daran interessiert war, seine Theorien auf die Probe zu stellen.

20

Das Buch meines Großvaters

Melbourne, März 1999

Zu Hause in Australien habe ich, beurlaubt von meiner Universitätstätigkeit, alle Artikel meines Großvaters gelesen, veröffentlichte und unveröffentlichte. Nur eine seiner wissenschaftlichen Arbeiten bleibt noch zu lesen: sein Buch *Dichtung und Menschenkenntnis: Psychologische Streifzüge durch alte und neue Literatur.* Hätte ich mich streng an die chronologische Reihenfolge gehalten, hätte ich es vor seinen letzten Artikeln lesen müssen, denn es erschien 1926. Doch die 346 Seiten dieser dichten deutschen Prosa waren einschüchternd. Nachdem ich mich fast ein Jahr lang in Leben und Werk meines Großvaters vertieft habe, kann ich Davids Deutsch nun so fließend lesen, daß ich seinen Gedanken folgen, seinen Stil würdigen und mich über eine gelegentliche humorvolle Randbemerkung amüsieren kann. Sein Buch ist die letzte *terra incognita*, deren Erforschung eine aufregende Aussicht und zugleich eine gewaltige Aufgabe ist.

Ich besitze zwei Exemplare. Das eine stand bei uns zu Hause, als ich Kind war. Sein ramponierter Einband, lederfarbener Karton, ist schmucklos und trägt nur den Titel, den Namen des Autors und Namen und Logo des Verlegers. Innen hat mein Großvater seinen Namen und die Adresse eingetragen. Es gibt einige Bleistiftanmerkungen in seiner Handschrift. Dies ist sein Arbeitsexemplar, weshalb ich es gern benutzen würde, aber die Seiten lösen sich vom Rücken, und ich würde es beim Lesen weiter beschädigen. Das andere Exemplar, ein Hardcover mit ordentlicher Fadenbindung, gehörte meiner Tante. Vielleicht hat sie es binden lassen, damit es nicht auseinanderfiel. Das ist das Exemplar, das ich lese.

Das Buch beginnt mit einer lateinischen Widmung an Amalie, seine „teure Gattin“ und Partnerin bei der Forschung. Dann kommt eine Einleitung zu methodischen Fragen und schließlich der Hauptteil des Buches, fünf Studien zu literarischen Figuren: Achilles aus Homers *Ilias*, Dido aus Vergils *Äneis*, Shakespeares Othello, Gustav Aschenbach, die Hauptfigur in Thomas Manns *Tod in Venedig*, und der Mann aus Schönherrs Stück *Der Weibsteufel*. In jedem Fall weist David nach, wie die Figur in die Adlersche Psychologie paßt.

Im Mittelpunkt steht die 100 Seiten lange Studie zu *Othello*. Daß mein Großvater über eine profunde Kenntnis ganzer Bereiche der griechischen, lateinischen und deutschen Literatur verfügte, wußte ich bereits, hatte aber nicht mit dieser Tiefe und Breite seiner Shakespeare-Lektüre gerechnet. Er schöpft nicht nur aus den bekannten Stücken wie *Julius Cäsar*, *Richard III.*, *Der Kaufmann von Venedig* und *Maß für Maß*, sondern auch aus *Titus Andronicus*, *König Johann*, *Heinrich VI.* und *Heinrich VIII.* Seine Interpretation des *Othello* ist bemerkenswert, weil er es nicht als Stück über Eifersucht behandelt, sondern als eines über Rasse und – um einen zur Zeit modischen Begriff zu verwenden – „Anderssein". Othello ist ein Mohr, und Shakespeare bietet reichlich Beweise, daß er wegen seiner Rasse verachtet wird. Vielleicht überrascht es nicht, daß ein österreichischer Jude zu einer Zeit, als die wichtigen englischsprachigen Shakespeare-Kritiker das Problem der Rasse kaum beachteten, sensibel dafür war. Aber David bringt dieses Argument nicht einfach, um die Bedeutung der Rasse in dem Stück zu beleuchten. Vielmehr sieht er in Othellos Rasse den Grund für ein Minderwertigkeitsgefühl, das für seine Motivation und folglich seinen Sturz von zentraler Bedeutung ist. Darin ist Othello, wie David darlegt, nicht allein unter Shakespeares Figuren. Richard III. hat seine körperliche Häßlichkeit, Edmund in *König Lear* ist ein Bastard, und Shylock ist ein weiteres Opfer der rassischen Vorurteile der Venezianer. Aber während sowohl Shylock als auch Othello wegen ihrer Rasse beleidigt werden, hat Shylock wenigstens die Unterstützung der jüdischen Gemeinde. Othello ist ganz auf sich gestellt, und seine Lage ist deshalb hoffnungsloser. Er strebt nach Anerkennung durch die Venezianer, aber die Ehrungen, die ihm zuteil werden, sind unbefriedigend, weil Othello weiß, daß die Edelleute ihn nicht für das ehren, was er ist, sondern weil sie ihn für ihre Kriegführung brauchen. Nur die Liebe einer Frau kann ihm das Gefühl geben, daß er um seiner selbst willen akzeptiert wird. Deshalb braucht und liebt er Desdemona. Doch als alternder, stolzer schwarzer Soldat fürchtet er, von seiner schönen jungen weißen Frau beherrscht zu werden. Und diese Gefühle sind nicht ganz grundlos: Desdemona sagt zu Cassio, sie werde ihren Mann „zähmen“, und Othello verspricht ihr, daß er ihr nichts abschlagen werde. Da seine Prinzipien ihm nicht erlauben, sittliche Normen zu verletzen, indem er ihr untreu wird, kann er sich vor dieser Beherrschung nur retten, indem er glaubt, sie sei ihm untreu gewesen. David drückt es so aus: „Der Dämon, der ihn leitet, ist nicht Jago, sondern sein eigenes Ethos.“

Ich las *Othello* noch einmal. Mein Großvater hatte mich ein vertrautes Meisterwerk der englischen Literatur auf neue Weise sehen lassen, als ein Stück über die Wirkung einer rassistisch aufgeladenen Situation auf einen stolzen Mann. Ich frage mich, ob Davids Sicht wirklich neu ist oder mir wegen meiner beschränkten Kenntnis des Stücks nur so erscheint. In der Bibliothek finde ich das Werk A. C. Bradleys, des führenden englischen Shakespeare-Forschers zu der Zeit, als David schrieb. Bradley schreibt, daß „die Handlung und Katastrophe des *Othello* im wesentlichen auf Intrige beruhen“. Nirgendwo betrachtet er die Wirkung der rassistischen Bemerkungen, die die Venezianer in dem Stück machen, auf Othello. Selbst 25 Jahre nachdem David dieses Buch geschrieben hatte, fragt F. R. Leavis, damals die beherrschende Gestalt der englischen Literaturkritik, nicht, ob rassische Ächtung ein Faktor in der Formung von Othellos Charakter sein könnte. Ein weiteres Vierteljahrhundert mußte vergehen, bis Kritiker in den 1970ern allmählich den rassischen Problemen in dem Stück ihren angemessenen Platz einräumten. David war seiner Zeit voraus.

In einer Biographie Alfred Adlers von Phyllis Bottome stolpere ich über folgenden Abschnitt:

> Einer dieser gelehrten Freunde Adlers, Professor Oppenheim, veröffentlichte ein Buch, auf das er maßlos und vielleicht ungerechtfertigt stolz war. Prompt erschien in der Internationalen

Zeitschrift für Individualpsychologie eine Kritik abschätziger und ziemlich vernichtender Art. Sie wurde Manès Sperba* zugeschrieben, und Adler tat nichts, um dem Eindruck, den die Kritik machte, entgegenzuwirken. Er las das Buch nicht einmal. Niemand kennt den genauen Grund dieser Mißachtung, doch als der Autor Professor Furtmüller, der mit Adler und mit Professor Oppenheim verbunden war, fragte, warum Adler das große Werk seines Freundes *nicht* las, antwortete er: „Ich selbst gab mir große Mühe, dieses Buch zu lesen, stellte aber fest, daß ich es nicht konnte; es war unlesbar."

Obwohl Adler selten Zeit hatte, die Bücher seiner Freunde zu lesen, wenn sie nicht in der direkten Bahn seiner eigenen Arbeit lagen, war er in der Regel sehr an ihrem Erfolg interessiert. Das Buch dieses bestimmten Freundes *lag* in der Bahn von Adlers Arbeit, und der fragliche Freund war einer von Adlers ältesten und vertrautesten Freunden. Professor Oppenheim hatte daher Gründe, bitter enttäuscht zu sein. Das Ende dieser tiefen und treuen Freundschaft kam mit einem lauten Krach. Professor Oppenheim, ein sehr empfindsamer Mann, lief durch die Straßen Wiens, während Tränen über seine Wangen rannen, und erklärte den Freunden, die ihm über den Weg liefen, daß Adler grausam unfreundlich zu ihm gewesen sei und daß alles zwischen ihnen aus sei.

Ich bin bewegt von diesem lebendigen Bild meines Großvaters und betrübt über den Gedanken, daß sein Buch von denen, die er für seine engen Freunde und Mitarbeiter hielt, geringschätzig behandelt worden sein soll. Aber ich habe mehrere Besprechungen seines Buches gelesen und erinnere mich an keine, die zu Bottomes Bericht paßt. Die Kritik in der *Internationalen Zeitschrift für Individualpsychologie* – die offizielle Zeitschrift des Adlerschen Vereins – ist von Dr. Rudolf Pick-Seewart gezeichnet, einem bekannten Mitglied der Wiener Gruppe. Wie könnte sie dann Manès Sperber zugeschrieben werden? Und er empfiehlt das Buch

* Ein junger Schützling Adlers, der oft für Reibereien im Verein sorgte – die richtige Schreibung ist Sperber.

als eines, das mit „Gewinst“ von „jedem Individualpsychologen“ gelesen werden kann, und fügt hinzu, der Abschnitt über *Othello* „bringt uns den unheimlichen Feldherrn menschlich so nahe, wie vielleicht nur noch in Goethes Wilhelm Meister Hamlet uns nahegebracht wird“. Für David konnte es kein höheres Lob geben, als mit Goethe verglichen zu werden. Über welche Kritik könnte Bottome also reden?

Bottome kann auch nicht recht haben, wenn sie sagt, die Freundschaft zwischen David und Adler endete um die Zeit, als Davids Buch herauskam, nämlich 1926. Unter Davids Papieren sind mehrere Postkarten, die Adler ihm von seinen verschiedenen Reisen durch Amerika 1927, 1928 und 1929 schickte. Auf einigen ist die Rede von möglichen Verlegern für eine englische Übersetzung von Davids Buch. Und im Bücherregal meiner Mutter steht noch die einbändige Ausgabe von *The Complete Works of William Shakespeare* auf englisch, in der ich als Schüler las. Auf dem Vorsatzblatt trägt sie eine Inschrift: „Herrn Professor D. Oppenheim in unverbrüchlicher Verehrung als seinem herrlichsten Mitarbeiter in Drang und Not. Dr. Alfred Adler, New York, 26. März 1929.“ Also ist es unwahrscheinlich, daß Adler versäumte, das Buch meines Großvaters zu lesen, und einfach nicht möglich, daß irgend etwas um die Zeit seines Erscheinens einen irreparablen Bruch in ihrer Freundschaft verursachte. Ob etwas anderes in Zusammenhang mit Adler oder dem Buch ihn jemals veranlaßte, tränenüberströmt durch die Straßen Wiens zu laufen, weiß ich nicht.

Das Buch erzielte jedoch nicht den Erfolg, auf den David gehofft haben muß. Es gab noch einige weitere Besprechungen, aber anscheinend nicht in irgendeiner größeren Zeitung oder Zeitschrift. Im Juli 1927 schrieb mein Großvater an J. F. Bergmann und schlug weitere Bemühungen vor, um Besprechungen in Fachzeitschriften zu bekommen. Er ermunterte ihn auch, den Ladenpreis des Buches zu senken, damit mehr an der Individualpsychologie Interessierte es sich leisten könnten. Vielleicht hätte die Studie über Othello mehr Wirkung gehabt, wenn das Buch, wie Adler vorschlug, auf englisch veröffentlicht worden wäre, aber dazu kam es nicht.

Dichtung und Menschenkenntnis versucht nachzuweisen, daß Menschen von Minderwertigkeitsgefühlen getrieben werden, Anerkennung und Erfolg anzustreben, und daß dies ein wichtiges Thema in einigen literarischen Hauptwerken der abendländischen Tradition gewesen ist, von Homer bis in die Moderne. Mein Großvater möchte, wie er in der Einleitung sagt, die Breite und Mannigfaltigkeit des menschlichen Charakters verstehen. Es ist ihm nur gelungen, einen Teil dieser Breite und Mannigfaltigkeit zu zeigen. Auch wurde die Methode, für die David eintrat, nicht weithin als der beste Weg, dieses Verständnis zu erreichen, akzeptiert. Aus der Evolutionsperspektive, die ich vorziehe, ist leicht zu ersehen, daß sowohl Freud als auch Adler etwas Wichtigem über das Wesen des Menschen auf der Spur waren, beiden aber der größere Zusammenhang entging. Sex und der Kampf, Minderwertigkeit zu überwinden, sind zwei Seiten des gleichen Phänomens. Diejenigen unter unseren Vorfahren, die nicht an Sex interessiert waren, hinterließen mit geringerer Wahrscheinlichkeit Nachkommen in zukünftigen Generationen. Daher liegt der Geschlechtstrieb in der Tat vielen unserer Handlungen zugrunde, bewußt oder unbewußt. Aber für den größten Teil unserer Entwicklungsgeschichte hat der gesellschaftliche Rang, besonders für Männer, in starker Wechselbeziehung mit dem Zugang zu Sexualpartnern und mit den Chancen, daß die Nachkommen das Erwachsenenalter erreichen, gestanden. Folglich erklärt ein evolutionäres Verständnis des menschlichen Verhaltens, warum sowohl die Sexualität als auch der Trieb, Minderwertigkeit zu überwinden, so wichtig für uns sind.

21

Unabhängigkeit

Gegen Ende der 1920er Jahre gab es bedenkliche Anzeichen, daß die Adlerianer wie 20 Jahre zuvor die Freudianer intolerant gegenüber unabhängigem Denken wurden. Mehrere prominente Mitglieder zogen sich zurück, unter ihnen Rudolf Allers, der wie David stellvertretender Vorsitzender des Vereins war, und Viktor Frankl, der nach dem Krieg seine eigene Schule der Psychologie unter dem Etikett „Logotherapie" entwickelte. Später drängte Adler seinen ehemaligen Schützling Manès Sperber aus dem Verein. Erwin Ringel, ein Schüler Davids am Gymnasium, der auch nach der Schulzeit ein Freund blieb und später ein führendes Mitglied des Vereins für Individualpsychologie wurde, sagte:

> Oppenheim war ein enorm toleranter Mensch. Er war die Verkörperung der Toleranz. Ich will nicht verbergen, daß dies seinem Verhältnis zu Adler in den letzten Jahren der 20er und zu Beginn der 30er schadete. Adlers Konflikt mit Allers und besonders Adlers Konflikt mit Manès Sperber berührten ihn tief, und – sagen wir so – Adlers brüske Vorgehensweise entfremdete und bedrückte ihn irgendwie.

Falls sich David 1911 entschlossen hatte, vor allem wegen Freuds Verhalten gegenüber Adler für diesen Partei zu ergreifen, dürfte ihm die Wiederholung dieser Ereignisse, nur mit Adler in der Rolle Freuds, äußerst unangenehm gewesen sein. Am 3. Februar 1930 hielt David auf einer Sondersitzung anläßlich des 60. Geburtstags Alfred Adlers einen Vortrag mit dem Titel „Ziel und Weg der Menschenkenntnis". Davids Rede beginnt herausfordernd, wenn man bedenkt, daß es eine Feier für Adler war, denn er weist auf die Gefahr des Personenkults hin. Und jeder, der liest, was Adlers Anhänger über ihn sagten, kann tatsächlich sehen, daß es eine sehr reale Gefahr war, denn die ständige Bewunderung für alles, was Adler tat oder sagte, widert einen schnell an. Daß David sich vor der schmeichlerischen Art hütete, mit der Adlers Anhänger ihn behandelten, ist der erste Hinweis darauf, warum er begonnen haben könnte, sich von den Adlerianern zu lösen. Dennoch sagt David, daß die Feier eines 60. Geburtstags ein besonderer Anlaß ist und wir Adler zu Recht preisen, solange wir es aufgrund seiner Leistungen tun. Dann wird er selbst überschwenglich in seinem Lob, indem er Worte Senecas auf Adler anwendet und sagt, daß er „der Entdecker der Seele, der Erschließer der Herzen, der Lehrer des Menschengeschlechts" sei. Nachdem er die Bedeutung dieser Begriffe untersucht hat, fragt David abschließend, wie jemand wie er selbst zu der Aufgabe beitragen kann, eine „Kulturmenschheit" zu schaffen. Er findet seine Antwort in der Idee, daß es trotz der Bedeutung der Minderwertigkeitsgefühle, die Adler nachgewiesen hat, eine prinzipielle Gleichheit in allen Menschen gibt, die darin besteht, daß jedes Individuum sich „nach eigenem Plan gestalten" kann. Wenn wir die Verantwortung übernehmen für das Wesen, das wir sind, „dann schwindet aber das lastende Gefühl, weniger zu sein, zu können, zu gelten als die anderen, und zugleich erwächst ein froher Eifer, nur als Mitarbeiter am allgemeinen Werk seine Ebenbürtigkeit zu bewähren".

Dies kann man als Philosophie und als Autobiographie deuten. Als Philosophie drückt es Davids ideale Gesellschaft aus: eine Gesellschaft freier, verantwortungsbewußter Individuen, die zusammenarbeiten, um eine menschliche Kultur zu errichten. Eine solche Kultur würde die spaltenden Ideen der Nation, Rasse und Klasse überwinden, die zu dieser Zeit in Europa stärker in den Vordergrund traten. Obwohl David den Triumph des Faschismus in Italien und die wachsende Popularität der NSDAP in Deutschland nicht ausdrücklich ansprach, dürften seine Anspielungen auf eine „Kulturmenschheit" für sein Publikum ein sehr klarer Hinweis auf seine Opposition gegen diese nationalistischen Tendenzen und seine Sorge darüber gewesen sein. Daß dieser Abschnitt auch autobiographisch ist, geht aus der Parallele hervor zwischen Davids Bericht von dem „lastenden Gefühl, weniger zu sein, zu können, zu gelten als die anderen" und den Berichten über seine ständigen Gefühle der Unzulänglichkeit, die er ein Vierteljahrhundert früher an Amalie geschrieben hatte. Auf diese Art gelesen, verrät uns der Abschnitt, daß David selbst gelernt hat, Verantwortung für sein eigenes Leben zu übernehmen, und jetzt glaubt, den Weg zum Abschütteln seiner Minderwertigkeitsgefühle gefunden zu haben.

Ein anderer Aufsatz, der im selben Jahr als Beitrag zu einer Adler gewidmeten Festschrift geschrieben wurde, verrät mehr darüber, wie David sich vorstellte, sein Schicksal selbst in die Hand zu nehmen. Unter dem Titel „Selbsterziehung und Fremderziehung nach Seneca" legt David die Ansichten des römischen Philosophen darüber dar, ob wahre Erziehung von einem anderen Menschen kommt, einem Lehrer, oder ob es etwas ist, das man sich selbst erarbeiten muß. Der Subtext zeigt jedoch, daß David sich hier Klarheit über seine Beziehung zu Adler verschafft. Von Seneca lernen wir: „Geleitet werden muß der Mensch, bis er anfängt, sich selber leiten zu können." David ist sich bewußt, daß er sich jetzt selbst leiten kann; in einer anderen auf sich bezogenen Bemerkung schreibt er, daß jeder, der eine rechte Lebensführung anstrebt, „zunächst der Freiheit des tändelnden Lebensstümpers entsagen" muß. Dieser Verzicht, sagt David, ist „ein grundlegender Akt der Selbsterziehung, zumal wenn er nach langen, schmerzlichen Irrungen und Wirrungen aus klarer Einsicht in die eigene Unzulänglichkeit hervorgeht". Hier stellt sich mein Großvater, der auf die Fünfzig zugeht, nach 20 Jahren enger Verbindung mit dem Mann, der die Theorie des Minderwertigkeitskomplexes entwickelt hat, noch immer seinen eigenen Gefühlen der Unzulänglichkeit. Aber was sind die Irrungen und Wirrungen, auf die er hinweist? Die Antwort wird klar, als David die verschiedenen Arten der Beziehung erörtert, die ein Schüler zu einem Lehrer haben kann. Auf der einen Seite kann sich seine Beziehung zum Lehrer „der Eidespflicht nähern, die den Soldaten oder Gladiator zwingt, jedem Wort seines Vorgesetzten unverbrüchliche Gültigkeit beizumessen, sie kann auch Bindung an eine Sekte oder Partei bedeuten, die mit ihrem Oberhaupt durch dick und dünn geht". Das ist der falsche Weg; aber es gibt einen anderen, der „Denkfreiheit und Kritik" einbezieht. Sobald unser Charakter richtig geformt ist, können wir diesen zweiten Weg wählen: Wo wir zuvor handelten, um unserem Lehrer zu gefallen, werden wir in Zukunft aus Achtung vor unserem eigenen Charakter handeln.

Dieser Aufsatz ist Davids Unabhängigkeitserklärung, seine Art auszudrücken, daß er für sich selbst denken kann und Adlers Worte nicht als unantastbare Wahrheit nehmen wird. Er tut dies nicht in bitterem oder feindseligem Ton, sondern in einer Weise, die den entscheidenden Einfluß unterstreicht, den Adler auf ihn gehabt hat, und seinen Dank an Adler ausdrückt, der ihm geholfen hat, nach so langen Kämpfen diese schwer errungene Unabhängigkeit zu erreichen. Der Aufsatz ist dennoch eine kaum verschleierte Rüge der Anhänger Adlers für ihre Umwandlung des Vereins für Individualpsychologie in einen Kult – und auch eine Rüge Adlers selbst, insofern Adler dies zugelassen oder gefördert hat. Daß David diese Rüge mit einem Rückgriff auf Seneca ausdrückte, gibt ihr eine heikle Note, denn Adler hatte Senecas Worte als Motto seines wichtigsten Buches, *Über den nervösen Charakter*, verwendet.

Auf eine solche Unabhängigkeitserklärung sollte eine neue Reihe frischer, unabhängiger Schriften folgen. Statt dessen herrscht Schweigen. David fand seine Unabhängigkeit, nicht aber seinen Weg als unabhängiger Gelehrter. Der Aufsatz über Seneca ist seine letzte veröffentlichte Arbeit. Die Gründe dafür sind unklar. Vielleicht hatte er kein Ventil für seine Arbeit, da sie nun nicht mehr für die Zeitschrift des Vereins für Individualpsychologie geeignet war, oder er glaubte möglicherweise, daß er besser zur Schaffung einer Gesellschaft freier Persönlichkeiten beitragen könne, indem er sich intensiver auf die Erziehung seiner eigenen Schüler konzentrierte.

22

Lehrer der Menschlichkeit

Aus Davids Aufsatz über Seneca erfahren wir, daß sein Ideal eines guten Lehrers nicht „dieser, der ganz versunken in trockene Kathederweisheit, die ihn und seinen Anhang vom tätigen Leben absperrt“ war, sondern „jener, der ganz Sorge um den sittlichen Fortschritt seiner Schüler, denen sein persönliches Beispiel noch wirksamer dient als sein Wort“. Hier fand ich die vollständigere Aussage zu dem Punkt, der mir 15 Jahre früher aufgefallen war, als ich den Aufsatz meiner Tante über meinen Großvater las. Die Vorstellung meines Großvaters, daß das, was man lehrt, nicht von der Art und Weise, wie man lebt, getrennt werden kann, ist auch meine eigene – allerdings hatte ich sie schon vertreten, lange bevor ich irgend etwas über meinen Großvater oder von ihm gelesen hatte. Aber ich übernahm sie auch nicht indirekt von ihm, durch meine Mutter, denn ich kam erst zu dieser Ansicht, als ich weit weg von zu Hause war, an der Universität Oxford, wo ich in Philosophie promovierte. Dort fand ich mich nicht mehr in der Lage, die völlige Mißachtung der Interessen von Tieren, die ihrem Erscheinen auf unseren Tellern zu den Mahlzeiten vorausgehen, zu rechtfertigen. Damals kam mir in den Sinn, daß ich nicht nur über die Ethik unseres Umgangs mit Tieren denken und schreiben sollte, sondern auch meine Eßgewohnheiten ändern mußte, wenn ich mein Leben damit verbringen wollte, Ethik zu studieren und zu lehren. Danach wandte ich das gleiche Prinzip auf andere Kernfragen an, z. B. die ethischen Verpflichtungen derer, die im Überfluß leben, gegenüber Menschen anderswo auf der Welt, die von Hunger oder Tod infolge armutsbedingter Krankheiten bedroht sind. Anscheinend gelangten mein Großvater und ich unabhängig voneinander zu einer ähnlichen Sicht des Zusammenhangs zwischen Ethik und der eigenen Lebensweise und auch zwischen Lehren als Vermittlung akademischen Wissens und Lehren als Einwirkung auf die Lebensweise seiner Schüler.

Wie war David als Lehrer? Erwin Ringel erinnerte sich:

> Wir haben am Akademischen Gymnasium eine Reihe grandioser Professoren gehabt, und von all denen der großartigste war vielleicht Ernst David Oppenheim. Er war ein Humanist intensivster Art. Er war ein Mensch, der uns Griechisch gelehrt hat, von 1934 bis 1938, und der uns mit dem Griechischen nicht nur die Vokabeln usw. beigebracht hat, sondern die Menschheitsideale der Griechen. *Kalos kagathos*, schön und gut. Und dieser ... ist für mich das Ideal eines Lehrers, auch für die Zukunft, daß er nicht nur seinen Gegenstand unterrichtet, sondern daß er die Humanität unterrichtet, die eigentlich in jedem Gegenstand ... enthalten ist.

In seinem Buch *Die österreichische Seele* fügt Ringel ein weiteres wichtiges Detail hinzu: Von den zwölf Schülern, die in seiner Klasse noch übrigblieben, nachdem die jüdischen Schüler ausgeschlossen worden waren, wurden fünf später von der Gestapo verhaftet. Dies sieht er als Beweis für den Einfluß ihrer Lehrer, unter ihnen Oppenheim, „die uns mit Klarheit und Festigkeit über die Unmenschlichkeit der Nazis informierten". Wenn Ringel recht hat, wirkte sich Davids Unterricht tatsächlich auf die Lebenseinstellung zumindest einiger seiner Schüler aus, als sie auf eine so harte Probe gestellt wurden, wie wir sie unseren Schülern niemals wünschen oder für sie erwarten würden.

Unter den Schülern, die später die Aufmerksamkeit der Gestapo auf sich zogen, war Friedrich Heer, der ein einflußreicher Schriftsteller und Kritiker im Nachkriegsösterreich wurde. Im August 1938, nachdem die Nazis die Macht in Österreich übernommen hatten und die jüdischen Lehrer der Schule entlassen worden waren, schrieb Heer an David:

> Ich überblicke jetzt doch schon einen größeren Teil meines Bildungsweges. Und ich kann ganz schlicht nur eines sagen: ich habe nirgends, am allerwenigsten auf der Universität, einen Lehrer wie Sie gefunden ... Sie waren Ihr ganzes Leben hindurch Lehrer. Ich glaube, ein wahrhaft besessener Lehrer. Besessen vom Triebe, Ungeformtes, Keimendes, zu formen und zu gestalten, aus dem

> Chaos Form zu schaffen, aus verworrenen Nebeln lichte Klarheit zu zeugen – mitzuzeugen mit den Schülern ...
> Vielleicht haben Sie sich (ich glaube es fest) oft die bange Frage vorgelegt, ob etwas von Ihrem Geist wirklich formend und zeugend eindringen wird in die oft verworrenen und stürmischen Gedanken junger Burschen. Vielleicht hat sich Ihnen diese Frage besonders dringlich gestellt in diesen Tagen, wo die alte humanitas scheinbar so ganz jede Formkraft über die Menschen verloren zu haben scheint. Ich habe oft an Sie gedacht in diesen Tagen. Und ich weiß heute ganz fest eines: daß ich, solange ich lebe, Zeugnis ablegen werde für Sie, meinen größten Lehrer, und für die Welt, in der Sie leben.

Das waren mutige Worte, wenn man bedenkt, daß sie unter der Naziherrschaft an einen von den Nazis entlassenen jüdischen Lehrer geschrieben wurden, aber Heer hielt, was er versprach. Er nahm an der einzigen bedeutenden öffentlichen Demonstration in Österreich gegen die Naziherrschaft teil. Deshalb wurde er von der Gestapo verhaftet, kam aber bald wieder frei. Nach dem Krieg schrieb der Katholik Heer ein Buch, das den katholischen Antisemitismus bloßstellte. Sein Nachkriegsaufsatz „Österreichisches Genie und Judentum" beginnt mit einer Widmung an Oppenheim, in der Heer kurz Leben und Tod seines Lehrers skizziert und dann schlicht erklärt: „Er lehrte mich Menschlichkeit."

Nicht alle Schüler Davids waren jedoch von seinem Unterricht begeistert. Peter Schramke, der mit Heer in einer Klasse war, berichtet, daß er manchmal Unterrichtsstunden gab, bei denen er sich in Reiche des Denkens entführen ließ, in die ihm die meisten Schüler nicht folgen konnten. Manche Schüler in der Klasse fingen dann an, sich flegelhaft zu benehmen. Plötzlich kam David wieder auf die Erde zurück, sah, was los war, und zeigte „flammenden Zorn". Walter Friedmann, ein anderer Schüler im letzten Jahr meines Großvaters, erinnert sich ebenfalls an Wutausbrüche, die der ganzen Klasse peinlich waren, da sie von einem normalerweise sanften Mann kamen. Einmal z. B. war ein Schüler schlecht auf den Unterricht vorbereitet: „Er schrie ihn an und sagte ihm, er sollte auf eine Handelsschule gehen und nicht seine Zeit am Akademischen Gymnasium vergeuden.“

David war bekannt für seine Abneigung, seine Schüler durchfallen zu lassen. Er führte eine neue Note ein, „noch genügend“, damit Schüler durchkamen, die vielleicht kein „genügend“ geschafft hätten. Fritz Schopf, den David in den frühen 1920ern in Latein unterrichtete, sagte: „Gerechtigkeit war ja eine seiner hervorstechendsten Eigenschaften, und auf die konnte man sich stets, ob in der notenmäßigen oder der allgemein menschlichen Beurteilung, absolut verlassen.“ Andererseits erwartete David viel von seinen Schülern. Wenn sie einen Text nicht ordentlich übersetzen konnten, wurde er ungehalten, weil er darin mangelnden Respekt vor den Alten entdeckte. Beim Übersetzen suchte er immer nach dem genau richtigen Wort. Schopf erinnerte sich an so einen Vorfall:

> Er führte da etwas Wichtiges ein, indem er mitten im Satz stoppte und wie ein Verdurstender mit ausgebreiteten Armen nach den Worten rang, die ihm sein Publikum laut zurufen sollte, als ob er es nötig hätte, daß ihm aus der Patsche geholfen werde … Ich erinnere mich z. B., wie einmal einer das an sich richtige Wort „Pferde“ ihm darbot, besser vorwarf, er laut und empört nur erwiderte: „Pferde, Pferde! – *Rosse* muß es da heißen!“

Bei all seinen hochgesteckten Erwartungen jedoch, berichtet Schopf, wußten die Schüler die Tatsache sehr zu schätzen, daß David einer der Lehrer war, „mit denen wir jederzeit über unsere Anliegen und Sorgen offen reden konnten“.

In Schopfs Beschreibung sah David wie ein alttestamentarischer Gelehrter aus: „Er wies auch einen schönen längeren Bart auf und hatte gewellte Haare, leicht meliert, die meist ziemlich wild wie in Bewegung waren.“ Er hatte eine kräftige sonore Stimme. Manche hielten seine Vortragsart für „übertrieben theatralisch“, aber Schopf meinte, daß er damit erreichte, die Schüler mitzureißen. Das lebendigste Porträt Davids als Lehrer stammt allerdings aus der Maturazeitung des Abschlußjahrgangs 1937. Es ist in der Form eines Gedichts im antiken Versmaß, und es sollte zwar nicht allzu ernst genommen werden, ist aber insofern einzigartig, als es nicht, wie möglicherweise die Nachkriegskommentare, vom Wissen um Davids Schicksal gefärbt ist:

Wacker nenn' ich den Mann, der viel Schüler lateinisch gelehret,
Heulend und spuckend zugleich in schier unsäglicher Mühe.
Ihn zu besingen verleihe die Kraft mir, o Muse…
Deuchet ein Satz ihm falsch, den ein Schüler ihm übersetzte,
Jammert er leis vor sich hin mit furchtbarem Blicke zum Himmel.
Bald jedoch hebt sich die Stimme im Busen des alten Schulmanns
Und das Donnerwort flieht von den bärtigen Lippen:
„Glänzend zeigt sich hoit wieder, wie nichtig Ihr Können.
Sehr auf dem Holzweg befinden Sie sich die Annahme hegend
Bei mir durchzuwischen mit solch verruchter Unkenntnis.
Das soll ein biederer Landsmann verstehen! Wuoch! Nicht auszudenken!"

Das Gedicht beschreibt im weiteren Davids allgemeine Erscheinung: seinen Ziegenbart, seinen „grau-weißen, streiflichten Kragen", seine Krawatte, „zusammengedreht wie der Strick, den der Henker verwendet" und einen offenen Knopf an der Hose. Es schließt mit diesem Bild meines Großvaters, wie er am Ende des Schultages geht:

Ach und er gleichet fürwahr einem Lüderjahn, der abgehaust ist!
Auf Gedeih und Verderb ist mit ihm verbunden sein Mantel
Und sein einst grauer Schal, den er gerne vergisset.
Mit dem Hute bewehrt und seiner Tasche bewaffnet
Ruft er schlechthinnig „Grüß Gott" und entschwebt durch die offene Türe.

Im Dezember 1998 ging ich durch den Eingang des Akademischen Gymnasiums, eines neugotischen Gebäudes aus dem 19. Jahrhundert, und dachte daran, daß mein Großvater zwischen 1909 und 1938 Tausende Male durch diese Tür gegangen sein muß. Ich kam in eine schöne gewölbte Halle mit Säulen und einer antiken Statue. Eine breite Treppe führte mich in den ersten Stock, wo sich das Lehrerzimmer und das Büro des Direktors befanden. Ich hatte an den Direktor, Harald Feix, geschrieben und ihm mitgeteilt, daß ich an einem Buch über meinen Großvater arbeitete und gern die Schule sehen möchte, an der er so viele Jahre unterrichtet hatte. Das Gebäude hat den Krieg überstanden – und den Verschleiß weiterer 50 Jahre der Nutzung als Schule – und befand sich in bemerkenswert gutem Zustand. Feix empfing mich herzlich und stellte mich seiner Kollegin Hedi Weindl vor, die ein Schulprogramm zum Gedenken an den 60. Jahrestag der Entlassung der jüdischen Lehrer und den Hinauswurf aller jüdischen Schüler, 43 Prozent der gesamten Schülerschaft, geleitet hatte. Sie zeigten mir eine Reihe großer, blau gebundener Klassenbücher, die handschriftliche Listen mit den Namen der Lehrer und Schüler jeder Klasse Jahr für Jahr enthielten. Ich blätterte einige Jahre in den 1930ern durch und achtete auf die Klassen, die David unterrichtet hatte – in der Regel eine in Griechisch und eine in Latein. Die Akten der Klassen, die er unterrichtete, trugen seine vertraute Unterschrift. Ich bemerkte, daß er nicht den gleichen Jahrgang in aufeinanderfolgenden Jahren unterrichtete, sondern, sagen wir, Griechisch in der 1A 1931, in der 2A 1932 und in der 3A 1933 usw. Bedeutete das, fragte ich, daß er dieselben Schüler im selben Fach über mehrere Jahre hatte? Ja, erfuhr ich, das war – und ist weitgehend noch – die normale Praxis in österreichischen Schulen. In guten wie in schlechten Tagen sind die Schüler und die Lehrer miteinander verbunden, solange sie das Fach haben. Nun verstand ich besser, warum mein Großvater so großen Einfluß auf manche Schüler haben konnte. Jahr für Jahr zusammen, dürften sie einander viel besser kennengelernt haben, als ich meine Lehrer in der Oberschule kennenlernte, von denen die meisten mich nur ein oder zwei Jahre unterrichteten.

Bevor ich ging, fragte mich der Direktor, ob ich bei einem anderen Besuch in Wien bereit wäre, vor den Schülern über meine ethischen Ansichten zu Tieren und Bioethik zu sprechen. Ich war überrascht – ich hatte meine akademische Arbeit nie erwähnt und wußte nicht, daß sie ihm bekannt war. Im Oktober 2002 kam ich wieder ins Akademische Gymnasium. Dort, im neugotischen Festsaal der Schule, wo David vermutlich seine Rede zum fünften Jahrestag der Republik Österreich gehalten hatte, sprach ich vor einem Publikum aus 60 Maturanten. Zunächst sprach ich über meinen Großvater, seine Werte und sein Schicksal. Dann kam ich auf meine eigene Arbeit in der Ethik. Danach stellten die Schüler Fragen, und es entwickelte sich eine lebhafte Diskussion. In den dunklen Jahren zwischen Davids Entlassung von der Schule und seinem Tod hätte es ihn getröstet, wenn er hätte wissen können, daß sein Enkel eines Tages die Möglichkeit zu diesem freien, offenen Gespräch in seiner alten Schule haben würde.

23

Der weltliche Jude

Wenn man bedenkt, daß David der Nachkomme unzähliger Rabbiner war, der Sohn des Sekretärs einer jüdischen Gemeinde und Ehemann der Tochter eines Rabbiners, scheint das Judentum für ihn bemerkenswert geringe Bedeutung gehabt zu haben – bis Hitler es zur Crux der letzten vier Lebensjahre machte. Seine Briefe an Amalie sind voller Griechisch und Latein, aber ohne Hebräisch. Sein Deutsch zeigt keine Spur eines jiddischen Einflusses. (Jiddisch wurde in seiner Zeit von Juden in Mähren nicht gesprochen.) Alle, die ihn kannten, sind sich darin einig, daß er entweder Agnostiker oder Atheist war. Der eindeutigste Hinweis auf Davids Einstellung zu seinem Judentum ist seine Weigerung, einen eigenen Sohn beschneiden zu lassen, eine Entscheidung, die das Zeichen des Bundes des jüdischen Volkes mit Gott verwirft.

Davids universalistische Werte veranlaßten ihn, alle zu bekämpfen, die nationale oder ethnische Identität betonten. Sein Lösungsvorschlag zur Bekämpfung des Antisemitismus umfaßte nicht nur größere Toleranz, sondern auch Assimilation in eine breitere Gemeinschaft, damit Jude zu sein an Bedeutung verlöre. Daher wankte er nie in seiner Gegnerschaft gegen den Zionismus. Doris erinnert sich, daß zionistische Gruppen, als sie 13 oder 14 war, also um die Zeit, als die Nazis in Deutschland an die Macht kamen, in ihrem Viertel populär waren. Sie trafen sich in den Wohnungen ihrer Mitglieder:

> Ich war ein ziemlich einsames Kind, und das Singen und Tanzen, das ich hörte, wenn ich an ihren Wohnungen vorbeikam, sprach mich emotional und sozial stark an; doch mein Vater war ein eifriger Sozialdemokrat, und obwohl ich in einer sehr liberalen Atmosphäre aufwuchs, wo wenige Dinge ausdrücklich verboten waren, hegte er so starke Gefühle gegen „nationale“ und für „in-

ternationale" Gruppen, daß mein Mitmachen ein Akt des Trotzes gewesen wäre.

David schrieb sehr wenig über Judentum. Zu Anfang seiner wissenschaftlichen Karriere, 1908, besprach er ein Buch mit dem Titel *Der Antisemitismus des Altertums in seiner Entstehung und Entwicklung*. Er legt zunächst dar, daß der moderne Antisemitismus den Juden gleiche Rechte verweigert, weil er die Juden als rassisch minderwertig betrachtet, der Haß auf Juden in Griechenland und Rom dagegen aus der Unvereinbarkeit der spezifisch jüdischen, religiös-national organisierten Kultur mit dem System der öffentlichen Ordnung in den griechischen und römischen Staaten erwuchs. Diese wichtige Unterscheidung, meint David, erklärt das zu besprechende Buch nicht. Das ist wichtig, denn wo Juden bereit waren, in der griechischen und römischen öffentlichen Ordnung aufzugehen, wurden sie als gleichwertig akzeptiert. David hätte nicht daran gezweifelt, daß der Standpunkt der antiken Welt weniger anstößig war als die rassistische Form des Antisemitismus, die als politische Kraft in Europa erst im späten 19. Jahrhundert aufkam. David selbst hatte keine Bedenken, gegenüber seiner Gemeinschaft loyal zu sein. Aber für die neuen rassistischen Antisemiten würde er immer ein Jude bleiben; da spielte es keine Rolle, welche Risiken er auf sich genommen und welche Verwundungen er bei der Verteidigung seines Landes im Ersten Weltkrieg erlitten hatte, wie stark seine Unterstützung für die junge österreichische Republik gewesen war, was für ein reines Deutsch er sprach oder wie gut er die Werke Goethes und Schillers kannte und wie sehr er sie liebte, wie weit er sich von Wiens jüdischer Gemeinde distanzierte oder daß er nicht an die jüdische Religion glaubte oder sie praktizierte.

Das einzige andere Stück, das David über die Religion seiner Vorfahren schrieb, wäre vermutlich nie geschrieben worden, hätte sich nicht im Oktober 1925 ein Dr. Josef Heymann an Alfred Adler gewandt und seiner Behauptung in *Über den nervösen Charakter* widersprochen, daß manche jüdischen religiösen Bräuche Frauen auf abscheuliche Art und Weise abwerten. „In Wirklichkeit", schrieb Dr. Heymann, „ist keine Spur einer solchen Abwertung im jüdischen Gesetz zu finden." Dr. Heymanns Brief fand sich unter den Papieren meines Großvaters mit einer Antwort von David, die mit einer Erklärung beginnt, daß Adler zu beschäftigt sei, um eine längere Antwort zu geben, und ihn deshalb gebeten habe, dies zu tun. Zunächst versichert David Dr. Heymann, daß die Individualpsychologie die Menschen zu einer engeren Gemeinschaft führen und keine religiösen Empfindlichkeiten reizen möchte. Dennoch, fährt er fort, darf sie nicht schweigen, „wo sie auf dem Weg zur Gemeinschaft Hindernisse beobachtet". Daher „verlangt sie unbeirrbar die restlose Beseitigung jener Vorherrschaft des Mannes, die in den Grundlagen unserer Kultur verankert ist". Diese männliche Vorherrschaft hat zwei Wurzeln, sagt David, eine im griechisch-römischen Altertum und die andere in der jüdisch-christlichen Religion. Dann führt er einige Punkte an, wie das Judentum die Vorherrschaft des Mannes unterstützt, angefangen bei der Genesis, wo Gott männlich ist, den Menschen nach seinem Ebenbild und die Frau aus dem Mann und für den Mann erschafft. Dann schädigt die Frau unheilbar den Mann, indem sie ihn zur Sünde verlockt, und zur Strafe stellt Gott sie unter die Herrschaft des Mannes. Diese Regel gilt heute noch. Eine jüdische Frau kann sich nicht einmal durch Scheidung der Herrschaft ihres Mannes entziehen, weil nur der Mann eine Scheidung beschließen kann. Eine Witwe muß den Bruder ihres verstorbenen Mannes um Erlaubnis zu einer Wiederverheiratung ersuchen. Die Geburt eines Sohnes wird mit größerer Freude begrüßt als die Geburt eines Mädchens. Nur ein Knabe wird in der Thora unterwiesen, und deshalb obliegt es nur ihm, sich in der Reifezeit zum Gesetz zu bekennen. Die zehn Menschen, die für den Gemeindegottesdienst gebraucht werden, sind alle Männer – denn „Frauen zählen da so wenig mit wie unmündige Kinder". Dann weist David auf „die Angst vor der verführerischen Kraft des Weibes" hin, die aus den jüdischen Lehren spricht. Diese ist so groß, sagt er, daß eine jüdische Frau beim Eintritt in die Ehe die Haare abschneiden muß, während besonders fromme Männer nicht einmal die Hand einer Frau berühren, die nicht ihre Ehefrau ist. Um den Streit für sich zu entscheiden, erinnert David Dr. Heymann an das Gebet, das jeder jüdische Mann am Morgen sprechen sollte, in dem er seinem Schöpfer dankt, daß er ihn nicht zum Heiden, Knecht oder Weib geschaffen hat. Abschließend sagt David, das Ziel sei, den Frauen ihr Recht zu geben, aber „auch unsere Zeit ist noch sehr weit von diesem Ziel und wird es wohl lange bleiben, wenn wir nicht alle, statt um unsere größere oder geringere Schuld zu streiten, jeder für sich rufen: ‚Ich habe gesündigt' und alles tun, um uns und andere zu bessern".

Hitler sorgte dafür, daß für manche Juden, die vor 1945 in Europa lebten, der Zionismus eine lebensrettende Entscheidung war. Haben sich damit die universalistischen Werte meines Großvaters als falsch oder naiv utopisch erwiesen? Ich glaube nicht. Die Nachkriegserfahrung Australiens, der Vereinigten Staaten und der Länder, die heute die Europäische Union bilden, ermöglichen es noch, wie mein Großvater auf eine Zukunft zu hoffen, in der Unterschiede der Rasse nicht mehr zu Haß auf andere führen und in der Nationalismus jeder Ausprägung eine schwindende Kraft im politischen Leben wird. Zugegeben, die Zuversicht, mit der man sich an dieser Hoffnung festhalten kann, nimmt mit jedem Aufflammen ethnischen Hasses ab, z. B. in Bosnien und im Kosovo, und wächst, wenn sich gemäßigtere Ansichten behaupten. In jüngerer Zeit – ich schreibe dies im Frühjahr 2002 – zeigen anhaltende Selbstmordattentate arabischer Terroristen, daß der Zionismus zwar einige Juden vor Hitler gerettet, aber ihren Kindern keinen Frieden und keine Sicherheit gebracht hat, und wir alle haben im Fernsehen den Preis gesehen, den er Palästinensern auferlegt hat, auch vielen, die nichts mit Terrorismus zu tun haben. Mein Großvater hätte vielleicht gedacht, daß sich seine Opposition gegen den Zionismus auf tragische Weise schließlich doch als richtig erwiesen hat.

24

Gleichheit der Geschlechter

Meine Großeltern suchten eine gleichberechtigte Beziehung, in der sie „auch in der Vereinigung selbständige Persönlichkeiten bleiben“ wollten. Doris glaubt, daß sie das erreichten: „Die Ehe meiner Eltern war wahrscheinlich die beste, der ich je begegnet bin ... Sie ließ die moderne Ehe ahnen, die auf Teilen und Achten der Überzeugungen des anderen, auf einer geistigen Partnerschaft gebaut war.“ Doch ganz gleich, wie sehr sie versucht haben mögen, völlig gleichberechtigte Partner zu sein, durchbrachen David und Amalie nicht das Muster, in dem die Karriere des Mannes Vorrang hat vor jener der Frau. Davids Lehrerberuf bestimmte, wann das Paar von Wien nach Nikolsburg ging und wann es nach Wien zurückkehrte. In jener Zeit, die mit Koras Geburt zusammenfiel, scheint Amalie nicht gearbeitet zu haben. Allerdings könnte sie Privatunterricht gegeben haben. Irgendwann nach 1918 wurde sie Sekretärin – d.h. Geschäftsführerin – des Verbands österreichischer Banken und Bankiers. Das war eine verantwortungsvolle Stelle, die verwaltungstechnisches Können forderte. Sie arbeitete Teilzeit und teilte die Stelle mit einem Mann, was ungewöhnlich war für die Zeit. Sie zeigte ihre Unabhängigkeit, indem sie es ablehnte, sich mit „Frau Professor Oppenheim“ anreden zu lassen, wie es für eine Frau, die mit „Herrn Professor Oppenheim“ verheiratet war, normal gewesen wäre. Statt dessen verwendete sie „Frau Dr. Oppenheim“, um ihre eigene akademische Qualifikation zu betonen. Dennoch betrieb sie Physik oder Mathematik auf einem höheren Niveau nicht weiter, obgleich sie ganz klar die Fähigkeit dazu hatte. Meine Schwester Joan erinnert sich, daß sie sagte, sie habe ihr Studium eigentlich nie weiterführen wollen. Ob dies wirklich 1905 ihre Meinung war, als sie den dann fallengelassenen Plan faßte, ein Jahr in Berlin zu verbringen, kann ich nicht sagen. Klar ist aber, daß es David war, der einer wissenschaftlichen Karriere *und* einem Beruf nachging, und daß Amalie ihren Mann bei seinen Forschungen unterstützte. Sie tat dies zweifellos, weil es ihr Wunsch war, nicht weil entweder sie oder David glaubte, es sei die Pflicht einer Ehefrau, der Karriere ihres Mannes die eigene zu opfern. Auch wenn dies so war, ist es dennoch kein bloßer Zufall, daß es trotz ihrer herausragenden Begabung die Frau war, die eher gewillt war, ihre Karriere aufzugeben.

Alle, die meine Großeltern kannten, sind sich darin einig, daß Amalie der praktische Partner in der Ehe war, diejenige, die „die großen und kleinen Probleme des Alltags" anpackte und die „tragende Säule des Haushalts" war. In der Großfamilie spielte sie die Rolle der Wissenden, zu der andere kamen, um bei einem persönlichen Problem Rat zu suchen. Wenn junge Verwandte in den 1930ern zum Essen kamen, fanden sie David am Kopfende des Tisches sitzend vor, meist schweigend, eine reservierte und einschüchternde Gestalt. Amalie dagegen war von natürlicher Herzlichkeit, so daß jeder sie liebte.

Zwischen 1923 und 1925 schrieb und redete David intensiv über die Gleichheit der Geschlechter, typischerweise in Zusammenhang mit literarischen Erörterungen. Im September 1923 hielt er vor den Adlerianern zwei Vorträge über Karl Schönherrs Stück *Der Weibsteufel*. Die Hauptfigur dieses Stücks ist ein Mann, der, getrieben von Minderwertigkeitsgefühlen und dem daraus resultierenden Bedürfnis, seinen Erfolg zu beweisen, ein vornehmes Haus und eine schöne Frau erwirbt. Als die Frau sich in einen anderen Mann verliebt und ihren Ehemann bittet, sie freizugeben, antwortet er nicht, daß er sie liebe oder brauche, sondern: „Mein Weib ist mein Sach; und mein Sach laß ich mir nit nehmen." So verbindet David das Problem des Status der Frauen mit dem größeren Thema seiner Arbeit, das ihn beschäftigte, seit er Freuds Kreis verließ, nämlich auf welche Weise ein Minderwertigkeitsgefühl zu einem nachteiligen Wunsch nach Dominanz führen kann. Die gesellschaftliche und erzieherische Botschaft der Adlerschen Schule ist in der Vorstellung enthalten, daß Männer aufhören, Frauen als Sache zu behandeln, wenn Jungen in einer Art und Weise großgezogen werden können, die keine Minderwertigkeitsgefühle erzeugt.

Ein Jahr später veröffentliche David einen Aufsatz über Dido, die legendäre Gründerin Karthagos und eine Gestalt in Vergils epischem Gedicht, der *Äneis*. Dido gründet die Stadt, nachdem sie vor ihrem Bruder, einem Tyrannen, der ihren Mann erschlagen hat, geflohen ist. Sie regiert sie mit soviel Mut und Seelenstärke, wie sie in der Regel nur Männern zugeschrieben werden. Dann erleidet Äneas, der Held von Troja, an der Küste ihres Landes Schiffbruch. Dido verliebt sich in ihn, aber Äneas erhält von Jupiter den Befehl, weiterzusegeln und der Gründer Roms zu werden. Als Äneas dem göttlichen Gebot gehorcht, tötet Dido sich selbst. David hat eine ungewöhnliche Perspektive auf die *Äneis*: Er sieht das gesamte Werk als „ein großes Sinnbild für den Kampf der Geschlechter" und verwendet Didos Geschichte für den Beweis, daß Frauen, wenn sie versuchen, sowohl männliche als auch weibliche Tugenden zu besitzen, von der Gesellschaft in eine unmögliche Situation gebracht werden: „Denn in Dido fanden wir das Weib, das mit männlichen ebenso wie mit weiblichen Mitteln dem Mann gleichzukommen, ihn zu übertreffen, ja sogar zu beherrschen sucht und diese Überschreitung geheiligter Grenzen mit dem Leben büßt."

1925, auf dem II. Internationalen Kongreß für Individualpsychologie, eröffnet David eine Sitzung zur „Kulturgeschichte und Religion" mit einem Referat mit dem Titel „Der Kampf der Frau um ihre gesellschaftliche Stellung im Spiegel der antiken Literatur". Es beginnt wie ein feministischer Traktat: „Der Kampf der Frau um ihre soziale Position ist ein Ausdruck der Unzufriedenheit mit den Zuständen, die der Mann im Einklange mit seinen Anschauungen über das Verhältnis der Geschlechter geschaffen hat. In der Überzeugung, die Frau sei leiblich, geistig und sittlich ein minderwertiges Wesen, hält er sie in lebenslänglicher Hörigkeit."

David sagt dann, er wolle zeigen, mit welchen Mitteln Frauen versuchen, sich gegen diese Unterdrückung zu wehren, indem sie der männlichen Dominanz entweder Widerstand leisten oder sich ihr anpassen. Dies führt zu einem ungewöhnlichen Katalog „weiblicher Typen", von denen viele auf dem Sexualverhalten beruhen:

> Die „Unberührte" *„integra"* sträubt sich in jeder Weise gegen Mannesliebe und Eheleben ... Halbe Hingabe ist die Art der *„semiintegra"*, die teils der buhlerischen Aphrodite, teils der jungfräulichen Athene gehorcht. Ihr Gebaren ist noch harmlos, wenn sie dem Mann das eine verweigert, das andere gewährt. In dem Falle nennen wir sie die halb wehrlose *„seminuda"*. Bisweilen wird sie, um nur die anatomische Unschuld zu retten, zur *„perversa"*, die sich entweder als Knabe gebrauchen läßt *„paedicata"* oder sich gar zur *„fellatrix"* erniedrigt.

David fährt in dieser Weise über drei Seiten fort, bis er in den letzten zwei Absätzen auf sein Ausgangsthema zurückkommt:

> Grundsätzlich verschieden von allen bisher besprochenen Typen ist erst die *„communis"*, die nicht im Gegensatz zu den Herren der Schöpfung orientiert ist, sondern an der Gemeinschaft, welche die Frauen untereinander verbindet und sich bei kleinen wie bei großen Gelegenheiten in gegenseitiger Hilfe betätigt. Mit der communis innerlich verwandt ist die *„aequalis"*, die für sich und ihresgleichen vom Manne Anerkennung ihrer Gleichwertigkeit und Gleichberechtigung in Anspruch nimmt.

Dieser letzte Typus, *aequalis* oder die gleichwertige Frau, ist Davids ideale Frau. In der Ehe möchte sie nicht nur, daß der Partner „die Heiligkeit der fleischlichen Gemeinschaft ehren" sollte, sondern sie sollen auch eine „geistige und Schicksalsgemeinschaft" teilen. Sie sollte auch an der Regierung des Staates mitwirken können, was erst zu Beginn der neuesten Zeit, eingeleitet von der Französischen Revolution, möglich geworden ist.

Unter den Papieren meines Großvaters fand ich eine erweiterte Fassung dieses Vortrags. In der Einleitung zu dieser Fassung legt David dar, daß die antike griechische und römische Kultur so männlich war, daß wir nur selten die Stimme einer Frau direkt vernehmen können; aber schreibende Männer fanden Möglichkeiten, die Leiden derer auszudrücken, die nicht für sich selbst sprechen konnten. Er greift dann auf die antike Literatur zurück, um Beispiele der Frauentypen zu geben, die in der veröffentlichten

Fassung so flüchtig erwähnt werden. Während die veröffentlichte Fassung manchmal so knapp ist, daß die Erörterung von Frauentypen, die mit bestimmten Sexualpraktiken verbunden sind, an das bloß Obszöne grenzt, wird in der längeren Fassung deutlich, daß David zu zeigen versucht, wie Frauen ohne die Möglichkeit, ihr Schicksal anders als durch ihre sexuelle Anziehungskraft und ihre Unentbehrlichkeit für die Fortpflanzung zu bestimmen, unterschiedliche Mittel fanden, diese Einflußquellen zu nutzen. Die längere Fassung des Aufsatzes hätte durchaus die Grundlage eines Buches über Frauenbilder in der antiken Welt werden können, ein Werk, das als wertvolle Quelle für die spätere Entwicklung feministischer Untersuchungen gedient hätte. Aber David scheint seine Forschung auf diesem Feld nicht weiter betrieben zu haben.

Während meiner ganzen Kindheit hatte ich ein bezeichnendes Ergebnis von Davids und Amalies gemeinsamem Ideal der Gleichwertigkeit der Geschlechter vor Augen. Bald nachdem ich in die Schule gekommen war, in den frühen 1950ern, erfuhr ich, daß etwas von mir als selbstverständlich Betrachtetes durchaus nicht „normal" war. Wenn ich nach der Schule in die Häuser meiner Freunde eingeladen wurde, waren ihre Mütter da, um ihnen ein Glas Milch und etwas Leckeres zu essen zu geben. Wenn ich sie zu mir nach Hause einlud, war meine Mutter bei der Arbeit, und es war eine Haushälterin da, die sich um mich kümmerte, wenn ich aus der Schule kam. Meine Mutter war nicht nur bei der Arbeit, während die Mütter meiner Freunde zu Hause waren, sondern meine Mutter war auch Ärztin zu einer Zeit, als nur wenige Frauen diesen Beruf ausübten. Ihre Berufswahl und Entscheidung, nach der Heirat und der Geburt der Kinder weiterzuarbeiten, waren eine Auswirkung der Einstellung ihrer Eltern zur Gleichberechtigung der Geschlechter.

25

Ferien und eine Hochzeit

Jedes Jahr im Juli oder August fuhr die Familie aus der Stadt in die Sommerferien. Oft besuchten sie Verwandte in Mähren, aber in der Regel fuhren sie für drei oder vier Wochen in die Berge an einen der österreichischen Seen. Auf einem in Velden am Wörthersee 1931 aufgenommenen Gruppenbild steht David hinten in einem hellen lässigen Anzug, der an die Kleidung erinnert – aber sicher nichts damit zu tun hat –, die man für Kurse in einer der asiatischen Kampfsportarten tragen würde. Neben ihm steht seine Schwester Hannchen, und ihr Mann, Sandor Kunstadt, sitzt vor ihnen, beide in Badekleidung. Amalie ist die einzige Person auf dem Bild, die normale Straßenkleidung trägt. In der ersten Reihe sitzen Hannchens und Sandors Kinder und Doris zwischen ihnen. Kora ist nicht dabei. Zwei Jahre später jedoch war sie mit der Familie im August am Klopeinersee, wo sie in einer Villa wohnten, die einer größeren österreichischen Bank gehörte, was vermutlich möglich war, weil Amalie für die Vereinigung österreichischer Banken und Bankiers arbeitete. Sie beschreibt die Szene in einem Brief an Ernst Singer, meinen Vater, mit dem sie noch nicht verheiratet war. Die Villa liegt am Waldrand, etwa drei Minuten vom Wasser. Sie verbringt die Tage mit Schwimmen in dem malerischen See, Sonnenbaden auf der Wiese, Spaziergängen mit ihrer Cousine Alice Pollak oder, um fünf Uhr, beim Tanztee.

Im Juli 1934 kamen David, Amalie und Doris wieder nach Velden, diesmal mit Kora, zu einem Urlaub, der nicht in der gewohnten Heiterkeit ablaufen sollte. 18 Monate zuvor war Hitler in Deutschland an die Macht gekommen. Bei Kommunalwahlen in Österreich nahmen die Nazis den Christlich-Sozialen Stimmen weg. Da die Sozialdemokraten sich auf ihre traditionellen Wähler stützen konnten, schien es wahrscheinlich, daß der christlich-soziale Kanzler, Engelbert Dollfuß, die nächste Wahl zum Nationalrat verlieren würde. Nach dem Vorbild Mussolinis entmachtete er den

Nationalrat und verwandelte Österreich in einen faschistischen Staat. Darauf reagierten die Sozialdemokraten im Februar 1934 mit der Ausrufung eines Generalstreiks. Armee, Polizei und die Heimwehr, eine faschistische Miliz, gingen gewaltsam gegen die Arbeiter vor, deren Hochburgen die großen Wohnblocks waren, die die Regierung des „Roten Wien" ein Jahrzehnt vorher gebaut hatte. Die Armee setzte Artillerie gegen die Wohngebäude der Arbeiter und ihrer Familien ein, und nach einem oder zwei Tagen war jeder Widerstand gebrochen. Dollfuß' „Vaterländische Front" wurde die einzige legale politische Partei.

Dollfuß zerschlug so die politische Bewegung, der David angehört hatte, und damit die Hoffnungen, die er ein Jahrzehnt zuvor ausgedrückt hatte, daß die Republik Österreich eine wahre demokratische Gemeinschaft werden würde. Davids Versuch, seine Schüler zur Staatsbürgerschaft in einer solchen Gemeinschaft zu erziehen, muß ihm vergebens erschienen sein. Doch viele österreichische Juden, auch ehemalige Sozialdemokraten, unterstützten nun Dollfuß. Sie glaubten, daß nur entschlossene Maßnahmen die Nazis daran hindern könnten, Chaos zu erzeugen und Hitler so einen Vorwand zur Annexion Österreichs zu liefern. Die österreichische Nationalsozialistische Partei wurde zusammen mit allen anderen politischen Parteien verboten, und Dollfuß versuchte, alle Österreicher gegen die Bedrohung durch die Nazis zu vereinen. Zu diesem Zweck zensierte er antisemitische Propaganda und schützte jüdische Studenten vor gewaltsamen Übergriffen durch organisierte nationalsozialistische Studentengruppen, und als manche Urlaubsorte sich weigerten, Juden aufzunehmen, stellte er klar, daß eine derartige Diskriminierung nicht gestattet würde. (Dies ist ein weiteres Beispiel für die Komplexität des österreichischen Antisemitismus, denn in dieser Hinsicht war Österreich den Vereinigten Staaten voraus, wo damals und noch Jahrzehnte später viele Ferienorte Juden ausschlossen.)

Am 25. Juli 1934 stürmten österreichische Nazis das Kanzleramt, ermordeten Dollfuß und riefen eine Naziregierung aus. Kora schrieb an Ernst über die Nachrichten, die die Oppenheims in Velden erreichten:

> Von den Ereignissen in Wien erfuhr ich Mittwoch beim Tanz, als gegen 10h plötzlich wegen des Todes des Bundeskanzlers die Musik aufhörte. Wir stürzten in größter Aufregung sofort zum nächsten Radio, wo wir bis 1h nachts auf die spärlichen Berichte aus Wien warteten. Allerdings versuchten wir auch in Wien anzurufen ... aber die Strecke war dauernd besetzt. Gestern früh gelang es dann einem Bekannten, nach 1h Wartezeit ein Expreßgespräch nach Wien zu erreichen, das uns etwas beruhigte.

Die beruhigende Nachricht war, daß der Putsch gescheitert war und die Nazis im Kanzleramt umstellt und erschossen worden waren. Mussolini verlegte Truppen an die Grenze, um die Unabhängigkeit Österreichs zu schützen, und Hitler versuchte, sein Gesicht zu wahren, indem er von den Aktionen seiner österreichischen Anhänger abrückte. Nachfolger von Dollfuß wurde Kurt von Schuschnigg, ein Mitglied der Regierung Dollfuß, von dem man erwartete, daß er dessen Politik fortsetzen werde.

Meine Mutter war jetzt 26 Jahre alt, hatte ihr Medizinstudium erfolgreich abgeschlossen und arbeitete als Assistenzärztin am berühmten Wiener Allgemeinen Krankenhaus, wo ihr Vater 30 Jahre früher Freuds Vorlesungen gehört hatte. Bis dahin hatte sie einige Liebesaffären gehabt, darunter mit einem jungen Arzt aus einer adligen katholischen Familie, die ein Schloß und Land in Südtirol besaß. Sie hätte ihn gern geheiratet, und ihre Eltern hätten nichts gegen die Verbindung gehabt, aber seine Familie war dagegen, und die Beziehung wurde abgebrochen.* Sie lernte meinen Vater, einen gutaussehenden jungen Geschäftsmann aus einer assimilierten jüdischen Familie, beim Skilaufen mit Freunden kennen. Die Beziehung wurde ernst, aber mehr als einmal wegen des Interesses meines Vaters an anderen Frauen beinahe abgebrochen. Im Juni 1934 wurde dieses Problem für David und Amalie offenkundig, die sich wie alle Eltern für das Liebesleben ihren älteren Tochter

* Oder, sollte ich sagen, unterbrochen? Als meine Mutter und ihr früherer Freund in den Siebzigern waren und wegen des Todes ihrer Ehepartner allein, frischten sie ihre Freundschaft auf und verbrachten mehrere Sommer zusammen auf Reisen in Europa.

interessiert haben müssen. Ernst fuhr in Begleitung einer Freundin namens Mitzi mit einem Dampfer die Donau hinunter nach Varna, einen Badeort in Bulgarien. Dort wurden sie von jemandem gesehen, der sie kannte und den Eltern meines Vaters davon erzählte. Als Ernst auf dem Rückweg nach Wien war, schrieb meine Mutter ihm, daß sein Vater ihre Eltern angerufen hatte, voller Sorge über die Nachricht von Ernsts Benehmen. Kora sagte, daß ihre Eltern jedoch „taktvoll schweigen, wie auch alle anderen“. Diese Schwierigkeiten wurden schließlich überwunden, und meine Eltern heirateten am 30. Mai 1937. Am Tag davor schrieb meine Mutter in ihr Tagebuch: „Ich habe E. wirklich sehr lieb, ob er mich auch? Ich hoffe!“ Der Eintrag am nächsten Tag besagt, daß die Hochzeit „sehr lieb“ war. Nach einem Hochzeitsessen am Mittag sagten David und Amalie ihrer Tochter und ihrem neuen Schwiegersohn Lebewohl, während das Paar zur Hochzeitsreise nach Rom, Neapel und Capri aufbrach.

Der neue Familienangehörige kam aus einem ganz anderen sozialen Milieu als David und Amalie. Die Eltern meines Vaters wohnten nicht zur Miete, sondern in ihrem eigenen Haus mit Garten in Pötzleinsdorf, einem grünen äußeren Vorort von Wien. Das Geld der Familie stammte aus der Fertigung und dem Verkauf von Schirmen. Ernst, der älteste von drei Söhnen, stieg nicht in den Familienbetrieb ein, sondern arbeitete für eine Firma, die Kaffee importierte. Wie es sich für einen Geschäftsmann schickt, waren seine politische Einstellung und sein Lebensstil konservativ. Vielleicht empfand David insgeheim die gleichen Gefühle wie sein Vater bei Hannchens Heirat mit einem Geschäftsmann 20 Jahre früher: „Papa ... hätte sich einen gelehrten Schwiegersohn gewünscht.“ Aber Kora war viel zu unabhängig, um sich von ihren Eltern bei der Wahl ihres Ehemanns beeinflussen zu lassen.

Teil VI

Einer unter vielen

26

Das Ende Österreichs

Für drei Jahre nach dem Mord an Dollfuß herrschte in Österreich eine beklommene Ruhe. Unter Mißachtung des Versailler Vertrags baute Hitler die deutsche Wehrmacht wieder auf und ließ sie dann in das entmilitarisierte Rheinland einrücken. Die französische und die britische Regierung protestierten wirkungslos. Es wurde klar, daß Frankreich und Großbritannien, falls Hitler die Vertragsklausel, die einen Zusammenschluß von Deutschland und Österreich verbot, zerreißen würde, wieder nur Protestnoten, aber keine Truppen senden würden. Auch war nicht damit zu rechnen, daß Mussolini wie 1934 zur Verteidigung Österreichs antreten werde. Britischer und französischer Widerstand gegen seine blutige Eroberung Äthiopiens hatte ihn näher an Hitler rücken lassen. Im Februar 1938 erhöhte Hitler den wirtschaftlichen und politischen Druck auf die österreichische Regierung. Schuschnigg traf Hitler in Berchtesgaden, wo ihm mehrere Konzessionen aufgezwungen wurden. Die schwerwiegendste war, daß Österreichs Polizei und die inneren Sicherheitskräfte Arthur Seyß-Inquart, einem Sympathisanten der Nazis, unterstellt wurden. Man erwartete, daß Hitler als Gegenleistung in einer Rede, die er am 20. Februar im Reichstag halten sollte, die Unabhängigkeit Österreichs anerkennen werde. Viele österreichische Juden drängten sich um das Radio und hörten Hitlers dreistündiger Phrasendrescherei zu. Voller Angst hofften sie auf irgendeinen Hinweis, daß er Österreich erlauben werde, als unabhängiger Staat weiterzubestehen. Er blieb aus.

Überall tauchte die rot-weiße Fahne Österreichs auf, und Österreicher aller politischen Überzeugungen außer den Nazis nahmen an Demonstrationen für die österreichische Unabhängigkeit teil. Am 9. März kündigte Schuschnigg an, daß am folgenden Sonntag ein Referendum über die Frage der österreichischen Unabhängigkeit stattfinden werde, scheinbar ein kühner Schachzug, da alle Beobachter mit einer Zweidrittelmehrheit zugunsten der Unabhängigkeit rechneten. Hitler forderte, daß das Referendum abgesagt würde. Schuschnigg hielt eine emotionale Rede, in der er erklärte, daß er sich der Forderung nach Absage des Referendums gebeugt habe, um sinnloses Blutvergießen zu vermeiden, und zurücktrete. In dieser Nacht rollte die deutsche Armee über die österreichische Grenze, ohne auf Widerstand zu stoßen. Der katholische Erzbischof von Wien, Kardinal Innitzer, ordnete an, die Kirchenglocken zur Feier von Hitlers Einzug in Wien zu läuten.

Plötzlich lebte jeder österreichische Jude in Angst. In der Woche nach dem Einmarsch ließen die österreichischen Nazis ihrem aufgestauten Haß freien Lauf, plünderten jüdisches Eigentum, demütigten Juden und schlugen sie zusammen. Jüdische Frauen wurden gezwungen, mit Zahnbürsten Pro-Schuschnigg-Parolen von den Straßen zu scheuern und in den von der SA genutzten Kasernen die Toiletten zu putzen. Kinder mußten „Jude" auf die Schaufenster der Geschäfte ihrer Väter malen. Im weitgehend jüdischen 2. Bezirk, wo David und Amalie wohnten, wurden Juden gezwungen, einander auf der Straße beleidigende Namen zuzurufen, und jüdische Geschäfte und Wohnungen wurden geplündert. Die Polizei ignorierte entweder die Beschwerden von Juden oder verhaftete und beleidigte tätlich die Beschwerdeführer. Nach einer Woche machte die Polizei den willkürlichen Gewaltakten ein Ende und ging zu einem systematischeren Programm der Enteignung und Erniedrigung über.

Davids Schüler Friedrich Heer hat die Erlebnisse meines Vaters während dieser traumatischen Woche geschildert:

> Dr. Oppenheim erwartete die SS-Lausbuben (blutjunge Kerle, wie er sie mir nachher schilderte), die seine Wohnung im März 1938 überfielen, in seiner Uniform als Hauptmann der k.u.k. Armee. Die Buben rissen ihm die Kriegsauszeichnungen von der Brust.

Auch Doris war direkt betroffen. Sie erinnerte sich lebhaft an den ersten Tag der Naziherrschaft:

> Da hat sich mir Wien gezeigt als jubelnde Antisemiten ... hysterisch jubelnde. Da ist alles rausgekommen. Das war der große Schock ... meines Lebens. Wie mich der Bursche angehalten hat: „Fräulein, sind Sie Jüdin?" „Ja." „Kommen S' mit! Waschen S' die Fenster!" Es waren andere Leute auch noch da. Ich habe versucht, die Fenster zu waschen. Ich war nicht gut drin. Nach einer halben Stunde: „Gehen S' weg!" ... Es ist mir nichts passiert. Es ist mir sehr viel passiert. Ich bin nach Hause gegangen und habe gesagt, ich bleibe nicht in Wien.

Im Tagebuch meiner Mutter bleiben Hitlers Einzug in Wien, sein triumphaler Empfang auf dem Heldenplatz und die Proklamation, daß Österreich nun eine Provinz des Dritten Reiches sei, unerwähnt bis auf die einzige Bemerkung „Schreckliche Stimmung! Viel Aufregung!" Der Eintrag am Samstag verrät, daß meine Eltern in die gleiche Richtung dachten wie Doris: „Wir lernen Englisch." Am Sonntag besuchen meine Eltern die Eltern meines Vaters, und dann kommen David und Amalie zu ihnen zu Besuch. Am Ende der Woche schreibt Kora: „Jeder kommt zu uns, nur um andere Menschen zu sehen." In der nächsten Woche wird weiter Englisch gelernt. Der Kommentar am Wochenende lautet: „Immer noch ohne Tröstung."

Am 10. April hielt Hitler sein eigenes Referendum über die österreichische Unabhängigkeit ab. Die Nationalsozialistische Partei führte einen großen Propagandafeldzug für ein Votum zur

Vereinigung mit Deutschland. Es gab keine Opposition, da alle anderen politischen Parteien verboten worden waren, und Kardinal Innitzer gab einen Hirtenbrief heraus, der alle Österreicher dringend aufforderte, mit Ja zu stimmen. Die Stimmberechtigten, die noch nicht überzeugt waren, hatten guten Grund zu fürchten, daß jeder, der mit Nein stimmte, entdeckt und bestraft würde. Im Tagebuch meiner Mutter steht: „Am Tag der Abstimmung bleiben wir zu Hause und haben sehr viele Gäste." Nach dem amtlichen Ergebnis sprachen sich 99,75 Prozent für die Vereinigung mit Deutschland aus – ein unglaubliches Ergebnis, wenn man bedenkt, daß nur einen Monat zuvor Umfragen eine Mehrheit für die Unabhängigkeit Österreichs ergeben hatten.

Von dem Tag nach dem Anschluß an durfte David die Schule, an der er fast 30 Jahre lang unterrichtet hatte, nicht mehr betreten. Die jüdischen Schüler wurden auf eine Schule nur für Juden geschickt. Unter den Papieren meines Großvaters findet sich sein amtliches Entlassungsschreiben, datiert auf den 13. Mai 1938:

> Da Sie zufolge der Bestimmungen des Erlasses des Führers und Reichskanzlers über die Vereidigung der öffentlichen Beamten des Landes Österreich ... wegen Ihrer jüdischen Abstammung nicht vereidigt werden können, sind Sie im Sinne des § 86, Abs.2, LDP, bleibend unfähig, Ihren Dienstposten ordnungsgemäß zu versehen. Es wird daher zufolge Erlasses des Österreichischen Unterrichtsministeriums vom 12.5.1938 ... in Aussicht genommen, Sie auf Grund der letztgenannten Gesetzesstelle mit Ende Mai 1938 in den dauernden Ruhestand zu versetzen.

Dies war ein schönes Stück Nazi-Logik. Öffentliche Beamte mußten einen Treueid auf die Regierung ablegen, doch Juden galten als untauglich, einen solchen Eid zu leisten. Folglich kam es für Juden nicht in Frage, ihre Stellen zu behalten.

Widerstrebend akzeptierten David und Amalie Doris' Entscheidung, ihr Zuhause und das Land zu verlassen. Sie war erst 19 Jahre alt. „Meine Eltern waren nicht sehr glücklich darüber", erinnerte sich Doris. „Ich war noch ein sehr junges, unerfahrenes, unpraktisches Kind. Aber sie haben gesagt: Wenn du willst, dann mußt du weg von Wien." Auch Kora und Ernst entschieden sich schnell wegzugehen. Im Mai schrieb meine Mutter, daß sie lernte, Handschuhe zuzuschneiden, und Ernst, sie zu nähen – das sollte garantieren, daß sie irgend etwas vorweisen könnten, falls meine Mutter nicht als Ärztin praktizieren könnte und es für meinen Vater keine Möglichkeiten als Geschäftsmann gäbe. Aber wohin würden sie gehen? In der letzten Aprilwoche lautet ein Eintrag: „Immer dasselbe – wir warten bis Ende nächster Woche." Sie warteten auf eine Nachricht, ob sie ein Visum für die Vereinigten Staaten erhalten würden. Bedingung dafür war die Bürgschaft eines amerikanischen Staatsbürgers, damit die Einwanderer dem Staat nicht zur Last fielen. Mein Vater hatte an einen Onkel dort geschrieben, in der Hoffnung, er werde für sie bürgen. Als die Antwort des Onkels eintraf, enthielt sie jedoch das Angebot, nur für meinen Vater zu bürgen; Ernsts Frau, erklärte der Onkel, sei ihm nicht bekannt und er könne deshalb keine Garantien für sie abgeben. Mein Vater lehnte das Angebot ab. Um jede Möglichkeit auszuprobieren, und sei sie noch so unwahrscheinlich, schrieb meine Mutter an einen Australier namens Jerry Donovan, dem sie ein oder zwei Jahre früher begegnet war. Ein paar Freunde von ihr hatten ihn beim Skilaufen kennengelernt und ihn in eines der berühmten Wiener Heurigenlokale eingeladen. Sie luden auch meine Mutter ein, weil sie ein wenig Englisch sprach. Donovan, ein Katholik, schickte ihr nach seiner Rückkehr nach Australien eine Karte, und sie hob sie auf, weil es etwas Besonderes war, aus einer so entlegenen Ecke wie Australien ein Karte zu bekommen. Nun schilderte sie die Situation in Österreich und fragte ihn, ob er möglicherweise bereit wäre, die notwendige Bürgschaft für ihre Einwanderung in Australien zu geben – zusammen mit einer Bürgschaft für ihren Mann. Innerhalb von sechs Wochen hatten meine Eltern ein Visum für Australien.

Als der Tag der Abreise meiner Eltern näherrückte, fuhr die Familie Oppenheim in eine Bergwirtschaft im Wienerwald und ließ ein Foto von allen zusammen machen. An den eigentlichen Abschied erinnerte sich Ernsts Mutter Philippine in einem Brief, den sie sechs Monate später an ihren Sohn schrieb:

> Jener 22. August, an welchem Du uns verließest, scheint uns so ferne, und doch steht jedes Detail noch lebendig vor uns. Wir sehen noch im Geiste die düstere Bahnhofshalle, sehen noch vor uns die Freunde, die es sich nicht nehmen ließen, Euch noch einmal die Hand zu drücken, wir wissen, wir waren 14 an der Zahl, die Euch zum Abschied zuwinkten. Wir hören noch Deine Worte, liebes Kind: „Wir sagen Euch nicht Lebewohl, wir sagen Euch auf Wiedersehen."

Man kann sich leicht ausmalen, wie traurig die Erinnerung an solche Abschiedsworte meinen Vater in den kommenden Jahren machte. Der Zug brachte sie über die Berge, die sie liebten, nach Genua in Italien, wo sie an Bord eines Schiffes nach Australien gingen.

Einen Monat später ging auch Doris fort, zunächst nach England, wo sie eine vorläufige Aufenthaltserlaubnis hatte, um als Hausmädchen zu arbeiten. David gab ihr ein Abschiedsgeschenk, das sie ihr ganzes Leben mit sich führte: ein Exemplar von Goethes *Faust* mit einer Widmung, die ihr riet, darin zu lesen, wenn sie Trost und treue Freundschaft brauche. Im Unterschied zu Kora verbot Doris ihrer Mutter, zum Bahnhof zu kommen, weil sie fürchtete, ihre Anwesenheit würde den Abschied zu schwer machen und sie würde vielleicht aus dem Zugfenster springen und bleiben.

Die jüngere Generation der österreichischen Juden sah keine Zukunft für sich in einem Land, das jetzt ein Teil von Nazi-Deutschland war. Von Juden geführte Geschäfte wurden boykottiert oder enteignet, jüdische Angestellte in Schulen, Banken und Versicherungsgesellschaften wurden entlassen, und jüdischen Ärzten wurde untersagt, Nichtjuden zu behandeln, was bedeutete, daß viele nicht genügend Patienten finden würden, um davon leben zu können, weil eine unverhältnismäßig große Zahl der österreichischen Ärzte Juden waren. Obendrein bestand immer die Gefahr, von Nazi-Schlägern angegriffen zu werden, und das entmutigende

Gefühl, wie mein Vater es später ausdrückte, in einem Land zu leben, in dem die Regierung anscheinend in die Hände von Gangstern gefallen war. Wer die Ausreiseerlaubnis bekam, machte so schnell wie möglich Gebrauch davon. Bei der älteren Generation sah es anders aus. Bis ihre Töchter weggingen, zeigten David und Amalie kein Interesse an einer Emigration. Erwin Ringel erinnert sich an einen Besuch bei seinem ehemaligen Lehrer:

> Ich sagte zu ihm: Herr Professor, ich bitte Sie, ja ich beschwöre Sie, verlassen Sie dieses Land, denn Sie sind an Ihrem Leben bedroht. Und da werde ich auch seine Reaktion nie vergessen. Er hat liebevoll gelacht ... „Aber Ringel, was glauben Sie denn, wo denken Sie den hin. Mir kann doch überhaupt nichts passieren. Ich habe für dieses Land mein Leben riskiert. Ich habe das Goldene Tapferkeitsabzeichen. Ich habe das Verwundetenabzeichen. Ich habe alles für dieses Land gegeben. Mir können sie nichts machen." Und so bin ich ohne Erfolg abgezogen, und was ich aber nicht wußte, war, daß zwei meiner Schulkameraden, Herbert Christian und Peter Schramke, unabhängig von mir sogar zweimal bei ihm waren und ihn in demselben Sinne beschworen haben. Aber es war nichts zu machen.

Wenn auch Davids Kriegsauszeichnung in Bronze war, nicht in Gold, so klingt der Kern der Geschichte wahr, wenigstens was Davids Haltung in den entscheidenden ersten sechs Monaten nach dem Einmarsch der Nazis angeht. Davids Neffe Georg Kunstadt erinnert sich, daß während dieser Monate „die jüdische Bevölkerung verzweifelt von ausländischer Botschaft zu ausländischer Botschaft lief, um Möglichkeiten zur Emigration herauszufinden – außer deinem Großvater. Er meinte, sein hervorragender Militärdienst würde ihn unangreifbar machen". Ringel deutet an, daß es noch einen anderen Grund gab, warum David sich sträubte zu gehen. Er lebte und atmete die deutsche und europäische Kultur so sehr, daß es für ihn unvorstellbar gewesen wäre, in einem anderen Land zu leben, geschweige denn auf einem anderen Kontinent mit einer völlig anderen Kultur. Es wäre gewesen, sagte Ringel, „wie wenn man einen Baum aus seinen Wurzeln herausreißt".

Hier mißversteht Ringel – wenn nicht den Schmerz, den David beim Verlassen seiner kulturellen Wurzeln empfunden hätte – zumindest seine Bereitschaft, sich herausreißen zu lassen. Im allerersten Brief, den Amalie an ihre Kinder in Australien schrieb, überlegt sie, ob sie eine Überfahrt für sich und David buchen soll. Da eine Tochter schon weg war und die andere im Begriff zu gehen, muß die Realität der Trennung von ihren Kindern stärker gewesen sein als Davids Gefühl, keinesfalls außerhalb der deutschsprachigen Welt leben zu können. Dennoch könnte die Wirkung auch nur eines kleinen Hemmschuhs für Amalies Interesse auszureisen schließlich einen wesentlichen Unterschied im Ergebnis ausgemacht haben. Während Kora und Doris entkommen waren, sobald sie konnten, hat man bei Amalies Bemerkung nicht das Gefühl, daß es sie drängte fortzugehen. Meine Großeltern spürten nicht, daß ihr Leben in Gefahr war.

In seiner Rede auf dem I. Internationalen Kongreß für Individualpsychologie viele Jahre früher hatte David gesagt, Ziel der Menschenkenntnis sei, sowohl uns selbst zu verstehen, als auch „zu wissen, wen wir vor uns haben". In mehreren Aufsätzen hatte er beschrieben, wie Minderwertigkeitsgefühle zu zwanghaften seltsamen Leidenschaften mit tödlichen Folgen führen können. Dies hätte ihn wachsam machen sollen für die Gefahren des Nazismus, einer Bewegung, angeführt von einem abgewiesenen Künstler, der Jahre am Rand der Gesellschaft gelebt hatte, aktiv unterstützt von jenen, die während der Weimarer Republik sozial und wirtschaftlich am Boden gewesen waren, und geschürt von einem tiefen Groll gegen die erfolgreicheren deutschen und österreichischen Juden. Doch jetzt, in der Stunde, als er es am meisten brauchte, ließ Davids Verständnis seiner Mitmenschen ihn im Stich. Vielleicht war es zu theoretisch, zu fern der Welt, in der er lebte. Andere mit geringerer Bildung hatten ein besseres Bauchgefühl für jene, die sie vor sich hatten.

27

Neues und altes Leben

Während das Schiff meiner Eltern von Europa wegfuhr, nach Süden durch den Sueskanal, in den Indischen Ozean und dann Richtung Osten nach Singapur und Australien, drohte Hitler der Tschechoslowakei mit Krieg, um die Deutschen im Sudetenland zu verteidigen, die angeblich unter tschechischer Unterdrückung litten. Großbritannien und Frankreich hatten einen Verteidigungspakt mit der Tschechoslowakei, und ein weiterer europäischer Krieg schien bevorzustehen. Der britische Premierminister Neville Chamberlain wollte um jeden Preis eine Wiederholung des Blutbads von 1914-18 verhindern. „Wie furchtbar, phantastisch, unglaublich ist es", sagte er, „daß wir wegen eines Streits in einem fernen Land zwischen Menschen, von denen wir nichts wissen, hier Schützengräben ausheben und Gasmasken anprobieren sollten!" (Mein Vater erinnerte sich an diese Rede immer mit einem Gefühl der Ungläubigkeit. Für ihn war die Tschechoslowakei alles andere als „ein fernes Land", und es war nicht schwierig, eine ganze Menge über den Streit zwischen den Nazis, die sich kaum der Rücksicht auf Minderheitenrechte rühmen konnten, und der demokratischen tschechischen Regierung herauszufinden.) Auf der Suche nach einem Ausweg schlug Chamberlain eine Konferenz zur Beilegung des Streites vor. Am 30. September 1938 stimmten Großbritannien, Frankreich und Italien in München Hitlers Forderungen zu und teilten der tschechischen Regierung mit, daß sie die Gebiete, die Hitler forderte, selbst verteidigen müßten, wenn sie sie nicht an Deutschland abträten. Chamberlain flog nach England zurück und schwenkte ein Stück Papier mit Hitlers Unterschrift darauf, die, wie er sagte, „Friede in unserer Zeit" bedeutete.

Drei Tage nach dem Münchener Abkommen erhielten David und Amalie ein Telegramm von meinen Eltern, das ihre sichere Ankunft in Australien meldete. David schrieb zurück:

Meine Teuren!

Wenn zu uns, die wir nun schon gewöhnt sind, immer wieder traurige Nachrichten zu hören, doch einmal eine frohe Botschaft kommt, ist die Freude doppelt groß ... So ging es uns mit Eurem Telegramm ... Nun aber, da alles sich so glücklich anläßt, nicht zum wenigsten durch die ganz unverhoffte Sicherung des Weltfriedens, sind wir erst recht zuversichtlich und hoffen, daß all die Wünsche, die wir für Euer neues Leben im Herzen tragen, sich rasch und voll erfüllen werden ... Seid 1000mal gegrüßt und geküßt.

Stets in inniger Liebe,
Euer treuer Vater David

Bis zum Kriegsausbruch im September 1939 gingen regelmäßig und zuverlässig Briefe zwischen den Eltern Oppenheim und Singer in Wien und ihren Kindern in deren neuer Heimat Melbourne hin und her. Meine Eltern bewahrten die Briefe auf, die sie erhielten, und es gibt sie fast alle noch. Sie schrieben wöchentlich einen Brief an ihre Eltern, der für die Oppenheims und Singers in Wien gemeinsam bestimmt war. Auch David und Amalie hoben die Briefe auf, die von ihnen kamen, und auch von diesen sind viele erhalten.

Von ihrer Landung in Australien an sind meine Eltern entzückt über die Herzlichkeit, mit der sie von Jerry Donovan und vielen anderen willkommen geheißen werden – alles ein besonders erfreulicher Kontrast zu ihren jüngsten Erfahrungen, denn die meisten Leute, die große Mühen auf sich nehmen, um ihnen behilflich zu sein, sind keine Juden. Ernst beginnt, die Möglichkeiten auszuloten, sich im Kaffeeimportgeschäft zu etablieren. Er bekommt den Rat, dies sei ein sinnloses Wagnis, da Australier nur Tee trinken, aber weil er sich mit Tee nicht auskennt, beschließt er, an dem festzuhalten, was er kennt. Koras medizinisches Examen an der international renommierten Wiener Universität wird nicht anerkannt, so daß sie Arbeit als Laborantin oder Lehrerin in Mathematik und Naturwissenschaften sucht. Ein andere vordringliche Sache ist, Einwanderungsberechtigungen zu beantragen – zunächst für Doris und die jüngeren Brüder meines Vaters, die Zwillinge Fritz und Hans, später aber für David und Amalie, Albert und Philippine und andere Freunde und Verwandte.

Die Briefe aus Wien lassen die stetige Verschlechterung der Situation der Juden dort erkennen, obwohl das, was ihre Eltern sagen durften, begrenzt war, denn jeder wußte, daß Post von der Gestapo geöffnet und gelesen werden konnte. Die ersten Briefe, die meine Eltern nach der Ankunft in Australien bekommen, enthalten Nachrichten von der „Arisierung" des Schirmgeschäfts von Ernsts Eltern. Zuerst werden nichtjüdische „Geschäftsführer" eingesetzt, zwei Wochen später dann wird die völlige Beschlagnahmung der Firma bestätigt. Zwar sprechen die Briefe nur versteckt davon, doch müssen die Juden bald auf Radios verzichten und dürfen nicht mehr ins Theater, in Konzerte und die Oper gehen. Viele Kinos bringen Anschläge an, daß Juden nicht willkommen sind. Die Worte „Nur für Arier" oder „Für Juden verboten" werden auf Bänke in öffentlichen Parks gepinselt. An der Straßenbahnhaltestelle, die dem Wienerwald am nächsten ist, stehen SA-Männer, die Juden, die spazierengehen wollen, zurückschicken.

Am 8. November fragt Ernst David, was er jetzt macht, da er nicht mehr Radio hören kann. Unter anderem antwortet David, daß er Englisch lernt. Der Brief wurde unmittelbar vor der „Kristallnacht" abgeschickt, dem Pogrom gegen die Juden in ganz Deutschland, das in der Nacht vom 9. auf den 10. November stattfand. In Wien wurden fast alle Synagogen niedergebrannt, Tausende jüdische Geschäfte geplündert, 2000 jüdische Familien auf der Stelle aus ihren Wohnungen vertrieben und viele andere Häuser von den Nazis überfallen, die alle Wertsachen, die sie tragen konnten, mitnahmen und zerschlugen, was sie nicht forttragen konnten. 27 Juden wurden ermordet und über 6000 verhaftet und in das Konzentrationslager Dachau geschickt. Für viele deutsche und österreichische Juden war die „Kristallnacht" ein Segen in schrecklicher Maskierung, denn sie beendete letzte Zweifel an der Notwendigkeit auszureisen.

Dem Antrag auf eine australische Einreisegenehmigung für Doris wurde schnell stattgegeben. Auf ihrer Überfahrt nach Australien verbrachte sie einen Tag in Singapur, und in der Schilderung dieses Tages für ihre Eltern erwähnt sie, daß Europäer nie zu Fuß gehen, teils weil es zu heiß ist, aber auch aus Rücksicht auf ihren Rang. Hier gehört sie, weil sie weiß ist, der überlegenen Rasse an. Dies ist, schreibt sie, „einer der großen Reize, die der Osten dem Europäer bietet", aber sie fügt schnell hinzu, daß der Wert, der ihr persönlich zugeschrieben wird, „fraglich" ist. Das genügt David nicht, der Doris erinnert: „Wer, zum Paria erniedrigt, sich am Anblick eines noch Niedrigeren tröstet, billigt grundsätzlich, was ihm selbst zugefügt wird."

Der nächste Schritt der Nazis gegen die Juden war ein Gesetz zur „Lösung der Wohnungsnot"; auf Grundlage dieses Gesetzes wurden Juden aus ihren Wohnungen vertrieben und gezwungen, mit anderen Familien zusammenzuleben. Im Januar schreibt David, daß sowohl Marianne, eine Tochter von Amalies verstorbenem Bruder Jakob Pollak, als auch Sara Lustig bei ihnen wohnen, doch findet Marianne später eine andere Unterkunft. Im nächsten Monat werden die Singers gezwungen, ihr schönes Haus zu einem Preis zu verkaufen, den Ernst „schockierend" findet, aber er versucht, seine Eltern mit den Worten zu trösten, ein Haus sei „bloß eine leblose Sache, beseelt nur von den Menschen, die darin leben". Er hofft, daß sie eines Tages ein anderes in Australien besitzen werden.

In dieser Atmosphäre ständiger Krise übernimmt Amalie zunehmend die Entscheidungen. Sie hat, schreibt David, „eine Menge zu tun mit ihrer Beraterarbeit", nicht nur im eigenen Haushalt, sondern auch für ihre weitere Familie und für Freunde. Im Mai beginnt Amalie, ihre Briefe zu tippen, weil ihre „Schreibarbeit bereits zu groß geworden ist, um von Hand bewältigt zu werden". Die Besetzung Böhmens und Mährens durch die Nazis im März hat viele weitere Angehörige ihrer Großfamilie unter Naziherrschaft gebracht. Sie schreibt, um Kontakt mit der großen Familie zu halten, die sich nun rasch in verschiedene Gegenden des Globus verstreut, aber auch im Auftrag von Freunden und Verwandten, um Möglichkeiten zu suchen, wie sie eine Zuflucht finden könnten. David sagt seinen Kindern, sie sollten nicht dem Verlust des intimen Reizes einer Handschrift nachtrauern – er und Amalie hätten sich sowieso „eine Rhinozeroshaut anzüchten müssen". Er sagt, er würde Maschineschreiben lernen, würde aber nur ungern mehr als eine Sache zugleich betreiben und halte das Englischlernen für wichtiger. Amalie schreibt, sie seien gerade aus Pötzleinsdorf zurückgekommen, wo die Singers noch wohnen, wenn auch nur in einem Teil des Hauses, das ihnen einst gehörte, und alle vier hätten einen schönen Nachmittag im Garten verbracht. Amalie fügt hinzu: „Dies ist für uns die einzige Möglichkeit, ins Freie und an die frische Luft zu kommen." Nur zwei Straßen von ihrer eigenen Wohnung in der Krafftgasse gibt es einen herrlichen Park, den Augarten, aber Juden ist es jetzt verboten, die Wiener Parks zu betreten. Es findet sich auch eine verräterische Bemerkung über Amalies und Davids Stimmungen und Launen:

> Ihr braucht Euch gottlob nicht zu beunruhigen, wir sind gottlob ganz gesund und mehr oder weniger fröhlich und bei guter Stimmung, wie es unserer Natur entspricht. Daß ich unter das „mehr" falle, braucht nicht gesagt zu werden.

Die stillschweigende Folgerung ist natürlich, daß David unter das „weniger" fällt. Das ist alles andere als überraschend, denn zusätzlich zu den immer strengeren Einschränkungen, unter denen zu leben er gezwungen war, hatte der deutsche Einmarsch in Böhmen und Mähren die Friedenshoffnungen zerschlagen, die er nach dem Abschluß der Münchener Konferenz ausgedrückt hatte. Hitlers Wort hatte sich als wertlos erwiesen, und es konnte nicht mehr behauptet werden, seine Wünsche seien auf das Ziel begrenzt, alle Deutschen in einem Reich zu vereinen, denn nun herrschte er über die Tschechen. Nur Krieg konnte ihn von der Beherrschung Europas abhalten. Selbst Chamberlain wußte, daß „Friede in unserer Zeit" eine Illusion war.

Obwohl sich jeder mit der Kriegsfrage befaßt haben muß, konzentrierte sich die Korrespondenz zwischen Wien und Melbourne in der Regel auf beschränktere (und weniger gefährliche) Sorgen. Mein Vater hatte David einen Aufsatz über Kaffee geschickt, den er für *Australian Grocer*, eine Handelszeitschrift, geschrieben hatte. Darin schlug er vor, daß Kleinhändler den Kaffeeverkauf fördern könnten, indem sie ihre Kunden über die richtige Zubereitung einer guten Tasse Kaffee informierten – Informationen, die nach den spitzen Bemerkungen meines Vaters über den Kaffee, der ihm in Australien serviert worden war, dringend benötigt wurden. David lobt den Aufsatz überschwenglich und bietet an, ihm beim Schreiben von Werbematerial zu helfen: „Vielleicht könnte ich sogar einmal selber nachstoßen und damit meine Feder ... zu einer Waffe im Daseinskampf machen." Er lernt weiter „geradezu verzweifelt" Englisch und ist optimistisch über seinen Fortschritt, fügt aber hinzu: „Leider gelingt eine so optimistische Betrachtung leicht nur in kleinen Dingen, und wenn ich an die Zukunft denke, kann ich Eure Zuversicht nicht aufbringen."

Ernst gelang es, die Einreiseerlaubnis für seine Brüder zu bekommen. Im April waren sie bereit abzureisen, als ein Unglück passierte: Sie wurden bei dem Versuch entdeckt, eine Kamera außer Landes zu schmuggeln. Juden durften kein Geld und keine Wertsachen mitnehmen, wenn sie emigrierten. Der Vorschlag, eine Kamera mitzubringen, war ursprünglich von meinem Vater gekommen. Er hatte geschrieben: „Da das Schiff für einen Tag in Genua liegt, könnte man vielleicht ein Treffen mit Ivo [ein Vetter, der in Zagreb im damaligen Jugoslawien lebte] verabreden. Er könnte vielleicht meine Kamera hinbringen." Ich weiß nicht, wie die Kamera meines Vaters zu Ivo gelangen sollte, aber vielleicht schlug mein Vater vor, Ivo solle die Kamera bei seinem nächsten Besuch in Wien mit nach Hause nehmen. Vielleicht gab es diese Kamera gar nicht, und es war ein verschlüsselter Vorschlag, man möge Ivo eine Kamera zum Ausführen geben, um etwas von dem Geld seiner Eltern aus dem Land zu schaffen. Jedenfalls kauften die Brüder meines Vaters in Wien eine Kamera, anstatt das Treffen mit Ivo zu arrangieren, und versuchten, sie durch einen Mittelsmann, den sie am Bahnhof kennengelernt hatten, aus dem Land zu bekommen. Dabei wurden sie irgendwie geschnappt, und der Mittelsmann gab alles zu. Eine Zeitlang sah es danach aus, als würde man sie nicht reisen lassen. Ernst schreibt am 14. April: „Soweit man sehen kann, besteht keinerlei Aussicht, daß die Brüder bald kommen werden", und er sagt, daß er „darum bangt, wie Eure Lage sich entwickeln wird". Juden waren für Geringeres in Konzentrationslager geschickt worden. Aber Fritz und Hans hatten Glück. Die Familie Singer hatte, kaum zu glauben, Beziehungen zu Seyß-Inquart, dem Nazi, den Schuschnigg unter dem Druck Hitlers zum Innenminister ernannt hatte. Er war Mieter eines Stockwerks von Alberts und Philippines Haus in Pötzleinsdorf gewesen. (Es ist schwer vorstellbar, wie ein solcher Mann – der spätere berüchtigte Reichskommissar der besetzten Niederlande – höflichen Umgang mit seinem jüdischen Vermieter pflegen konnte, aber das scheint dennoch der Fall gewesen zu sein.) Nun war Seyß-Inquart Reichsstatthalter der „Ostmark", wie Österreich als Teil des Deutschen Reiches jetzt hieß. Die Singers appellierten an ihn, in dem Fall zu intervenieren, und er tat es: Im Mai durften die Zwillinge ausreisen. Sie kamen im Juli 1939 in Australien an. David schrieb, um sie zu ihrer Ankunft zu beglückwünschen, und bezeichnete sie als „wiedergeboren". Dann rechtfertigte er den Gebrauch dieses Begriffs: „Denn das Leben, das nun für sie vorbei ist, das Leben hier ‚einen Tod' zu nennen, ist sicherlich ... berechtigt ... Ein solches Dasein der Todesqual und Lebensangst zu enden und dennoch weiterzuleben, das darf wohl als ‚Wiedergeburt' bezeichnet werden."

Amalies Briefe sind weiter mit den Ausreisebemühungen von Verwandten und Freunden gefüllt. Die Wiederholung verzweifelter Hoffnungen, die sich nur gelegentlich erfüllen, wird abstumpfend, aber hier ist ein Brief, der typisch für viele ist:

> Von unseren Lieben in Brünn sind die Berichte weniger zufriedenstellend. Max und Ilke sind ... schon sehr ungeduldig, was bei diesen Phlegmatikern viel heißen will. Hansi hat schon lange die Einreiseerlaubnis, nicht aber die Ausreiseerlaubnis, die schwerer zu bekommen ist. Fritzi hat überhaupt noch keine Aussichten, für Gyury gibt es nur viele Absagen. Fritz und Anne K. sollen einen neuen Antrag gestellt haben, wie ich gehört habe. Hannovers schreiben, Mrs. Newman habe sie informiert, daß noch keine Entscheidung erreicht worden ist; ich fürchte, daß Eure Information, daß sie abgelehnt worden ist, die neuere Nachricht ist ... sie sehnt sich einfach nach Australien.

Im Juli zeichnet Amalie ein weiteres Bild vom „gewohnten stillen Leben", das die Oppenheims führen, wo die Besuche bei und von den Singers „die einzigen Unterhaltungen" sind. Obwohl sie weder ins Kino noch in ein Kaffeehaus gehen können, ist ihnen nicht langweilig, weil David „mit wahrem Fanatismus" an seinem Englisch arbeitet und sie mit der „Arbeit im Hause und im Familien- und Freundeskreis" und der großen Korrespondenz beschäftigt ist. Später im selben Monat schreibt David von der zunehmenden Krise um Polen und sagt, daß sie sich allmählich an die „gespannte Erwartung, was die nächste Zukunft der Welt und uns noch überdies bringen wird" gewöhnen. Mit einer Anleihe bei *Macbeth* schreibt er:

> Ja, wenn da immer wieder das alte Hexenlied erklingt: „Schön ist häßlich, häßlich schön", bin ich immer noch ordentlich „moralisch entrüstet", so gut ich weiß, daß auf der Weltbühne, die der dröhnende Schritt von Macbeth und Erben erschüttert, kein Zornesblitz das Hexentreiben verjagen kann.

Meine Eltern dürften genau gewußt haben, was David meinte, aber die literarische Anspielung war ausreichend zweideutig, daß er auf eventuelle Fragen der Nazizensoren hätte behaupten können, mit den Erben meine er die Briten, da Macbeth ja König von Schottland war.

Ernsts Brüdern fiel die Eingewöhnung in Australien schwer, wahrscheinlich weil sie mit geringen Englischkenntnissen angekommen waren und nur die niedrigste Arbeit finden konnten, Hans als Hausbursche und Fritz als Eierverkäufer von Haus zu Haus. In ihren Briefen schrieben sie von ihrem Heimweh, und David antwortete darauf: „Das Land, das sie mit der Seele suchen, ist auch dort nicht mehr, wo sie es suchen, ja, gerade dort nicht." Das Österreich, das sie kannten, gab es nicht mehr. Vielmehr, sagte David, müßten sie Englisch sprechen lernen. Nur dann, schrieb er mit einem Zitat aus Goethes *Faust*, werden sie von Herzen sagen können: „Hier bin ich Mensch, hier darf ich's sein."

28

Lockende Hoffnungen

Als meine Eltern schreiben, daß sie an einer Diskussion über „modernes Judentum" teilgenommen haben, die eine jüdische Gruppe in Melbourne organisiert hatte, überlegt David, ob dort jemand, vielleicht ein gelehrter Rabbiner, „vielleicht an mir interessiert wäre". Er schlägt vor, Kora möge eine solche Person auf ihren Vater aufmerksam machen und ihn als „einen Sproß des ehrwürdigen Hauses Oppenheim" beschreiben, der „die Familientradition fortführt, als Gelehrten, dem die Bibel so vertraut ist wie Homer und der dieser geistigen Richtung in einem Buch Ausdruck verliehen hat". Wenn sie das täte,

> dann könnte ich vielleicht, vielleicht sogar davon sprechen, ob es schließlich doch möglich wäre, einen Raum zu finden, wo eine Kreatur wie ich leben könnte, einen Lebensraum, d.h. einen Futterplatz, den allerbescheidensten, aber einen, der durch meine eigene Arbeit erhalten wird. Ich weiß, daß es eine Utopie in der buchstäblichen Bedeutung des Wortes ist und daß es tatsächlich für mich nirgendwo mehr einen Ort gibt und am wenigsten in jenem Land, das so weit entlegen ist von geistigem Reichtum.

Im Dezember 1938 schreibt Doris aus London, um ihren Eltern zu ihrem bevorstehenden Hochzeitstag – dem 32. – zu gratulieren und die Hoffnung auszudrücken, daß der nächste die Familie wieder vereint sehen wird. David beschreibt diese Hoffnung als „lockend", mahnt aber, diese „darf uns nicht verführen, ihre Erfüllung zu erzwingen und damit – was Gott verhüte – schließlich zu einer Enttäuschung zu machen". Um diese Hoffnung „zur schönen Wirklichkeit" zu machen, müßten sie alle „bedächtig" dafür arbeiten. Doris' Anteil dabei ist, meint David, zu lernen, „mehr und mehr auf eigenen Füßen zu stehen und so unsere Zukunftssorgen zu erleichtern". Der tiefere Sinn ist klar: Die Oppenheims planen, zu ihren Kindern nach Australien zu kommen, aber sie haben es – selbst nach der „Kristallnacht“ – nicht besonders eilig und möchten, daß ihre Kinder erst festen Fuß in dem neuen Land gefaßt haben, bevor sie sie mit ihrer Anwesenheit belasten. Als Amalie dies gegenüber meinen Eltern wiederholt, erwidert mein Vater scharf:

> Mutter schreibt, sie möchte uns hier nicht zur Last fallen. Dieser Satz macht uns wirklich ärgerlich. Ihr seid eine Last für uns, wenn Ihr in Wien seid, wenn wir nicht vernünftig denken können wegen unserer Sorgen um Euch, aber nicht hier.

Zu diesem Zeitpunkt hat Ernst schon Einreisegenehmigungen nach Australien für David und Amalie und für seine eigenen Eltern beantragt, und Kora beginnt, sich nach möglichen Stellen für ihren Vater – der mit 57 noch nicht bereit ist, sich zur Ruhe setzen – an der Universität Melbourne zu erkundigen.

Die Aussicht auf die Emigration zwingt David, sich der quälenden Frage zu stellen, wie er über seinen kostbarsten Besitz verfügen soll, seine Bibliothek. Da es zum Mitnehmen zu viele Bücher sind, muß er auswählen, was er zurücklassen wird. Sein Brief zu diesem Thema zeigt die Erregung, in der er geschrieben wurde – er ist voller Änderungen, ausgestrichener Wendungen und hinzugefügter Wörter, und die Handschrift ist noch unleserlicher als sonst. In Sorge, daß Davids Anhänglichkeit an seine Bibliothek ihn in Österreich festhalten könnte, schrieb mein Vater geringschätzig von zuviel Kopfzerbrechen um „zerrissene Bücher“. David zitiert den Ausdruck in seiner Antwort, indem er Ernsts gute Absichten anerkennt, aber sagt, dieser Ausdruck mache „das Übel noch schlimmer“. Auch zerrissene Bücher seien nicht wertlos, aber seine Bibliothek habe jedenfalls viel mehr zu bieten. Wenn Ernst nur seine kunstgeschichtlichen Bildbände, die Sammlungen französischer Romane, die Übersetzungen russischer Literatur sehen könnte, würde er nicht in solchen Worten von seiner Bibliothek sprechen. Dann fügt David hinzu:

> Und wer auf seine Kinder verzichtet hat, verzichtet leicht auch auf anderes. Aber worauf? Auf Butter, wenn sie gerade einmal

knapp ist. Das sagte neulich auch meine liebe Frau in einem Laden, wo diese Unannehmlichkeit allzu ernst genommen wurde, und ich stimmte völlig mit ihr überein. Lebensmittel sind Heizmaterial zur Erhaltung des Verbrennungsprozesses, der organisches Leben heißt. Solange etwas da ist, um diesen Prozeß in Gang zu halten, was liegt daran, ob der oder jener Stoff den Dienst tut. Man hat eben größere Schmerzen. Aber eine Büchersammlung, das ist ... ein Wert von solcher Höhe, daß er noch nicht zu nichts wird, wenn der Hunger nach einem so ganz anderen Wert, wie es die Liebe zu unseren Nächsten ist, unbefriedigt bleibt.

Am 7. März 1939 telegrafiert mein Vater: „BEIDE PERMITS BEWILLIGT." Sie haben die entscheidenden Einreisegenehmigungen für die Oppenheims und die Singers. Fast hatten sie die Hoffnung aufgegeben, sie zu erhalten – ein australischer Beamter hatte geringschätzig von Leuten gesprochen, die, sobald sie im Land sind, einen ganzen „Rattenschwanz" von Menschen nachkommen lassen wollen. In einem auf das Telegramm folgenden Brief drückt Ernst seine Freude darüber aus, daß die Einreise dennoch bewilligt wurde. Aber dann fügt er einen Absatz an, der sich merkwürdig ausnimmt neben seiner und Koras nachdrücklicher Ablehnung der nur drei Monate früher geäußerten Ansicht Amalies, noch nicht zu kommen, weil sie ihren Kindern zur Last fallen würden:

Jetzt werdet Ihr entscheiden müssen, wann Ihr kommen wollt. Ihr wißt, wie glücklich wir wären, wenn Ihr möglichst bald kommen könntet, aber es gibt Gründe, warum es dennoch von Vorteil wäre abzuwarten, bis sich meine geschäftliche Lage geklärt hat und bis die Kinder [d.h. seine jüngeren Brüder] irgendeine Anstellung gefunden haben. Das gilt natürlich nur, wenn die Umstände erträglich sind. Wenn nicht, kommt so schnell wie möglich. In klimatischer Hinsicht ist November/Dezember am besten für die Reise. Holländische Schiffe sind vorzuziehen, aber die italienischen sind auch ganz gut ... Ihr vier Eltern solltet natürlich zusammen reisen. Für die Oppenheims wäre es am besten, hier ungefähr im Dezember anzukommen, damit sie 2 Monate Zeit haben, sich auf die Schule vorzubereiten und einzuleben.

Hier schlägt also mein Vater im März 1939 vor, daß die Oppenheims und Singers ihre Abreise bis November aufschieben könnten! Trotz des Vorbehalts „wenn die Umstände erträglich sind" konnte die Wirkung dieser Bemerkungen nur gewesen sein, beide Elternpaare zu ermutigen, sich mit der Lage in Österreich ein wenig länger abzufinden, anstatt möglichst bald auszureisen.

Nachdem Ernst innerhalb der folgenden Wochen bedrückende Berichte über die Lebensumstände seiner Eltern gehört hatte, besinnt er sich eines Besseren:

> Ich sehe die ganze Zeit, daß Ihr Euch sorgt, Ihr würdet uns hier zur Last fallen. Das ist lächerlich. Bis jetzt ist hier noch niemand verhungert. Ihr seid uns nur eine Last, solange Ihr in Wien seid – allerdings keine materielle Last, sondern eine seelische, und das ist viel schlimmer.

Dies scheint eine gewisse Wirkung zu zeigen. Ernsts Eltern buchen eine Überfahrt nach Australien auf dem holländischen Schiff *Christian Huygens*, das am 16. August abfährt, und es wird erwartet, daß die Oppenheims mitfahren. Amalie stellt schon eine Liste der Dinge zusammen, die verschifft werden sollen. Am 22. Juni schreibt sie einen Brief voller praktischer Dinge in Hinblick auf den bevorstehenden Umzug. Ernst hat vorgeschlagen, daß seine Eltern ihr Klavier mitbringen, weil sie von einem anderen Immigranten wissen, der ein solches Klavier für 40 Pfund verkaufte. Amalie schreibt, Philippine wundere sich, daß sie es mitbringen sollen, da es gründlich repariert werden müsse, um gebrauchsfähig zu sein. Unbedingt, sagt sie, braucht man einen guten Tisch und Sessel und einen Schrank für das Geschirr. Sie denkt daran, die alte kleine Kredenz mitzubringen, die aus dem Haus der Familie von Davids Mutter stammt.

In ihrem nächsten Brief schreiben meine Eltern, daß Kora eine neue Stelle gefunden hat. Nun, sagen sie, ist klarer denn je, daß

David und Amalie keine Last für sie sein werden und sie sofort kommen sollten. Amalie antwortet:

> Aber trotzdem halten wir es nicht für günstig, wenn wir alle 4 auf einmal zu und über Euch kommen, sowohl materiell als auch psychologisch. Für die Fahrt böte es wohl manche Vorteile, aber in Melbourne dann mehr Nachteile. Die Eltern [sie meint Ernsts Eltern] haben wohl für den 16. VIII. gebucht, aber es ist sehr fraglich, ob sie da werden fahren können. Wir selbst sind bei Cook für die englische Linie vorgemerkt... Ich will aus verschiedenen Gründen – nicht zuletzt die Billigkeit – mit diesen Schiffen lieber als mit holländischen fahren. Termine im November oder Dezember wären wohl die besten für die Reise, oder gibt es in diesen Gegenden Novemberstürme?

Amalies Bemerkung, es sei zweifelhaft, ob die Singers am 16. August reisen können, verwundert mich. Warum sollten sie nicht reisen können, wo sie doch ihre Einreisevisa nach Australien haben und ihre Überfahrt gebucht ist? Ernst antwortet, er habe nichts von „Novemberstürmen" gehört.

Die zunehmenden Spannungen wegen Hitlers nächster Runde territorialer Forderungen, diesmal an Polen, Anfang Juli machen David wieder pessimistisch hinsichtlich der Emigrationsaussicht: „Daß diese Verpflanzung auch uns noch beschieden sein wird, kann ich angesichts der entscheidungsschwangeren Weltlage kaum recht glauben. Aber darum gilt es doch, so zu tun, als ob wir fortkämen." Dann kommt er auf das Thema seiner Bücher zurück und fragt, ob er nur die Bücher, die er für unverzichtbar hält, mitnehmen soll oder auch solche, die er in Melbourne vielleicht verkaufen könnte, zum Beispiel die Kunstbücher und seine wissenschaftlichen Bücher über Goethe, Philosophie, Religion und das klassische Altertum. Er fügt hinzu, daß er nicht nur fleißig Englisch studiert, sondern wieder schreibt, diesmal „eine Arbeit über ein biblisches Thema – gleichfalls englisch, die mir drüben vielleicht zur Einführung in die jüdischen Kreise dienen kann".

Meine Mutter hat genug von den Sorgen meines Vaters wegen seiner Bücher und antwortet kurz angebunden:

> Vater fragt wegen der Bücher. Wir haben jetzt unmöglich Zeit, uns wegen Verwertung zu erkundigen. Einige Kunstwerke und gute fremdsprachige Bücher soll Vater mitbringen, aber nicht allzuviel. (Um nur irgendeine Zahl zu nennen, sagen wir insgesamt 500 als oberste Grenze.)

Am 21. Juli teilt David mit, daß sie für das englische Schiff *Ormond* gebucht haben, das am 12. Dezember von Neapel abfährt. Aber er weiß, daß sie noch Hindernisse überwinden müssen:

> Möge der Himmel es so fügen, daß alles andere, was nötig ist, damit wir so reisen können, sich hinzufindet, vor allem, daß Deine lieben Eltern, lieber Ernst, schon vorausgefahren und glücklich angesiedelt sind, dann aber auch, daß Ihr auf Euerm eigenen Lebensweg schon so trittfest seid, um uns für ein Stück des Anstieges ans Seil nehmen zu können.

Wenn David es für nötig hält, den Himmel anzurufen, die Abreise zu ermöglichen, dann liegt es daran, daß ein neues, ernstes Hindernis aufgetreten ist. Amalie erwähnt es in ihrem Teil desselben Briefs, als sie sagt, „daß in der Sache der Eltern [Singer] noch kein Fortschritt zu verzeichnen ist". Sie fügt hinzu, daß man geduldig warten müsse, auch wegen der Ferien. Um diese Zeit enthalten auch die Briefe von Albert und Philippine Hinweise auf ein ungenanntes Problem, z. B. „In unserer laufenden Sache ist leider kein Fortschritt zu erkennen. Wir haben unsere Pässe und Steuerpapiere noch nicht." Auch die Briefe aus Australien enthalten besorgte, aber verhüllte Fragen nach der „unglücklichen Singer-Angelegenheit". Ein Brief von Albert und Philippine vom 7. Juli bezieht sich auf einen beigelegten Zeitungsausschnitt, und mein Vater schreibt daraufhin zurück: „Der interessante Zeitungsausschnitt machte auf uns alle einen tiefen Eindruck." Lange hatte ich keine Ahnung, worauf sich dies bezog. Dann fand ich unter alten Ausschnitten, die mein Vater getrennt von den Briefen aufbewahrt hatte, einen undatierten Artikel aus einer Wiener Zeitung mit der folgenden Überschrift:

„PRIVATCLEARING" UND DIE FOLGEN DINAR GEGEN REICHSMARK – SCHMUCK SOLLTE GESCHMUGGELT WERDEN

Der Artikel erklärt, daß ein 43 Jahre alter Mann, der nur als „Johann G." bezeichnet wird, vor dem Landesgericht erschien, um sich wegen des illegalen Verkaufs von Dinarbeträgen für Reichsmark zu verantworten. Johann G. lebte in Varaždin in Jugoslawien. Im November 1938 schlug Friederike Ernst, eine in Varaždin lebende Jüdin, Johann G. vor, ihrer Schwester Philippine Singer 40000 Dinar zu verkaufen. Er fuhr nach Wien und tauschte die Dinare für Reichsmark ein. Johann G. machte dann eine weitere illegale Transaktion mit einer ungenannten Person, bevor er im Februar 1939 wieder Philippine Singer aufsuchte, „deren beide Söhne ihm verschiedene Schmuckstücke, ein Aquarell und einen Photoapparat zur Verbringung ins Ausland übergaben". Johann G. wurde verhaftet, bevor diese Unternehmung durchgeführt werden konnte. Er war geständig und wurde zu fünf Monaten Gefängnis und 5000 Reichsmark Geldstrafe verurteilt.

Kein Wunder, daß die Lektüre dieses Ausschnitts „tiefen Eindruck" auf meinen Vater machte! Er drückte sich vage aus, um nichts zu sagen, was seinen Eltern noch mehr Ärger machen konnte, aber die Nachricht war verheerend. Das Problem seiner Brüder mit der Kamera war nur ein Teil davon. Seine Eltern waren in ernster Gefahr. Hätte er ihre Aussagen gegenüber der Zollpolizei lesen können – heute in den österreichischen Gerichtsprotokollen zugänglich –, wäre er noch verzweifelter gewesen. Unter der nüchternen Oberfläche des amtlichen Protokolls von Philippines Aussage läßt sich der Alptraum erfassen, in dem sich diese sehr korrekte gutbürgerliche Frau befand. Zuerst berichtet sie dem Vernehmungsbeamten, daß „Johann G." – sein richtiger Name war Gams – im Februar mit einem Geschenk ihrer Schwester in Jugoslawien, einem halben Pfund Butter, in ihr Haus kam. Sie hatte ihn nie zuvor gesehen; aber ihre Söhne fragten ihn, wann er nach Varaždin zurückginge und ob er eine Kamera mitnehmen könnte. Weiter befragt – und vermutlich mit anderen Beweisen konfrontiert – gibt sie zu, daß ihre Söhne Gams auch eine Taschenuhr, zwei Ringe und zwei Goldketten gegeben hatten. Der Beamte behauptete dann, er wisse, daß Gams sie schon bei anderen Gelegenheiten aufsuchte, vor allem im November des vergangenen Jahres, als sie persönlich ihm 4000 Mark in bar gab. Philippine gibt zu, daß das richtig ist, und erzählt eine verwickelte Geschichte, wonach das Geld Teil einer Erbschaft von ihren Eltern sei, den sie ihrer Schwester schuldete, ihr aber noch nicht ausgezahlt hatte. Schließlich ist sie gezwungen zu gestehen, daß auch dies falsch ist und daß das Geld nicht aus einer Erbschaft stammte, sondern aus dem Verkauf von Aktien, und dafür bestimmt war, von ihren Söhnen für die Emigration verwendet zu werden.

Albert, Fritz und Hans Singer wurden ebenfalls befragt, und die Zollpolizei schickte die Papiere mit der Empfehlung der Strafverfolgung an die Staatsanwaltschaft. Zwar durften Fritz und Hans bald ausreisen, vermutlich wegen Seyß-Inquarts Intervention, doch die alten Singers mußten ihre Pässe abgeben. Daß sie nicht in ein Konzentrationslager geschickt wurden, war vielleicht ebenfalls Seyß-Inquarts Hilfe zuzuschreiben, aber er wollte oder konnte ihnen nicht helfen, ihre Pässe rechtzeitig zurückzubekommen, damit sie wie geplant ausreisen konnten. Sie setzten alle Hebel in Bewegung. Am 4. August schrieben sie, daß sie hofften, mit dem Packen der Möbel für die Verschiffung beginnen zu können, hatten aber immer noch keine Pässe und Steuerbescheinigung – obwohl sie die beträchtliche „Ausreisesteuer", die die Nazis den jüdischen Flüchtlingen auferlegten, bezahlt hatten. Sie beauftragten nun einen „arischen" Anwalt zusätzlich zu dem jüdischen, den sie ursprünglich hatten, aber auch er konnte den Fall nicht voranbringen. Ähnliche verzweifelte Bemerkungen erscheinen regelmäßig in späteren Briefen. Sie haben keine Ahnung, was sie wegen dieses „Unglücks" unternehmen können. Im September ist die *Christian Huygens* abgefahren, und sie schreiben: „Alle unsere Pläne sind umsonst gewesen. Nun müssen wir wieder warten. Aber die Frage ist, wie lange."

Das Unglück traf nicht nur die Ausreisepläne von Albert und Philippine, sondern auch von David und Amalie, denn die Oppenheims wollten Wien nicht vor den Singers verlassen. Albert hatte eine Augenkrankheit bekommen, die ihn fast erblinden ließ, und ohne ihre Kinder war es für Philippine nicht leicht, alles allein zu schaffen. Aber das Problem mit den Singers war nicht die einzige Hürde für die Abreise der Oppenheims. Am 2. August, als Hitlers Drohungen gegen Polen immer schärfer wurden, schrieb Amalie ihren Kindern von einem neuen Hindernis für ihre Abreise: David mußte an der Prostata operiert werden. Er hatte schon oft Harnsperren gehabt, aber früher waren diese schnell vorbeigegangen. Jetzt war die Harnverhaltung schlimmer geworden, und sein Arzt hatte ihm mitgeteilt, eine Operation sei unumgänglich. Sie hatten einen zweiten Arzt konsultiert, Professor Rubritius, den führenden Spezialisten auf diesem Gebiet, und er hatte dem ersten Arzt zugestimmt. Rubritius war bereit, die Operation persönlich durchzuführen, und „versprach absolut guten Erfolg und daß Vater die Reise im Dezember schon ruhig und gut wird machen können".

Dann schreibt David in winziger, gedrängter, kaum leserlicher Schrift:

> Der Gedanke, wie traurig Euch dieser Brief stimmen und wie viel Sorge er Euch auf lange hinaus bereiten wird, gehört zu dem Schweren, das uns jetzt auferlegt ist. Aber gerade darum müssen wir auch bedenken, wie unvergleichlich ärger es gewesen wäre, wenn sich mein Zustand erst auf der Reise oder auch nur zu einer Zeit verschlimmert hätte, wo Operation und rechtzeitige Abfahrt nicht mehr vereinbar wären, ganz abgesehen von der schlimmsten Möglichkeit, der Erkrankung im neuen Land. Bei Euch muß ich halbwegs gesund und leistungsfähig sein. Es ist schon schlimm genug, daß ich jetzt die Englischstunden ... werde aufgeben müssen.

Ehe die Operation stattfinden kann, muß Davids Blutzuckerspiegel, der aufgrund des Diabetes erhöht ist, gesenkt werden. Seine Angst vor der Operation verschärft das Problem. Tage vergehen. David ist im Krankenhaus und sorgt sich um den hohen Betrag, den seine Krankheit kostet, da seine Versicherung nur einen Bruchteil der Kosten trägt. Mehr noch bedrückt ihn aber, schreibt Amalie, „daß er nicht zur angesetzten Zeit wird zu Euch fahren können, oder gar, daß er dort nicht ganz so arbeitsfähig sein wird, wie er dachte.“ Endlich, nach zehn Tagen im Krankenhaus, schreibt David, daß der Zuckerspiegel gesunken ist und die Operation am nächsten Morgen stattfinden wird. Nun aber sind Davids Gedanken von den wachsenden Spannungen wegen Polen überschattet:

> Und an die Zukunft wäre besser, gar nicht zu denken. So schwarzverhangen steht sie vor uns. Und daß ich gerade in dieser Zeit in diese Lage kommen mußte, empfinde ich als eine besondere Härte. Aber wenn ich zurückdenke, so habe ich doch schon manches andere und noch Schlimmeres bestanden, z. B. eine Nacht auf das am nächsten Morgen einsetzende Trommelfeuer gewartet, und so werde ich auch diesmal durchzuhalten wissen.

Am nächsten Tag schickt Amalie ein Telegramm mit einer einfachen Nachricht: „OPERATION GEGLÜCKT.“ Einen Tag darauf schreibt David, daß die Operation und der erste Tag der Genesung so gut gelungen seien, „als wir es nur irgend verlangen dürfen … [aber] zwischen der objektiven Befriedigung des Arztes und dem subjektiven Leiden des Patienten liegen Welten!“ Die bestürzende Nachricht, daß Hitler und Stalin, bis dahin Todfeinde, einen Nichtangriffspakt unterzeichnet haben, kann Davids Gemütszustand nicht gebessert haben. Wenn Hitler nun Polen angreift, hat er von der Sowjetunion nichts zu befürchten. Frankreich und Großbritannien mögen zwar den Krieg erklären, aber sie sind zu weit weg, um Polen zu helfen.

Am 28. August schreibt Amalie, daß Davids Wunde langsamer als erwartet heilt, daß er Schmerzen und verschiedene andere Beschwerden hat, die er „in seiner Verstimmung … überstark empfindet und wertet“. Am schlimmsten sind die Nächte, in denen er entweder überhaupt nicht oder nur wenig schläft. Amalie schreibt, sie werde nun nachts in seinem Zimmer im Sanatorium schlafen, teils um ihn vielleicht zu beruhigen, teils um die „schrecklich teure Extraschwester“ zu sparen. Aber Amalie fällt es selbst schwer, ruhig zu bleiben. Die Krankheit kostet eine stattliche Summe, gesteht sie ein, und sie verwenden Geld, das für die Verschiffung ihrer Habe nach Australien bestimmt war. Außerdem dürfen jüdische Emigranten ihre Pensionen nicht mehr abheben, was ihre

Berechnungen durcheinandergebracht hat. Nachdem sie ihren Kindern mitgeteilt hat, daß sie immer noch planen, für ihre Fahrkarten auf der *Ormond* zu zahlen, schreibt Amalie:

> Doch Gott gebe, daß das alles möglich sei! Außer Vaters Gesundheit ist noch die Frage: Krieg oder Frieden, die uns neben manchen anderen Sorgen bedrückt. Ich hoffe auf Frieden!

Drei Tage später – am Tag, bevor der Zweite Weltkrieg ausbricht – wagt Amalie nicht mehr zu hoffen oder zu planen:

> Die Last der Sorgen ist leider allzu groß! ... Mehr zu schreiben, fehlt es mir an innerer Ruhe! Hoffentlich seid Ihr gesund und zufrieden! Wenn ich daran denke, daß ich Euch eigentlich heute zu Rosch-haschanah [das jüdische Neujahr] alles Gute oder viel Glück wünschen sollte, so wird es mir noch schwerer ums Herz! Wir sehen doch leider, wie wenig Wünsche vermögen! Nun seid Ihr schon ein Jahr weg, ein so schicksalsschweres, trauriges Jahr für uns, aber hoffentlich für Euch der Beginn eines besseren Lebens! Pläne für uns zu machen, wage ich jetzt nicht!

29

„Am besten, im Lande zu bleiben“

Während Hitlers Armeen triumphierend durch Polen rollen, nehmen Amalies Briefe einen seltenen verzweifelten Ton an, der besonders ergreifend ist, wenn man die frühere Gelassenheit unter bereits außerordentlich schwierigen Umständen bedenkt. Sie weiß nicht, ob ihre Briefe ihr Ziel erreichen werden, und es fällt deshalb schwer zu schreiben, da „man nicht gerne ‚in den Wind redet‘“. Aber vor allem ist es die körperliche, emotionale und finanzielle Anstrengung der Pflege Davids, die sie an den Rand der Erschöpfung gebracht hat. Am 17. September schreibt sie, daß sie „den ganzen Tag seit 4. VIII.“ an seinem Bett ist. Seine Krankheit „erfüllt unser Leben ganz“. Sie mußte ihre Absicht aufgeben, in seinem Zimmer zu übernachten, weil sie sehr wenig schlafen konnte und dann am Tag zu erschöpft war, um sich nützlich zu machen. Nun ist die Nachtschwester wieder da – mit den daraus resultierenden Extrakosten. David kann nachts vor Schmerzen und Sorgen nicht schlafen, und wenn er eine Schlaftablette nimmt, macht ihn das nur verwirrter und aufgeregter. Die Folge sind schwere Depressionen. Amalie tröstet sich mit dem Gedanken, daß es vielleicht gut ist, „sich einer Sache ganz zu widmen. So rücken die anderen Sorgen in den Hintergrund“. Aber Davids Krankheit füllt ihr Leben doch nicht vollständig aus, denn sie fügt hinzu: „Aber auch sonst ist das Leben nicht zu rosig, und wir blicken mit Sorge in die Zukunft.“ Anlaß für diese Bemerkung mag eine neue Runde von Maßnahmen gegen die Juden sein. Am Vorabend des Krieges beschlagnahmten die Nazis alle Edelmetalle und ließen den Juden nur ihre Eheringe, Uhren und Tafelgeschirr für zwei Personen. Ab Ende September durften Juden die wenigen ihnen verbliebenen öffentlichen Orte nicht mehr aufsuchen oder nach 20 Uhr ausgehen. Die Sperrstunde erleichterte Verhaftungen, die oft nachts stattfanden.

Der Ausbruch des Zweiten Weltkriegs bedeutete nicht zwangsläufig das Ende von Davids und Amalies Plänen, zu ihren Kindern nach Australien zu gehen. Viele Juden verließen Deutschland im September und Oktober 1939. Im November verlangsamte sich der Strom, und vom Ende dieses Monats bis November 1941, als die Nazis die jüdische Emigration ganz verboten, um eine andere „Endlösung" des Judenproblems durchzuführen, gelang es nur noch 2000 österreichischen Juden, das Land zu verlassen. Aber davon wußten David und Amalie nichts. Eine unmittelbarere Ursache des Kummers war die Unterbrechung der wertvollen Korrespondenz, die für sie die einzige Quelle guter Nachrichten gewesen war. Als Amalie ihren Brief vom 28. August absenden wollte, war der Luftpostdienst eingestellt worden. Sie schickte den Brief mit gewöhnlicher Post, im Wissen, daß er erst in zwei oder drei Monaten in Australien ankommen würde. Später fand sie einen besseren Weg. Ungarn befand sich noch nicht im Krieg, und so schrieb sie an Davids Cousine Margit Brügler in Budapest, die den Brief nach Australien weiterleitete. Meine Eltern schrieben an Margit zurück, die die Briefe ebenfalls weiterschickte. Genauso schrieben Ernsts Eltern über Philippines Schwester Friederike in Jugoslawien.

Während dieser Zeit waren optimistische Stimmungen kurzlebig. „Die Wunde zeigt nun endlich ausgesprochene Heilungstendenz", schreibt Amalie am 10. September und teilt ihren Kindern mit, daß David jeden Tag einige Stunden aufsteht und sogar ein wenig auf und ab geht. Aber zwei Wochen später ist die Wunde immer noch offen, und David muß wieder auf dem Rücken liegen und auf das Ausheilen warten. Was die Reisepläne betrifft, so sind sie „natürlich auf unbestimmte Zeit aufgeschoben, und es ist besser, augenblicklich keine solchen zu fassen". Amalie schlägt vor, Ernst und Kora sollten eine Verlängerung der im März erteilten und ein Jahr gültigen Einreisebewilligungen beantragen. Am 12. Oktober, fast zwei Monate nach der Operation, schreibt sie wieder, daß die Wunde noch nicht verheilt ist: „Und auch der Professor weiß keinen anderen Rat als ‚Geduld'." Wenn sie bei David ist, setzt sie ein tapferes Gesicht auf, aber ihren Kindern gesteht sie, daß sie „innerlich fast am Ende ihrer Kraft" ist.

Am 21. Oktober dann schreibt David noch einmal, allerdings nicht selbst, sondern durch Diktat an Amalie, daß er immer noch im Sanatorium ist und ein zweites Mal operiert werden mußte, weil die Wunde nicht geheilt war. „Körperliche und seelische Leiden“ haben ihn veranlaßt, „die Hiobsfrage ‚warum‘“ zu stellen. Aber dann sagt er, die Frage habe nur für jene Sinn, die an „eine allmächtige Vorsehung“ glauben. Er dagegen teilt seinen Kindern mit:

> Mehr aber spricht zu mir eine viel niedrigere, aber weitverbreitete Vorstellung, die der „Auslösung“ eines großen Glückes durch ein Stück Unglück. Als großes Glück aber empfinde ich Euer Gedeihen, über das ich Tränen der Freude vergossen habe.

Zwei weitere Wochen vergehen voller Beschwerden für David und Befürchtungen, daß auch die zweite Operation nicht genutzt hat, weil immer noch Urin durch die Stiche in der Blase austritt. Am 11. November endlich kann Amalie berichten, daß die Blasenwunde anscheinend verheilt ist. David ist „noch sehr schwach, kann kaum zwei Schritte gehen“, aber wenigstens besteht Hoffnung, daß er in wenigen Tagen nach Hause kann. Im selben Brief berichtet Amalie den Kindern vom Tod ihrer Schwester: „Saras innigster Wunsch ist erfüllt worden, sie schläft den ewigen Schlaf. So traurig dies für uns ist, muß man ihr dieses ersehnte Glück gönnen.“ Sara war eine von Tausenden Juden, die Selbstmord begingen, weil ihnen das Leben unter den Nazis den Kampf nicht wert war. Bevor Margit diesen Brief von Budapest weiterleitet, legt sie ein Briefchen bei, in dem sie schreibt, daß die Oppenheims nun in so schwierigen finanziellen Umständen leben, daß sie mit Freude Lebensmittelpakete aus Budapest annehmen, die sie sechs Monate früher noch abgelehnt hatten.

Vier Tage später kann Amalie schreiben, daß sie wieder zu Hause sind. Aber sie ist weit davon entfernt, die Auswanderungspläne wieder aufzugreifen, nicht nur weil David so schwach ist, sondern auch weil die „Singer-Angelegenheit“ ungelöst bleibt und „sie einfach geduldig warten müssen“. Folglich schreibt Amalie: „An eine Reise ist ja leider derzeit überhaupt nicht zu denken.“

David versucht, ebenfalls zu schreiben, aber seine Handschrift ist so schwach, daß Amalie sie transkribieren muß:

> Nun sitze ich endlich doch wieder an meinem ersehnten Schreibtisch … Dazwischen liegen fast 3½ Monate, und wenn das auch nur eine nicht allzu große Zeitspanne ist selbst in einem kurzen Menschenleben, so trennt doch diesen von den letzten der Briefe, die ganz meine waren, eine Wirrnis von leiblichen und seelischen Schmerzen stärkster, anhaltendster, vielfältigster Art, und nie hätte ich geglaubt, daß ich dennoch da irgend durchkommen werde … Freilich, daß ich durchgehalten und in gewissen Stunden die mir ganz ekle Ernährung nicht verweigert, daß ich auch der Nervenklinik nicht verfallen bin, ist einzig ihr Werk, und Ihr habt, wenn es Euch dankenswert gilt, ihr zu danken. Ich selbst fühle, daß ich fortan nicht mehr eigenen Rechtes bin, sondern recht eigentlich ihr Geschöpf.

Ende November schreibt David, diesmal leserlicher, daß er wieder Englisch lernt, „obgleich ich kaum zu hoffen wage, daß ich es praktisch zu üben noch Gelegenheit bekommen werde". Er betreibt es dennoch weiter, weil er sich dadurch näher bei seinen Kindern fühlt. Erst nach seiner Genesung hat er vom Tod seiner Schwägerin erfahren – da Davids Zustand damals so schlecht war, hat Amalie ihm die Nachricht vorenthalten. Das alles hat seine Perspektive verändert, und wenn er jetzt auf seine früheren Befürchtungen wegen Stürmen auf der Überfahrt zurückblickt, erscheinen ihm solche Sorgen lächerlich. „Wie ganz anders stürmt es um unser Lebensschiffchen auf einem wütenden Meer."

Am 6. Dezember schreibt Amalie, sie habe gehört, daß alle Einreisebewilligungen für Australien annulliert worden sind und daß sie neue Anträge werden stellen müssen. Die Begeisterung, mit der meine Eltern vom Erhalt der Bewilligungen schrieben, hat sich in nichts aufgelöst. Aber Amalie ist über die bestürzende Nachricht weniger beunruhigt, als man erwartet hätte, und sagt nur: „Aber das hat noch lange Wege!" Ein in den ersten Januartagen 1940 geschriebener Brief von Philippine Singer an ihre Kinder zeigt, daß David sich überraschend gut erholt hat: Er geht allein aus und „macht sich wenn nötig in häuslichen Dingen nützlich“. Demnach ist die Prostataoperation kein Hindernis mehr. Statt dessen haben die Oppenheims ihr Schicksal an das der Singers gekettet, die immer noch ohne Pässe sind. In Philippines Brief steht diese bedeutsame Bemerkung: „Wir haben den O.-Eltern gesagt, es wäre unter den gegebenen Umständen vernünftiger, wenn sie früher führen, aber davon scheinen sie nun nichts hören zu wollen.“

Zu diesem Zeitpunkt beginnt mein besorgter Vater, jeden möglichen Ausweg für seine Eltern zu erwägen. Er schreibt an seine Tante in Jugoslawien, ob sie ohne Visum bei ihr wohnen könnten. Sie antwortet, „ein illegaler Aufenthalt ist hier kein Problem. Aber ich weiß nicht, wie man den Bestien entkommt. Man hört von Leuten, die illegal herauskommen, aber sie müssen jung und beweglich sein ... Sie müssen von einem fahrenden Zug springen und stundenlang durch Wälder und Felder marschieren ... für Papa also ganz unmöglich“.

Amalies Schwester Ernestine hatte, wie Davids Schwester Hannchen, einen Angehörigen der Familie Kunstadt geheiratet. Ihr Sohn, Hans Kunstadt, hatte sich nun in New York eingerichtet. Er bot an, zu versuchen, ein Besuchervisum für sie zu erhalten, so daß sie in den Vereinigten Staaten bleiben könnten, bis sie die Erlaubnis bekämen, zu ihren Kindern nach Australien zu reisen. Doch Amalie lehnt es ab, diesen Weg zu verfolgen. In einem zur Weiterleitung an die Kinder geschriebenen Brief an Margit schreibt sie:

> ... doch halte ich das für unnütz, weil wir 1. nicht registriert haben, 2. nicht ahnen können, wann die Weiter- und Einreise nach Melbourne möglich sein wird, 3. nicht wissen, wer uns in New York erhalten soll. Also ist's am besten, im Lande zu bleiben und sich hier redlich zu nähren, wozu uns Gott in mannigfacher Gestalt hilft, nicht zuletzt in Deiner, liebe Margit!

Von den drei Gründen, die Amalie anführt, ist nur der erste ernst zu nehmen. Zehntausende Juden hatten sich beeilt, bei der amerikanischen Botschaft einen Einwanderungsantrag zu registrieren.

Es gab eine Quote, wie viele Immigranten jedes Jahr aus jedem Land aufgenommen wurden, und einige, die viel früher registriert hatten, warteten immer noch, daß sie an die Reihe kamen. Sollten David und Amalie jetzt registrieren, würde es lange dauern, bis sie in Frage kämen, berücksichtigt zu werden. Aber warum sollte man es nicht probieren? Die Registrierung war nicht schwierig, es bestand immer die Möglichkeit, daß die Quote erhöht würde, und sie hatten durch den Versuch nichts zu verlieren und viel zu gewinnen. Jedenfalls schlug Hans vor, es mit einem Besuchervisum zu versuchen, weil er anscheinend glaubte, dies sei leichter zu bekommen als ein Einwanderungsvisum. Amalie geht auf diese Idee nicht ein. Die beiden anderen Gründe, warum sie den Vorschlag ihres Schwagers nicht aufgriff, erscheinen heute banal. Was würde es ausmachen, wie lange sie in Amerika auf eine Bewilligung für Australien würden warten müssen, solange sie nicht mehr in den Klauen der Nazis wären? Und spielte es im Vergleich zu der Gefahr, in der sie sich befanden, wirklich eine Rolle, wenn ihre Verwandten sie eine Weile unterstützen oder ihre Kinder ihnen Geld schicken müßten? Bedenkt man, wie sehr David und Amalie sich offenbar danach sehnten, wieder mit ihren Kindern vereint zu sein, muß es eine andere Erklärung für ihre Weigerung geben, den Gedanken an eine zeitweilige Zuflucht in Amerika zu verfolgen.

30

Gute Österreicher

In der moralischen Dunkelheit im Wien der Nazis setzten sich einige nichtjüdische Besucher über die antisemitische Propaganda und das Risiko politischer Verdächtigungen hinweg und standen David und Amalie bei, indem sie sie in ihrer Wohnung im Herzen des jüdischen Viertels der Stadt besuchten. Am häufigsten werden in den Briefen Koras alte Schulfreundin Eva und deren Mutter erwähnt. Sie sind „oft" hier, schreibt Amalie, und in mehreren Briefen bemerkt sie, daß sie gerade gegangen sind. Wenn sie zu Besuch kommen, während sie gerade schreibt, fügen sie einen kurzen Gruß hinzu. Manchmal kommt Evas Mutter – „eine gute treue Seele" – für sich, manchmal kommt Eva allein, und manchmal kommen sie zusammen. Als Lehrerin bekam Eva gesagt, daß sie in die Partei eintreten müsse, wenn sie in ihrem Beruf weiterkommen wolle. Sie lehnte ab und wurde anders als ihre willfährigeren Kollegen bei Beförderungen übergangen. Eine andere in den Briefen erwähnte Besucherin ist Marie Spott, die jahrelang als Hausangestellte bei meinen Großeltern gelebt hatte. Die Gesetzgebung der Nazis verbot nichtjüdischen Frauen, als Angestellte in jüdischen Häusern zu arbeiten, aber Marie besuchte weiter ihre ehemaligen Arbeitgeber und half ihnen, wo sie konnte. Noch im Januar schreibt David, daß er sehr glücklich sei, von Amalie und Marie „unermüdlich umsorgt" zu werden. Besonders befriedigend für David waren Besuche von einigen seiner nichtjüdischen Lieblingsschüler:

> Eine sichere Freude sind die Besuche, die ich von treuen Freunden, mitunter ganz überraschend, bekomme. Daß ich mir ihre Wertschätzung erwerben konnte, wirkt auf meine arg bedrohte Selbsteinschätzung äußerst heilsam und widerlegt das alte Hohnwort, daß Schulmeister nur der wird, den die Götter hassen.

Alle Besucher brachten Lebensmittel mit, und einer, ein Arzt, versorgte David mit Insulin.

Davids unwahrscheinlichste Beziehung bestand jedoch zu einem Mitglied der SS. Albert Massiczek, der Sohn eines Dorfpolizisten, wurde mit den in diesem Milieu verbreiteten antisemitischen Vorurteilen erzogen. Mit 16 Jahren schloß er sich der Hitlerjugend an, und 1936 war er einer der Führer dieser damals illegalen Organisation. 1937 trat er in die ebenfalls illegale SS ein. Die Freude, mit der er die Ankunft der Naziherrschaft in Österreich begrüßte, schlug jedoch bald in Ernüchterung um. Parteimitgliedschaft, einst ein gewagtes Abenteuer, bedeutete nun eine Folge von höchst disziplinierten Sitzungen, auf denen Befehle von weiter oben nach unten gereicht und ohne Frage befolgt wurden. Massiczeks Zweifel am Nazismus wurden durch eine junge Frau vermehrt, die eine Verwandte des früheren deutschen Kanzlers General Kurt von Schleicher war. Schleicher, ein konservativer Militär, aber kein Freund der Nazis, war 1934 von der SS ermordet worden. Von einer persönlich Betroffenen von diesem Mord zu erfahren öffnete Massiczek die Augen für andere Übergriffe. Sechs Monate nach dem Anschluß schloß er sich einer Widerstandsgruppe um einen katholischen Priester an, Roman Karl Scholz, der wie er selbst Mitglied der Nazipartei gewesen war, als diese noch illegal war. Massiczek hatte zusammen mit Friedrich Heer studiert und sich mit ihm angefreundet. Heer lud ihn ein, ihn bei einem seiner Besuche bei seinem verehrten ehemaligen Lehrer zu begleiten. So fand sich Massiczek, jetzt in seinen frühen Zwanzigern und immer noch bei der SS, in der Wohnung von David und Amalie wieder.

Als Massiczek meinem Großvater zuhörte, war er zunächst peinlich berührt von der tiefen Ergriffenheit, mit der David redete. In Massiczeks Kreisen bemühte man sich, dem preußischen Ideal zu folgen und seine Gefühle zu unterdrücken, sich „hart“ zu machen. Allmählich veränderten sich Massiczeks Gefühle. Damals konnte er es nicht ausdrücken, aber später fand er diese Worte:

> Ich bemerkte, daß die Worte Oppenheims mehr Gewicht hatten als meine, mehr Gefühle und mehr Erfahrung. Besonders die

> emotionalen Inhalte der Begriffe *Mensch, Menschheit* und *Menschlichkeit* erschienen mir vielschichtig. Sie vermittelten Wärme und Tiefe und einen Umfang, der nur aus starken menschlichen Beziehungen entstehen kann. Ich begann zu spüren, daß ein großer Unterschied bestand zwischen der Verantwortung, die viele Juden für ihre Mitmenschen empfanden, und der Verantwortungslosigkeit, die unter vielen nichtjüdischen jungen Menschen besteht.

Massiczek kam mehrmals wieder zu den Oppenheims, bevor er zum Heer eingezogen wurde, ein Ereignis, das ihm die Gelegenheit bot, aus der SS auszuscheiden und regulärer Soldat zu werden. Als er nach Wien auf Urlaub kam, besuchte er wieder die Oppenheims, diesmal in der feldgrauen Uniform. Während der Invasion Rußlands verlor er sein rechtes Auge, als der Panzer, in dem er als Funker war, von einer Granate getroffen wurde. Nach seiner Genesung trug er eine schwarze Klappe über der Augenhöhle, an der er leicht zu erkennen war, aber auch dies hielt ihn nicht ab, meine Großeltern weiter zu besuchen. Während dieser Besuche unterhielten sich Massiczek und David ausführlich über Judentum, Christentum und Antisemitismus. Massiczek machte kein Geheimnis daraus, daß er sich völlig von dem Gedankengut der Nazis, das er früher vertreten hatte, abgewandt hatte. Wie Eva, Friedrich Heer und andere Besucher brachte er Geschenke mit, bestimmte Lebensmittel, die Juden nicht erhalten konnten, da ihnen während des Krieges nur karge Rationen zugestanden wurden. Als David seine Bücher nicht mehr behalten konnte, übernahm Heer viele, aber auch Massiczek war einverstanden, sich um einige zu kümmern.

Diese Besuche und Geschenke waren, wie Amalie später schrieb, nicht nur von materiellem Nutzen, sondern auch eine äußerst wertvolle Form moralischer Unterstützung. Mein Großvater jedoch konnte Massiczek etwas zurückgeben, etwas, das er immer behielt. Ihre Gespräche waren ein Wendepunkt in Massiczeks geistigem Leben. Die jüdische Art, die Welt zu betrachten, zog ihn in ihren Bann, nicht im religiösen Sinn, sondern im Sinn der unverwechselbaren Haltungen und Emotionen, die er in dem oben zitierten Abschnitt beschreibt. Er lebte mit einer Jüdin, deren Familie nach Wien zurückgekehrt war, und schrieb eine größere Studie über Marx mit dem Titel *Der menschliche Mensch – Karl Marxs jüdischer Humanismus*. Das Buch interpretiert Marx positiv, indem es seine Jugendschriften heraushebt, in denen, so Massiczek, der unbewußte Einfluß einer menschlichen jüdischen Weltanschauung sichtbar wird.

Dezember 1998

Ich bin in Eva Bergers Wohnung in der Porzellangasse, wohin meine Mutter oft nach der Schule mit ihrer Freundin ging. Jetzt 91 und verwitwet, aber geistig so wach wie immer, lebt Eva immer noch hier, umgeben von den Möbeln und Gemälden, die sie von ihren Eltern geerbt hat. Von hier ging sie über den Donaukanal, um meine Großeltern zu besuchen. Ich fragte sie, wie ihre allgemeine Stimmung war, sobald die Hoffnung, zu ihren Kindern zu stoßen, auf den Nullpunkt geschrumpft war. Es war, erinnerte sie sich, geduldiges Durchhalten: „Sie glaubten, sie würden hier weiterleben können, still, ein eingeschränktes Leben, aber körperlich unversehrt." Dann erzählt sie mir, daß sie bei einem Besuch David in einem Zustand großer Unruhe antraf. Einige Zeit zuvor hatten die Nazis verfügt, daß Juden alle Waffen abgeben müßten. Die Frist für die Ablieferung war abgelaufen, aber David hatte vergessen, daß er aus seiner Zeit als Offizier der k.u.k. Armee noch seinen Säbel hatte. Jetzt, machte er sich klar, konnte jederzeit das Haus durchsucht, die Waffe gefunden und David in ein Konzentrationslager geschickt werden. Aber noch riskanter war es für ihn, auf die Straße zu gehen und ihn wegzuwerfen. Was sollte er tun? Eva nahm den Säbel unter dem Mantel versteckt mit. Ihr Heimweg führte sie über den Donaukanal, und sie hatte vor, ihn hineinzuwerfen, aber der Ort war zu öffentlich, und es hätte sie jemand beobachten können. Auf dem weiteren Weg kam sie an einer Kaserne vorbei, und dort, in einer dunklen Mauerecke, wurde der Säbel, den mein Großvater über 20 Jahre lang aufbewahrt hatte, weggeworfen.

Nach meiner Begegnung mit Eva besuchte ich Albert Massiczek. Ein bemerkenswert lebhafter und wacher Herr von 82 Jahren kommt an die Tür, ergreift meine Hand fest und hält sie lange, ein herzliches Lächeln im Gesicht und ein einziges Auge, das mich anstrahlt. Die schwarze Klappe trägt er nicht mehr, und die eingefallene Stelle, wo sein rechtes Auge war, gibt seinem Gesicht ein auffallend asymmetrisches, aber nicht unangenehmes Aussehen. Er freut sich sichtlich, mich zu sehen, und führt mich in die Küche, wo er ein leichtes vegetarisches Essen zubereitet hat. Wir sprechen von meinen Großeltern und ihrem Einfluß auf sein Leben. Er zeigt mir einen Brief, den David ihm im Januar 1942 schrieb, um ihm zur Geburt seines ersten Kindes zu gratulieren. Die typische Denkweise meines Großvaters springt in den ersten Zeilen ins Auge, mit denen er Massiczek sagt, daß der Name seiner Tochter, Anna, in seiner Ursprungssprache Hebräisch einfach „Gnade" bedeutet. Da er die Gesinnung seines Freundes kennt, glaubt er, daß ihn das freuen wird. In der Tatsache, daß das Kind ein Mädchen ist und nicht am Krieg wird teilnehmen müssen, sieht er ein Zeichen, „daß diesem höllischen Krieg doch ein Friede entspringen wird". Im weiteren sagt David, daß er und Amalie, „die nun die Geringsten der Geringen sind", keine Möglichkeit haben, zurückzuzahlen, was Massiczek und seine Frau für sie getan haben und weiter tun, außer daß sie eng an ihrem Leben teilnehmen. Er schließt, indem er sich auf Massiczeks nächsten Besuch freut, „mit einer Ungeduld, die ich freudig nennen würde, wenn es in meinem persönlichen Leben noch irgend Freude gäbe." Um mögliche Probleme für Massiczek zu vermeiden, ist der Brief nur mit „Ihr treuer Ernst" unterschrieben – Davids zweitem, nichtjüdischen Vornamen.

Unser Gespräch berührt mehrere Themen, auch solche, die Massiczek mit meinem Großvater diskutierte. Bevor wir uns verabschieden, nimmt er aus seinen Bücherregalen einen Band mit den Schriften der frühesten griechischen Philosophen, der sogenannten „Vorsokratiker", weil sie vor Sokrates wirkten. Es ist eine zweisprachige Ausgabe mit dem griechischen Text auf der einen Seite und der deutschen Übersetzung auf der anderen. Mein Großvater gab sie ihm nicht als Teil seiner Bibliothek, die er für bessere Zeiten hüten sollte, sondern als Geschenk. Jetzt schenkt er sie mir, so daß das Buch, das einmal zur Bibliothek meines Großvaters gehörte, nun Teil meiner eigenen sein wird.

31

Entsagen

Als sich das schicksalhafte Jahr 1939 dem Ende zuneigt, tritt das Thema der Emigration Davids und Amalies in den Briefen in den Hintergrund, doch berichtet Amalie weiter von anderen Verwandten und Freunden, die versuchen auszureisen. Kurz vor Weihnachten schreibt David, daß er wieder an seinem Englisch arbeitet, aber „nicht mehr angestachelt durch die bestimmte Aussicht auf eine nicht mehr ferne und entscheidende Erprobung". Er hat einige seiner Bücher verschenkt und sortiert den Rest seiner Bibliothek, „um sie, wenn es nötig wird, rasch in geordneten Partien weggeben zu können". Das bedeutet, daß er nicht unbeschäftigt ist, „aber Arbeit, die vorwärtsbringt, ist das nicht mehr. Die müssen wir wohl schon Euch Jungen überlassen."

Davids und Amalies Leben dreht sich immer enger um ihre fernen Kinder. Hier wenigstens gibt es etwas Neues, worauf sie sich freuen können: Kora erwartet im kommenden Mai ein Kind. David begrüßt die Neuigkeit über sein erstes Enkelkind mit großer Feierlichkeit, indem er Kora und Ernst schreibt, sie seien nun Schöpfer einer „Kleinwelt", weil diese nicht durch Zufall geschah, denn „wohlbedacht und ernstlich entschlossen habt Ihr sie aus dem Nichts herbeigezogen". Amalie sieht die freudige Nachricht als willkommenes Zeichen, daß Kora und Ernst sich in ihrem neuen Land wirklich heimisch fühlen. Doch in ihre Freude mischt sich Sorge über die Schwierigkeiten, die ein Kind für Kora als „erwerbende Mutter" bringen wird, und sie schreibt, daß sie und Philippine betrübt sind, weil „wir Großmütter Euch diese Sorge nicht abnehmen können, indem wir die Arbeit an dem Kleinen auf uns nehmen". Während sie „noch vor einer Woche unsere Trennung für immer als notwendig ruhig hinnahm", schmerzt sie jetzt, daß sie „mindestens so lange nicht, als der traurige Krieg dauert" zu ihren Kindern kommen und sich dort nützlich machen können. Daß sie wegen des Krieges „für das Enkelkind nicht einmal die Ausstattung schicken kann, ja nicht einmal ein Jäckchen etc. schicken darf, in das ich alle Liebe und alle Wünsche hineinstricken möchte, schmerzt mich sehr".

In seinem ersten Brief 1940 schreibt David von ihrer Freude, einen Brief zu erhalten, der einen Monat früher in Australien geschrieben wurde. Aber trotz ihrer wiederholten Bitten hat Doris kein Foto von sich geschickt; das eine, das Ernst aufnahm, hält sie zurück, weil sie sich darauf zu dick findet. David schimpft Doris wegen ihrer Eitelkeit. Er berichtet von seiner Gesundheit, die einigermaßen gut ist. Die Härte, unter der sie leiden, wird durch den Beistand von Freunden wie Margit erleichtert, und die Hilfe ist nicht nur materiell, sondern auch „ein Beweis, daß wir nicht so verlassen sind, als es den Anschein hat". Im übrigen, schreibt er, „sind wir weiter so gestellt, daß wir uns selber recht gut erhalten können. Nur daß die Zukunft so dunkel verhängt und das Hoffen gar so schwer ist". Amalie stimmt zu: „Wir sind gottlob gesund und zufrieden und sogar glücklich, wenn wir gute Nachricht von Euch haben."

Während des ersten Vierteljahres 1940 gehen die Briefe wieder regelmäßiger über Budapest hin und her. Kora wird von ihren Eltern bewundert, weil sie während der ganzen Schwangerschaft weiter arbeitet. Damit haben sie und Ernst ein solides Einkommen, was wichtig ist, weil der Kriegsausbruch Einfuhrbeschränkungen mit sich gebracht hat, die das neu eingerichtete Geschäft meines Vaters gefährden. Doris erhält einige unbeschwerte Neckereien über ihre häufigen Berufswechsel: Zunächst Verkäuferin, wechselt sie als Sekretärin zum Zollamt, dann nimmt sie eine Stelle im Büro meines Vaters an und wird danach Kosmetikerin. Die letzte dieser Stellen veranlaßt Amalie, ihr ein Buch über Kosmetika zu schicken, aber bis es ankommt, hat sie schon wieder eine andere Arbeit. Die Briefe von David und Amalie sprechen nicht mehr von bestimmten Plänen, zu ihren Kindern zu reisen. Diese Pläne sind, wie David am 15. Januar schreibt, „zerronnen oder doch in nebelgraue Ferne gerückt". Die „unglückliche Angelegenheit" der Singers ist immer noch nicht entschieden. Im Januar schreibt Amalie, daß Philippine „es nicht vorantreiben möchte und vielleicht mit gutem Grund". Anfang März teilt Amalie Ernst mit, daß seine Eltern geduldig warten, „bis sich ihre nähere und fernere Zukunft entscheidet, *da man ja nichts anderes tun kann*, und wir hoffen, daß alles gut sein wird". Davids und Amalies Berichte über ihr eigenes Leben beschränken sich im allgemeinen auf Feststellungen, daß sie „ruhig", „eintönig" und „zurückgezogen" leben. Amalie geht nur aus dem Haus, wenn sie etwas besorgen muß, David macht täglich einen kurzen Spaziergang. Kein Tag vergeht, ohne daß jemand zu Besuch kommt. Obwohl viele Angehörige ihres alten Freundeskreises schon emigriert sind, „tauchen neue Freunde auf und die wenigen alten rücken näher zusammen". Jeden Sonntagnachmittag kommen die Singers zu Besuch. Sie reden über ihre Kinder und ihre Hoffnung, sie wiederzusehen, und David und Albert widmen einen Teil dieses Beisammenseins dem Englischlernen. Alle richten ihre Gedanken darauf, daß wenigstens ihre Kinder für sich „ein lohnendes Dasein" gewonnen haben, und diese Stunden vergehen schnell und angenehm. David teilt seinen Kindern mit, daß ihre Briefe mit ihren Berichten von Festen und Urlaubsfahrten „wie Berichte aus einem bessern Jenseits" für sie klingen. Was sie selbst angeht, so haben sie kaum noch Verlangen nach einer Unterbrechung ihres Alltagslebens. Sie sind hochzufrieden, „wenn dieses in seinem alten Geleise weiterrollt", und „je weniger wir uns darum bekümmern, desto wohler fühlen wir uns".

Wie immer ist Amalie positiver. Sie lebt „viel in Erinnerung an vergangene Zeiten", ist aber glücklich, wenn sich David wohl fühlt. Körperlich, berichtet sie, hat er sich völlig von seiner Krankheit erholt, aber er ist „seelisch sehr niedergeschlagen". Und zu ihrer eigenen Stimmung: „Ich bin wieder gottlob guter Dinge und lasse meinen Mut und meine Zuversicht nicht sinken." Die Geschenke, die sie von Freunden bekommen, bedeuten, daß sie gut versorgt sind, nur „Ernsts Ware" fehlt – damit muß sie Kaffee meinen. Im Februar schreibt Amalie sogar:

> Ihr wißt, daß ich grundsätzlich immer mit allem zufrieden bin, wenn es nur irgend möglich ist. Seit Vaters Genesung geht es mir wieder so. So vergeht die Zeit besser als mit Klagen.

Der Winter 1939-40 ist ungewöhnlich kalt und schneereich. Amalie schreibt: „Es muß Frühling werden." David dagegen sagt:

„Der Frühling ist wohl noch sehr weit weg." Beide Bemerkungen scheinen sich auf mehr als das Wetter zu beziehen.

Ende Februar ist David mit der Neuordnung seiner Bibliothek fertig. Auf Ernsts Bemerkung über seine „zerrissenen Bücher" vor über einem Jahr zurückkommend, sagt er, er wünsche, Ernst könnte seine Bibliothek jetzt sehen, denn er würde da nicht viele Fetzen finden. Doch selbst von der verkleinerten Sammlung sagt er: „Schade, daß ich sie kaum behalten werde. Aber wenn nur sie unserer Reise entgegenstünde, wären wir bald bei Euch." Mit dieser Bemerkung gesteht er ein, daß es eine Zeit gab, als seine Abneigung, sich von seinen Büchern zu trennen, ihn vom Auswandern abgeschreckt hatte, aber er erklärt zugleich, daß diese Zeit vorbei ist – David weiß jetzt, daß ihm manche Dinge nun mehr bedeuten als seine Bücher. Davids Zweifel, daß er seine Bücher behalten kann, sind höchstwahrscheinlich ein Hinweis auf die andauernde Zwangsräumung jüdischer Wohnungen, deren Inhaber gezwungen werden, mit anderen Familien zusammenzuziehen. Den Oppenheims ist es soweit erspart geblieben, ihre Wohnung verlassen zu müssen, aber im März schreiben sie ziemlich beunruhigt, daß sie wohl werden umziehen müssen. Im nächsten Brief, geschrieben am 19. März, bereut David, die Kinder durch den vorigen Brief beunruhigt zu haben: „Vorläufig bleiben wir, wo wir sind, und dürfen auch hoffen, weiter zu bleiben, dies vor allem deshalb, weil ich Kriegsinvalide bin."

Seit April 1940 sind die Briefe von David und Amalie wieder mit der Hand geschrieben. David erklärt: „Mutter hat sich von ihrer Schreibmaschine getrennt, da sie überzeugt wurde, daß an anderer Stelle ein ungleich dringenderer Bedarf besteht." Er fährt fort:

> Entsagen ist eben das Gebot der Stunde, und wir haben es schon so oft und auch da, wo es bei weitem schwerer war, geübt. Selbst Einsamkeit zu ertragen haben wir gelernt, und über die konnte uns keine Schreibmaschine und nichts, was man als Wertgegenstand bezeichnet, hinweghelfen. Dies vermag einzig und allein die Zuversicht, daß es um Euch, meine Geliebten, gut steht und noch immer besser stehen wird.

Zwei Wochen später beklagt David, daß die Regelmäßigkeit ihrer Korrespondenz anscheinend wieder zusammenbricht. Der gewohnte wöchentliche Brief aus Australien ist nicht eingetroffen, und so haben sie selbst zwei Wochen nicht geschrieben, „denn wie unser Leben überhaupt nur mehr so viel ist, als Ihr ihm durch das Eure Inhalt bietet, so ist auch unser Schreiben kaum mehr als ein Nach- und Widerhall dessen, was Ihr uns zu hören gebt". Amalie fällt es schwer, ohne Nachrichten zu leben: „Gerade in diesen Wochen wäre ich gerne bei Euch, um Dir, liebe Kora, mit Rat und Tat beizustehen. Bitte telegraphiert nur gleich, Gott gebe Gutes, daß Mutter und Kind gesund sind!"

Wieder kommt Passah, und Amalie schreibt:

> Den Seder habe ich so gefeiert, daß ich, wie es Sitte ist, an den Auszug der Kinder Israels gedacht habe, und daß da meine Gedanken meist bei Euch waren, werdet Ihr mir glauben, und so voll war das Herz, daß die Augen mir übergingen. Aber man muß stark sein, und ich bin es wieder.

Ein Brief von Kora und Ernst zu Davids Geburtstag trifft verspätet ein, zeigt aber, daß noch Briefe durchkommen, wenn auch weniger regelmäßig als früher. Der Geburtstagswunsch meiner Eltern für David ist, daß er bald wieder mit ihnen vereint sein möge. Er antwortet, dies sei auch sein „höchstes und doch zugleich einziges Verlangen", aber die Schwierigkeit ist, „aus dem Bereich der frommen Wünsche herauszukommen". Da sie nichts anderes tun können als zu warten, werden sie dies tun, mit „geduldiger Ausdauer" wie bisher. Schon am Tag darauf jedoch erleiden Davids und Amalies Hoffnungen einen neuen Schlag, denn sie erhalten von meinen Eltern die Nachricht, daß der Antrag auf Verlängerung der Einreisevisa abgelehnt wurde. Es besteht nur eine geringe Chance, daß diese Entscheidung revidiert werden kann. Angesichts dieses Rückschlags sagt David, es wäre am besten, dem Beispiel der Stoiker zu folgen, nämlich Hoffnung und Furcht abzutun, und sich dem Lauf des „unüberwindlichen Schicksals" zu fügen. Leider, räumt David ein, fehle ihm trotz seiner Kenntnis der alten Philosophen die innere Stärke, diesen Weg einzuschlagen.

Am 7. Mai 1940 schreibt David wieder, ohne einen Brief erhalten zu haben, auf den er antworten kann, und er wiederholt, wie schwer ihm dies fällt. Ein Gedanke, schreibt er, beschäftigt sie ausschließlich: „*Was wird aus uns werden?*" Aber dieser Gedanke ist „seinem innersten Wesen nach gestaltlos", und deshalb kann er keinen Brief darüber schreiben. Aber dann fährt er fort, es sei vielleicht gut, daß er nichts Neues zu berichten habe, denn in den ersten Maitagen kamen weitere Einschränkungen der Wohnungssituation, und viele Menschen, auch Ernsts Eltern, mußten in noch beengtere Verhältnisse umziehen. Da ihm und Amalie nichts passiert ist, sagt David jedoch: „So kann ich also hoffen, wieder eine Zeitlang ungestört in meiner Studierstube meine Sprachstudien betreiben zu können. Und das tue ich denn auch vom frühen Morgen bis in die späte Nacht." Amalie dagegen denkt noch „den ganzen Tag und einen großen Teil der Nacht" an ihre Kinder, besonders Kora, und betet, alles möge gutgehen.

Seit der Niederlage Polens im September 1939 hat zwischen Deutschland auf der einen Seite und England und Frankreich auf der anderen Kriegszustand geherrscht, doch ist es nicht zu Kampfhandlungen zwischen den kriegführenden Staaten gekommen. Am 10. Mai 1940 nahm dieser „Sitzkrieg" jedoch mit der deutschen Invasion Belgiens und der Niederlande ein abruptes Ende, offenbar der Auftakt zu dem eigentlichen Ziel, der Invasion Frankreichs. Am selben Tag trat Chamberlain zurück, und Winston Churchill übernahm das Amt des britischen Premierministers, ein Zeichen für eine trotzigere Haltung gegenüber der Bedrohung durch die Nazis. David empfand seine Machtlosigkeit nun noch schärfer und bemühte sich um eine philosophische Sicht seiner Situation. Seine prophetischen Worte scheinen in großer Erregung geschrieben, denn seine Schrift ist so unleserlich, daß Amalie sie nachschreibt:

> Nun hat die Weltgeschichte einen Eilmarsch angetreten ... die Zukunftssorgen banne ich, so gut es geht, mit der sich immer mehr verfestigenden Überzeugung, daß die Waage, auf der das Schicksal der Völker gewogen wird, sich nun zum Ausschlag neigt, und an diesem der Wille des einzelnen keines Haares Brei-

> te zu ändern vermag. Nur beobachten kann er ihn und sich selber vorbereiten, nicht fassungslos zu sein, wie immer das Zünglein einspielt. In diesem voraussichtlichen Miterleben des Weltgangs mag er sich selbst als eine kleine, aber doch als eine ganz in sich geschlossene Welt, als Herr Mikrokosmos, wie Mephisto höhnend sagt, fühlen, und dies mit einem gewissen, auch durch jenen Hohn nicht gedemütigten Stolz. Und wenn der Makrokosmos sich anschickt, in unverantwortlicher „Herr"lichkeit über den armen ‚Schalk' [Fußnote Oppenheims: Schalk heißt ursprünglich „Knecht"] hinwegzurollen, so mag ihn noch das Bewußtsein trösten, daß die Drehung, die seinem knechtischen Dasein ein Ende macht, nicht just die letzte sein wird.

Während diese folgenschweren Ereignisse stattfinden, geschieht auf der anderen Seite der Erdkugel etwas anderes sehr Bedeutsames für David und Amalie. Am 18. Mai erhalten David und Amalie ein Telegramm von Margit mit dem Wortlaut: „GLÄNZENDE ENTBINDUNG VON EINER TOCHTER." David begrüßt das Ereignis in seiner typischen Art mit einem klassischen Bezug, diesmal auf Medea, die griechische Zauberin, die die Tapferkeit der Frauen mit den Worten verteidigt, sie würde lieber dreimal vor dem Feind stehen als ein einziges Mal gebären. Aber er hat auch einen Wunsch für die Zukunft des Kindes: „Möge es unter Euer aller Schutz ... wachsen und gedeihen an Leib und Seele und die böse Zeit, die uns belastet, wenn nicht gar erdrückt, nur als ein gruseliges Märchen vom Hörensagen kennen." (Dieser Wunsch hat sich glücklicherweise erfüllt.) Amalie drückt einfach ihre große Freude über die gute Nachricht aus und kommt dann sofort auf die Details: Sie weiß noch nicht den Namen ihrer Enkeltochter, wie die Kleine aussieht, ob Kora sie stillen kann und viele andere Dinge. Sie wünscht sich Fotos, möglichst viele und bald, denn „wir, die wir geringe Hoffnung haben, unser Enkelkind in Person zu sehen, werden glücklich mit den Bildern sein".

Amalies Ungeduld muß weiter gewachsen sein, denn plötzlich kam die Post aus Australien nicht mehr nach Budapest durch. Während die deutsche Armee die französische zurückschlug, die Briten ihre Streitkräfte bei Dünkirchen evakuierten, die Nazis Paris besetzten und Hitler die französische Kapitulation im selben Eisenbahnwaggon entgegennahm, in dem die Deutschen 22 Jahre zuvor kapituliert hatten, warteten David und Amalie immer noch darauf, mehr über ihre Enkeltochter zu hören. Im August erfahren sie aus einem Brief von Davids Schwester Hannchen, jetzt in New York, daß sie Joan Rose heißt. Dann kommt wieder lange keine Nachricht. Amalie schreibt weiter, gibt aber zu, daß es schwierig ist, einen „Monolog" zu führen. Im Dezember schreibt Amalie endlich eine gute Nachricht: „Mamas Angelegenheit ist gottlob befriedigend geregelt, und wir sind alle von einer bedrückenden Sorge befreit. Es gibt genug andere Sorgen, aber diese war die schwerste." „Mama" ist Philippine Singer, und die Neuigkeit war, daß die Strafverfolgung irgendwie mit einer Geldstrafe eingestellt worden ist. Wie ernst diese Sorge wegen der „Singer-Angelegenheit" war, läßt sich aus dem nächsten Satz abschätzen:

> Auch an Arbeit fehlt es uns nicht – so hatten wir in den letzten 2 Wochen viel Plage mit den Änderungsarbeiten in unserer Wohnung, bei denen Dadis [Davids] große Bibliothek uns viel zu schaffen und zu leiden gab. Langeweile haben wir ja niemals, da wir doch unberufen 12 Personen in unserer Wohngemeinschaft sind.

Dies war eine Folge weiterer Einschränkungen jüdischen Wohnraums. Zwölf Personen in einer Wohnung, die früher höchstens fünf (einschließlich der Haushaltshilfe) beherbergt hatte, dürfte keine leichte Umstellung gewesen sein. Weder Amalie noch David sagen, wer die anderen zehn sind oder wo sie alle schlafen. David schreibt:

> Denn viel berichten können wir ja überhaupt nicht. Ist doch sogar die starke Vermehrung unseres Hausstandes, von der die liebe Amalie schon schrieb, nach unseren Begriffen nichts besonderes und zu näherer Erörterung völlig ungeeignet. Nur eines will ich noch zum Punkt bemerken: Nunmehr habe ich schon hier gelernt, woran ich mich erst in der Fremde zu gewöhnen dachte. Es läßt sich leben, auch wenn man nicht Zimmer mit Büchern

gefüllt hat. Die Arbeit, sie mit der gebotenen Schnelligkeit wegzuschaffen, war freilich eine harte Beanspruchung leiblich wie seelisch. Nun aber sitze ich schon wieder am Schreibtisch und betreibe wie vordem im wahrsten Sinne des Wortes fanatisch mein Sprachstudium. Hilft das auch sonst zu nichts, ist es doch ein bewährtes Beruhigungsmittel.

In Budapest fügt Margit diesem Brief eine flehentliche Bitte um eine schnelle Antwort an, „damit Eure Eltern sich dieser Lebensinjektion erfreuen können". Wie bewußt diese Wortwahl war, weiß ich nicht, aber es kommt der Wahrheit ganz buchstäblich nahe, wie aus dem nächsten Brief, den David am 30. Dezember 1940 schreibt, hervorgeht:

> Und wenn wir uns dennoch aufraffen zum althergebrachten Wunsch: Ein glückliches neues Jahr!, so meinen wir vor allem, es möge uns wenigstens die glückliche Gewißheit geben, daß Ihr gesund seid, Euer Kind gedeiht, Eure Arbeit ihren Lohn findet. Wir beide sind, mag auch der Krieg noch so grimmig toben, *nicht mehr allzu weit von dem Frieden, den keine irdische Macht zu stören mächtig genug ist.* Euch aber brauchen solche Gedanken nicht zu erschrecken. Wenn bereit sein alles ist, so gilt es eben bereit zu sein *für jeden Fall.* Dann aber, ja gerade dann kann man ruhig abwarten, was einem wirklich zufällt.

Als David fast 40 Jahre früher an seinen Fähigkeiten als altsprachlicher Gelehrter zweifelte, hatte er über die Lehre der Stoiker nachgedacht, daß es vernünftig sei, Selbstmord zu begehen, wenn man seine Lebensaufgabe nicht mehr erfüllen kann. Jetzt, unter völlig anderen Umständen, war er nahe daran, demgemäß zu handeln. Aber Amalies Brief unter demselben Datum zeigt, daß sie die Hoffnung auf ein glücklicheres Ende ihres Lebens noch nicht ganz aufgegeben hat, denn er enthält eine verhüllte Anfrage über die Möglichkeit, nach Australien zu gehen:

> Ernsts Eltern sind auch gesund und würden so wie seine Schwiegereltern den aufgeschobenen Besuch gerne nachholen; doch

> dürfte das kaum möglich sein, da die Einladung ausgeblieben ist. Philippines Gesundheit ist wieder hergestellt, so daß sie die Reise machen könnte.

In anderen Worten, die Singers wie die Oppenheims sind bereit, nach Australien zu gehen, wenn nur eine Einreisebewilligung dorthin zu bekommen ist. Da es keinen früheren Hinweis auf ein gesundheitliches Problem bei Philippine gibt, steckt dahinter mit größerer Wahrscheinlichkeit die Absicht, Ernst mitzuteilen, daß seine Eltern nun ihre Reisepässe zurückbekommen haben. Die fehlende „Einladung" ist wohl das australische Einreisevisum. Zwei Wochen später schreibt Amalie wieder und erwähnt, daß „Philippines seinerzeitiges Leiden ganz behoben ist, so daß sie den Strapazen einer Reise auch nach Übersee gewachsen wäre".

Da es unmittelbar nach der Nachricht kommt, daß die „Singer-Angelegenheit" bereinigt ist, bestätigt diese plötzliche Erneuerung des Interesses an der Emigration, daß David und Amalie nicht gewillt waren, ohne die Singers fortzugehen. Die „Singer-Angelegenheit" kam erstmals im Juni 1939 auf, über einen Monat vor Davids Prostataoperation, und sie wurde erst im November oder Dezember 1940 endgültig bereinigt. Davids Gesundheit hätte ihn zwischen August und November 1939 am Reisen gehindert, aber das hätte ihm und Amalie noch Zeit gelassen herauszukommen. Nachdem ihre Bewilligungen widerrufen worden waren, wäre es für sie schwieriger geworden, nach Australien zu gehen, aber selbst dann hätten sie noch woandershin gehen können, vielleicht zu ihren Verwandten in den Vereinigten Staaten. Amalies Schwägerin Recha Pollak konnte Wien noch Anfang 1941 verlassen. Andere Verwandte gingen nach Bolivien. Aber mit der Zeit wurde es immer schwieriger wegzukommen, und spätestens Ende 1940 war es nahezu unmöglich. So sperrte Alberts und Philippines Versuch, einen Teil ihres Geldes und ihrer Wertsachen aus Deutschland herauszubringen, sie selbst wie auch David und Amalie unter der Naziherrschaft ein. Dieser unselige Versuch muß in seinem Kontext gesehen werden. Die Nazis nahmen Alberts und Philippines Firma und zwangen sie, ihr Haus zu einem Bruchteil seines Wertes zu verkaufen. Dann besteuerten sie das Vermögen, das ihnen verblieben war. Wie viele andere in der gleichen Lage versuchten Albert und Philippine, ein wenig von diesem unverblümten Raub zu retten. Wir mögen denken, daß es unklug von ihnen war, ihr Leben zu riskieren, um mehr Geld zu haben, aber im nachhinein ist man immer klüger.

David hätte vielleicht überlebt, wenn er und Amalie bereit gewesen wären, ohne die Singers zu gehen. Die Singers waren ja keine Blutsverwandten, und nur zwei Jahre zuvor hatten sie überhaupt keine Verbindung zu ihnen gehabt. Im Deutschen gibt es nicht einmal ein Wort für die Beziehung zwischen den Eltern eines Ehepaares. Im Jiddischen gibt es eines: Sie sind *machetunim,* und die Beziehung bedeutet mehr als in deutschen Kreisen. Sie waren noch näher zusammengerückt, nachdem ihre Kinder fort waren, und trafen sich regelmäßig, um Neuigkeiten auszutauschen. Trotzdem drängte Philippine David und Amalie, ohne sie zu gehen. Davon wollten sie nichts hören. Schließlich war es also nicht Davids anfängliches unangebrachtes Vertrauen, daß die Nazis einem dekorierten, verwundeten Kriegsveteranen nichts antun würden, was sie daran hinderte, den Nazis zu entkommen, sondern seine und Amalies Weigerung, ihre *machetunim* im Stich zu lassen. Wie hoch der Preis war, den sie für ihr Bleiben würden bezahlen müssen, wußten sie nicht; aber sicherlich wußten sie, daß der Preis bestenfalls die nackte Existenz als verachtete Parias unter Naziherrschaft und, was sie noch mehr schmerzte, andauernde Trennung von den Kindern, nach denen sie sich sehnten, sein würde. David und Amalie waren viel weniger wohlhabend als die Singers und nie an Geld interessiert, es sei denn, es wurde für einen bestimmten Zweck wie Davids Operation gebraucht. Ich habe keine Ahnung, was sie persönlich vom Versuch der Singers hielten, den Diebstahl ihres Vermögens durch die Nazis zu umgehen. Aber nirgendwo in Davids und Amalies Briefen findet sich die kleinste Andeutung von Kritik am Verhalten der Singers.

Mein Vater muß für die Wendung des Geschicks, die das Schicksal seiner Eltern besiegelte, eine schreckliche Verantwortung empfunden haben. Denn es war sein Vorschlag gewesen, daß seine Brüder die Kamera, mit der die tragische Kette der Ereignisse begonnen hatte, mitbringen sollten. Einmal hielt Philippine es ihm vor. Kurz nach der Ankunft seiner Brüder in Australien schrieb Ernst an seine Eltern, daß Fritz und Hans seinen Rat nicht ernst genommen hätten, Englisch und andere Fähigkeiten zu lernen, die nützlich gewesen wären, um ihren Lebensunterhalt in Australien zu verdienen. In ihrer Antwort verteidigte sie ihre jüngeren Kinder, die ihr Bestes getan hätten, seinen Rat zu befolgen, aber wegen all der Aufregungen und Sorgen, die sie gehabt hatten, wenig Zeit und Gelegenheit dazu gefunden hätten. Dann fuhr sie mit Worten fort, die meinen Vater noch schlimmer und anhaltender, als ihr damals klar gewesen sein kann, verletzt haben müssen:

> Und um offen zu sein, bist auch Du für diese Dinge verantwortlich, denn der Rat, den Du gabst, war gewiß wohlgemeint, aber schlecht ausgeführt. Die eine geschehene Sache, um die Du sie batest, ist uns zum Verhängnis geworden. Ich möchte Dich nicht kritisieren, liebes Kind.

Mein Vater antwortete sofort, daß er über die Entfernung von mehreren 1000 Kilometern nicht streiten wolle, aber es sei ihm neu, daß er für „die unglückliche Sache" verantwortlich sein sollte, denn „wir hatten überhaupt nicht an diese Möglichkeit gedacht" – womit er vielleicht den Versuch meinte, die Kamera durch einen bezahlten Mittelsmann zu schicken, anstatt seinen jugoslawischen Vetter zu bitten, nach Wien zu kommen und sie selbst abzuholen. Ich bin mir sicher, daß das stimmt, aber ich bin mir genauso sicher, daß er nie vergaß, was seine Mutter ihm geschrieben hatte. Als er 1981 starb, sagte er mir, die größte Tragödie seines Lebens sei, daß er seine Familie nicht rechtzeitig herausholte. Der Brief seiner Mutter lag damals in einem Schrank in einem anderen Zimmer unseres Hauses, aber er erwähnte ihn mir gegenüber nicht, und ich las ihn 1999 zum erstenmal. Heute kann ich nur vermuten, wie sehr sich die bittere Trauer, die er während jener 40 Jahre empfand, durch das Gefühl verschärfte, daß er selbst irgendwie zu der Tragödie beigetragen hatte.

Endlich, nach Monaten, in denen Amalie und David ohne Nachricht aus Australien sind, bringt die Post fünf separate Briefe, die im Dezember 1940 und Januar 1941 geschrieben wurden. In einem davon ist zu Amalies und Davids großer Freude das erste Foto ihres Enkelkinds. Diese plötzliche Fülle von Nachrichten ruft viel lebendigere Antwortbriefe hervor, vor allem von David. Kora arbeitet wieder und hat eine neue Stelle, von der David glaubt, sie könne sie zur medizinischen Psychologie führen. In diesem Fall, sagt er, hätte sie ihm einen Wunsch erfüllt, den er während ihres Medizinstudiums hegte. Aber der Gedanke, daß in Australien viel Psychologie getrieben wird, hat einen bittersüßen Beigeschmack, denn David nimmt das als Beweis, daß auch er dort geeignete Arbeit gefunden hätte, wäre es ihm nur möglich gewesen, sie zu suchen.

Im Februar 1941 geht neue Angst unter den in Wien verbliebenen Juden um. Bis dahin waren aus Wien weniger als 1000 Juden deportiert worden. Es handelte sich nur um Männer, die angeblich in Polen zur Arbeit eingesetzt werden sollten. Aber beginnend am 15. Februar wurden über fünf Wochen pro Woche 1000 Juden von Wien in polnische Ghettos geschickt. Dieser Zusammenhang erklärt Amalies wiederholte, allerdings noch verschlüsseltere Erkundigung nach den Möglichkeiten, eine Einreiseerlaubnis für Australien zu erhalten:

> Habt Ihr Hedi [eine Verwandte, die ebenfalls in Melbourne lebte] gesagt, daß Ernsts Eltern und Schwiegereltern sie gerne aufsuchen würden, wenn sie ihnen Einladung eventuell zu Euch schikken würde? Ich sprach sie dieser Tage, sagte ihnen aber gleich, daß ich das für unwahrscheinlich halte. Es fahren jetzt wohl viele Leute von hier nach Shanghai, doch ist dazu viel Geld (400 Dollar) als Landungsgeld nötig, das die Leute doch nicht haben.

Wie Amalie im folgenden Monat in einem Brief an ihre Verwandten in Amerika deutlicher erklärt, sind die immer verzweifelteren Albert und Philippine nun bereit, nach Shanghai zu gehen – einer der letzten Orte, die noch jüdische Flüchtlinge aufnehmen –, in der Hoffnung, später zu ihren Kindern nach Australien zu kommen. Daß ihre Pläne gefährdet sind, weil sie keine 400 Dollar aufbringen können, zeigt, wie gründlich die Nazis ihnen ihr früher beträchtliches Vermögen genommen haben. Ernst schrieb an Hugo Ernst, einen Vetter seiner Mutter, der viele Jahre früher nach Amerika emigriert war und nun gut dastand. (Mein Vater redet ihn mit „Onkel Hugo" an, er könnte also derselbe „Onkel" sein, der sich weigerte, für meine Mutter zu bürgen, als meine Eltern 1938 versuchten, nach Amerika zu gehen.) Hugo Ernst schrieb zurück, daß er das Geld zwar nicht selbst zur Verfügung stellen könne, aber als Vermittler im Transfer des Geldes von Australien nach Wien fungieren könne. Dieser Brief wurde vom australischen Zensor geöffnet, der ihn an die Regierungsbehörde weiterleitete, die für die Durchsetzung der Devisenkontrollbestimmungen zuständig war. Mein Vater erhielt eine amtliche Verwarnung, daß jeder Versuch, die Devisenbeschränkungen im Verkehr mit dem Feind zu umgehen, zu einer langen Haftstrafe und Beschlagnahmung des Geldes führen werde.

Die Deportationen, die im Februar begonnen hatten, endeten im März. Nur wenige glaubten, daß dies mehr wäre als eine Atempause, aber David hoffte vielleicht immer noch, sein Kriegsdienst würde ihn schützen. Am 22. März schreibt David über ihr Vergnügen beim Betrachten eines jüngst angekommenen Bildes von Joan, die mit „herzbezwingendem Lächeln" auf einem großen Lehnstuhl sitzt. Könnten sie sie nur leibhaftig sehen, würde dies vielleicht ihr eigenes verlorenes Lachen hervorzaubern, aber er glaubt nicht, daß ihnen dieses Wunder gewährt wird. Einen Monat später schickt er seiner Schwester in Amerika als Einschreiben „die bereits angekündigte Darstellung meiner literarisch-wissenschaftlichen Tätigkeit" – offenbar die wenigen englisch geschriebenen Seiten unter dem Titel „My Scientific Work". Er bittet Hannchen, eine Kopie an Alfred Adlers Tochter, Dr. Alexandra Adler, zu schicken, die in New York lebt und das Werk ihres 1937 verstorbenen Vaters fortführt. Eine weitere Kopie sollte an einen Bekannten gehen, der sie, so hofft er, Professoren in Psychologie, Psychiatrie oder Philologie vorlegen wird. Vielleicht hat er gehört, daß Wissenschaftlern, die von amerikanischen Universitäten gesucht werden, das Quotensystem umgehen können. Aber wirkliche Hoffnung hat er nicht und sagt, daß er in jedem Fall zufrieden sei, diese Arbeit gemacht zu haben, wenn auch nur, weil sie ihn so in Anspruch nahm, „daß ich mich von anderen Gedanken in heilsamer Entfernung halten konnte".

Passah ist wieder eine traurige Zeit für Amalie:

> Heute ist der erste Sederabend, und ich kann mich von der Erinnerung nicht losreißen, wie schön und stimmungsvoll diese Abende und Tage in meiner Kindheit und auch später in Brünn waren, und es wird mir so schwer, jetzt so etwas vorzubereiten, was doch in keiner Weise den alten Gewohnheiten und Bräuchen entsprechen kann, sondern nur ein schwaches Kompromiß ist. Ja, ich bin beinahe bereit, lieber auf die Reste der alten Bräuche auch schon zu verzichten, um die Last der aufregenden Erinnerungen damit ganz abschütteln zu können. Ob wir jemals wieder ein richtiges Pessach werden feiern können?

Das gleiche gilt für Davids 60. Geburtstag am 20. April 1941. „Unter anderen Umständen", schreibt Amalie, „hätten wir ihn besser gefeiert. Aber man muß froh sein, wenn man diesen Tag wie alle anderen verbringen kann, still und bei guter Gesundheit." Auch Albert und Philippine waren da, aber nun haben sich alle Hoffnungen und Pläne zerschlagen, weil der Hafen von Lissabon, der einzige Weg nach Amerika, geschlossen worden ist, und Shanghai, der einzige Ort, für den eine Einreisebewilligung erhältlich war, außer Reichweite liegt, weil Japan keine Transitvisa mehr gewährt.

Der nächste erhaltene Brief ist auf den 13. Juni 1941 datiert und von Amalie an Hannchen geschrieben. Selbstverständlich sollte er nach Australien weitergeleitet werden, aber um ihre Kinder vor jedem möglichen Vorwurf zu schützen, mit dem Feind in Verbindung zu stehen, wandelt sie ihre Namen ab. Sie berichtet Hannchen, sie habe von Margit gehört, daß „Dorilde angenehmen Verkehr" hat und sie begierig ist, mehr über die fragliche Person zu erfahren. Dorilde ist jung, sagt sie – Doris war damals 22 –, und während sie, Amalie, nie viel von einer frühen Heirat gehalten hat, weder für sich noch für ihre Tochter, würde es ihre Ängste erleichtern, zu wissen, daß sie von einem guten Ehemann umsorgt würde, da Dorilde die schützende und sorgende Liebe der Eltern fehlt. Amalie erwähnt, daß einige Freunde versuchen, nach Kuba zu gehen, wenn sie genügend Geld für die „Caution" aufbringen können – eine stattliche Summe, die von der kubanischen Regierung als Sicherheit verlangt wurde, damit sie dem Staat nicht zur Last fielen. Amalie sagt, sie werde sich solchen „schönen Illusionen" nicht hingeben. „Ich versteige mich nur bis zu dem Wunsch, daß wir hier in Ruhe unser Leben zu Ende leben dürfen und so oft als möglich gute und schöne Nachrichten von Euch bekommen." Eine Woche, nachdem der Brief geschrieben wurde, beendete die deutsche Invasion Rußlands die noch so schwachen Hoffnungen, die die Singers und Oppenheims vielleicht noch hegten, denn sie machte Reisen durch dieses Land unmöglich.

Einer der Wünsche, die Amalie in ihrem Brief ausdrückte, erfüllte sich überraschend schnell. Im Juli erhielten David und Amalie die Nachricht, daß Doris sich verlobt hatte. In die große Freude über diese Nachricht mischt sich wieder eine leichte Sorge, weil sie so wenig über ihren künftigen Schwiegersohn wissen. Sie wissen, daß er Jude ist, Flüchtling, mehrere Jahre älter als Doris, und daß er seine Mutter herausholen konnte nach Australien. Kora hat ihre herzliche Zustimmung gegeben, und deshalb glauben sie, daß sie die richtige Wahl getroffen hat. Aber sie kennen weder den Namen des Mannes, noch woher er kommt.

Der an Hannchen gerichtete Teil des Briefes zeigt, daß die Bedingungen der Einreise nach Amerika sich in einer Weise verändert haben, die David und Amalie erneut hoffen lassen, dorthin zu gelangen. Doch selbst jetzt noch, wo die Gefahr der Deportation in den Osten über ihnen schwebt, bleibt Amalie in Sorge, eine Last für die Verwandten zu sein:

> …denn die Frage der Existenz ist für mein Empfinden doch bei aller Eurer Güte und Hilfsbereitschaft eine bleibende Sorge! Denn trotz allem Arbeitswillen und unserem Bemühen, unsere Qualifikation zu verbessern, ist bei unserem Alter an eine berufliche Arbeit nicht zu denken. Aber wir können nichts anderes tun, als Gott – und Euch vertrauen!

Ein Abschnitt in Davids Teil desselben Briefes verrät, daß etwas von dem alten David, Lehrer und Freidenker, alle Schicksalsprüfungen überlebt hat. Hannchens Sohn Georg, der 1938 nach Palästina ging, kommt 1941 zu seinen Eltern nach New York. In Palästina besuchte er eine Landwirtschaftsschule, die religiös orthodox war, und er führte die orthodoxe Lebensweise nach seiner Ankunft in Amerika fort. Hannchen erwähnte dies in einem ihrer Briefe nach Wien, und über sie richtete David einige Fragen dazu an Georg. Georg antwortete bloß, er sei nicht Davids Ansicht. Nun bittet David ihn, etwas zu dieser „selbstverständlichen Bemerkung" hinzuzufügen, und sagt, es sei ihm, Georg, zuliebe, daß er diese Fragen stelle, denn sich auf „einen inflexiblen Standpunkt" zurückzuziehen passe nicht zu seiner Jugend. Aber Georg lehnt Davids Aufforderung ab, diese Angelegenheit weiter zu diskutieren. (60 Jahre später ist er, jetzt als George bei Los Angeles lebend, immer noch ein frommer Gläubiger. Nachdem wir Kontakt aufgenommen hatten, während ich dieses Buch schrieb, führte ich mit ihm die Diskussion, die er mit meinem Großvater nicht führen wollte, und ich konnte aufrichtig den gleichen Standpunkt hinsichtlich der Religion vertreten, den David vertreten hätte. Die Diskussion bewirkte jedoch keinerlei Veränderung unserer jeweiligen Überzeugungen.)

Am 20. August 1941 schrieb David einen Brief, der, abgesehen von einem kurzen Telegramm, sein letztes Wort an seine Kinder und Enkelkinder geworden ist. Aus diesem Grund verdient er, vollständiger als andere zitiert zu werden:

> Daß die liebe Doris so sicher auf eigenen „Füßen" steht, weil sie „Hand"schuhe zu nähen gelernt hat, ist aller Ehren wert, wie alles, was unsereinen die Hände fleißig zu regen antreibt. Aber der, dem die Macht gegeben wurde, auch ihr Herz flotter schlagen zu machen, ihr „Zukünftiger", wie sie ihn nennt, ihn kennen wir noch nicht einmal beim Namen und gar „seine Art" und „woher er kam der Fahrt", all das ist uns so unbekannt, als wäre er wirklich „aus fernem Land" durch „die weite Flut" von einem Schwan gezogen worden und müßte „fliehen", wenn er „erkannt" wird. Wir aber wagen trotzdem diese Frage, ja wir fragen sogar, ob wohl ihr

Ritter, da er doch so „gelehrt“ ist, daß er in den „Buochen“ liest, selber bereit wäre, uns „Antwort zu bereiten“, mag er auch gerade nicht von der Gralsburg, von Grab und Abendmahl zu erzählen wissen, sondern ganz bescheidentlich von einem traulichen Familienheim, vom geheimnisvollen Becher des Propheten Elias und vom festlichen Sedertisch. Ist er aber nicht so mitteilsam, dann soll eben die liebe Doris schon jetzt seine bessere Hälfte spielen und statt seiner von ihm berichten, je mehr, je besser. Denn das ichhafte Interesse, das ich stets an jedem menschlichen Charakter nehme, ist natürlich noch besonders abgetönt und gesteigert, wenn so ein Charakterkopf bestimmt ist, zu den Häuptern meiner Lieben zu zählen …

Weit besser unterrichtet sind wir über die kleine Joan. Was Ihr uns über ihren ersten Geburtstag mitteilt, klingt geradezu erhebend! Das Kind, zu dem sich die Spender guter Gaben nur so hindrängen wie zu ihrer Herrscherin! Und doch ist es kein Wunder! Sie hat ja schon jetzt die Hosen an und ist so groß und kräftig, daß keine Amazone sich eines solchen Babys schämen müßte. Und wie bedeutsam, daß sie ihren Geburtstagskuchen zerkrümelt! Vielleicht treibt sie einmal dieses grausame Spiel mit Herzen und schont nur die, welche sich ihr freiwillig hingeben, wie die unseren, die ihr ganz und ungeteilt gehören.

Sonst haben wir von uns nicht viel zu sagen. Das Beste hat Euch der Brief schon gezeigt; auch im Feuerofen der mannigfachen Prüfungen, denen der „Demiurgos“, der göttliche Werkmeister, nach seinem unerforschlichen Ratschluß uns unterwirft, sind mir die „humores“ noch nicht ausgetrocknet. Am wenigsten gilt das freilich von dem kostbaren Sekret des Inselapparats. Darum gibt mir mein Diabetes immer wieder tüchtig zu schaffen … Es grüßt und küßt Euch alle in Liebe Euer treuer David.

Trotz all seiner „mannigfachen Prüfungen“ bleibt David erkennbar als die Person, die er immer war. Die Wiederholung seines Interesses am menschlichen Charakter verknüpft diesen Brief mit den allerersten Worten, die ich von ihm habe, von 1904. Seine ewige Skepsis gegenüber Religion wird in seinen ironischen Bemerkungen über den göttlichen Ursprung der Prüfungen, denen er unterworfen ist, deutlich. Er erwähnt Ikonen der jüdischen Kultur – Elias und den Sedertisch –, aber trotz allem, was die Deutschen ihm angetan haben und antun, zeigen seine spielerischen Hinweise auf Wagners *Lohengrin*, woraus das Bild von dem Ritter stammt, der von einem weißen Schwan durch die Flut gezogen wird, daß er vollkommen in der deutschen Kultur heimisch bleibt.

Von September 1941 an mußten alle Juden in der Öffentlichkeit, aufgenäht auf die linke Brustseite der Kleidung, einen großen gelben Davidsstern mit der Aufschrift *Jude* tragen. Am 15. Oktober begannen wieder Deportationen von Wien nach Polen. Mein Vater erhielt eine dringende Bitte von seinen Eltern um Landungsgeld, damit sie nach Ekuador gehen konnten. Er schrieb wieder an Hugo Ernst:

> ...wenn Menschen ihres Alters, die in ihrem Leben nie weit gereist sind, nach Ekuador, ein ziemlich unzivilisiertes Land, gehen wollen, obwohl ihre Kinder in Australien sind, muß ihr Leben in realer Gefahr sein. Höchstwahrscheinlich sind sie von Deportation nach Polen bedroht, wo Juden in überfüllten Ghettos grausam an Hunger sterben. Das Bedauerlichste daran ist, daß ich von hier aus nichts tun kann, um meinen Eltern zu helfen.

Zwei Wochen später wurde die Emigration von Juden aus dem Reich verboten. Im Dezember dann kam der japanische Angriff auf Pearl Harbor und die Kriegserklärung nicht nur zwischen den Vereinigten Staaten und Japan, sondern auch zwischen den Vereinigten Staaten und Deutschland. Im Januar 1942 schreibt Hugo Ernst wieder an meinen Vater und teilt mit, daß der Kriegsausbruch zwischen Amerika und Deutschland alle Anstrengungen, seine Verwandten zu retten, zunichte gemacht hat. Und zu Albert und Philippine:

> Am 22. Oktober schickte ich ein Einschreiben an Deinen Papa in Wien per Clipper. Dieser Brief kam am 10. November in Wien an, konnte aber nicht zugestellt werden, weil die Empfänger fortgegangen waren, ohne eine Nachsendeadres-

se zu hinterlassen. Ich lege den Umschlag bei, und auf seiner Rückseite wirst Du die Aufschrift mit Bleistift sehen: „Adressat Polen verzogen – November 9, 1941." Das läßt darauf schließen, daß Deine Eltern, als der Brief in Wien ankam, bereits nach Polen verschickt worden waren.

Mittlerweile hatten David und Amalie am 23. Dezember 1941 ein Rot-Kreuz-Telegramm an Kora und Ernst geschickt. Es erreichte seinen Bestimmungsort im Mai 1942, und daraus erfuhren meine Eltern:

> Singereltern Litzmannsdorf-Getto, Reitergasse 13/32. Alle gesund. Erbitten Rote-Kreuzantwort über Euer aller Gesundheit und Ergehen, Joannys Gedeihen und Doris' Zukunftspläne. Innige Grüße und Küsse.

„Litzmannsdorf" ist ein Schreibfehler. Der deutsche Name, den die Nazis der polnischen Stadt Lodz gaben, ist „Litzmannstadt". Albert und Philippine waren im zweiten von fünf Transporten, die im Oktober und November 1941 insgesamt 4995 Juden von Wien nach Lodz brachten. Ihr Transport ging am 19. Oktober ab.

Danach gab es noch eine Rot-Kreuz-Nachricht mit Neuigkeiten von Albert und Philippine:

> Eltern in Litzmannstadt, hoffentlich gesund wie Ihr. Auch Githa und Mann sind fort, schicken innige Küsse.

Die Nachricht trug den Stempel „Deutsches Rotes Kreuz 24. Aug. 1942". Sie erreichte Australien im Februar 1943. Es war das letzte, was mein Vater von seinen Eltern hörte. Nach den Dokumenten des Ghettos von Lodz wurden sie am 15. Mai 1942 verschickt. Zu diesem Zeitpunkt wurden ältere Juden von Lodz nach Chełmno gebracht, wo sie in Lastwagen gesperrt und durch Abgase ermordet wurden, die in die Lastwagen geleitet wurden.

Am 22. Juni 1942 konnten David und Amalie eine weitere Rot-Kreuz-Nachricht schicken. Ihre Adresse ist nicht mehr die Krafftgasse, sondern „Förstergasse 7, Tür 20, Wien, 2. Bezirk". Sie waren gezwungen worden, die Wohnung zu verlassen, in der sie über 20 Jahre gewohnt hatten, und in ein Gebäude, eine oder zwei Straßen weiter, umzuziehen, das als eine Art Durchgangslager für Juden, auf die die Deportation wartete, benutzt wurde. Nach dem, was Amalie später Doris erzählte, war zu diesem Zeitpunkt ihr Wunsch, den Kampf ums Überleben fortzusetzen, am Ende angelangt, und sie beschlossen, den gemeinsamen Selbstmord auszuführen, den David in seinem Brief 18 Monate früher angedeutet hatte. Gerade da erhielten sie eine Rot-Kreuz-Nachricht, von Doris im März abgeschickt, worin sie ihren Eltern ihre Heirat mitteilte. Diese Nachricht ermutigte sie, ihren Plan noch nicht in die Tat umzusetzen. Die Rot-Kreuz-Nachricht, die sie schickten, lautet:

> Gesund. Beglückt durch Freudenbotschaft, senden innige Segenswünsche dem jungen Paar, Joan und Euch allen. Berichtet über aller Wohlergehen, Doris' neuen Familiennamen. Küsse!

Elf Monate, nachdem David und Amalie nach genaueren Auskünften über den Mann, den Doris heiraten wollte, gefragt hatten, kannten sie seinen Namen immer noch nicht. David sollte ihn nie erfahren.

32

In der Wohnung meiner Großeltern

Dezember 1998

Krafftgasse 3, Wien II. Ich stehe jetzt vor der Adresse, die ich so oft las. Wenig vorstehende Erkerfenster lockern die ansonsten geraden Linien eines grau verputzten Mietshauses auf, drei Stockwerke hoch, genau in der Fluchtlinie der Straße gebaut. Die Straße sieht auf beiden Seiten gleich aus und macht einen öden, eintönigen Eindruck. Eindeutig eine der weniger eleganten Straßen Wiens. Ich drücke die Klingel mit dem Namensschild „Jakubowicz", und eine Frau antwortet. Ich nenne meinen Namen. Sie erwartet mich, und ein Summer ertönt. Ich stoße die Tür auf und trete ein – wie David und Amalie es so oft getan haben müssen, als sie hier wohnten. Drinnen ist eine breite steinerne Wendeltreppe um einen Aufzugschacht. Ich stelle mir meine Mutter als zehnjähriges Mädchen vor, wie sie diese Treppe hinunterrannte, um schnell in den nahen Park zu kommen, vielleicht gefolgt von David, der sich von seelischen und körperlichen Kriegswunden erholte. Ich denke an Doris, die 20 Jahre später atemlos die Treppe hochstieg, im Schockzustand nach ihrer Begegnung mit den jungen Nazis, die sie zwangen, ein Gebäude zu putzen, worauf sie ihren Eltern mitteilte, daß sie weggehen würde.

An der Tür der Wohnung 8 werde ich von Romana Jakubowicz begrüßt, einer freundlichen Frau, die hier mit ihren beiden Töchtern und einem Sohn namens David wohnt. Ich befinde mich im Flur meiner Großeltern. Frau Jakubowicz nimmt meinen Mantel, Hut und Schal und führt mich herum. Zuerst gehen wir durch den Gang zur Küche. Sie ist modernisiert worden, aber man kann sich leicht vorstellen, wie Amalie, die gern backte, hier stand und den papierdünnen Teig für ihren Apfelstrudel ausrollte oder ihre „Wurst-schokolat" formte, eine Mischung aus zerdrückten süßen Keksen, gehackten Nüssen, Rosinen und geschmolzener Schokolade, die zu einer Wurstform gerollt, dann kalt gestellt und in Scheiben geschnitten wurde. (Nach der Ankunft in Australien schrieb meine Mutter wegen des Rezepts nach Hause, aber die sonst so gewissenhafte Amalie muß andere Dinge im Kopf gehabt haben, denn beim Abschreiben ließ sie die Schokolade weg.)

Neben der Küche gibt es einen kleinen fensterlosen Raum. Er ist jetzt David Jakubowicz' Schlafzimmer, das aber, wie Romana erklärt, nur gelüftet werden kann, indem man die Tür offen läßt und gleichzeitig die Toilettentür gegenüber und das Toilettenfenster öffnet. Dies war das Zimmer des Hausmädchens, in dem viele Jahre die treue Marie Spott wohnte. An der Wohnungstür vorbei und über den Gang in die andere Richtung kommen wir am Bad vorbei, das wie die Küche renoviert worden ist, seit meine Großeltern hier wohnten. Am Ende des Gangs ist ein großer Raum, dessen Fenster alle zur Straße gehen. Dies ist das Wohnzimmer, in dem Besucher empfangen wurden und die Familie aß. In der Mitte der Wände an beiden Enden sind noch die ursprünglichen Doppeltüren aus Holz, die in anstoßende Zimmer führen. Der Messinggriff, mit dem ich sie öffne, ist derselbe, den meine Großeltern benutzten. Ich betrete das ehemalige Arbeitszimmer meines Großvaters. Hier befindet sich das Erkerfenster, das ich von der Straße aus gesehen hatte. Wie alle Räume außer der Kammer des Hausmädchens ist das Zimmer großzügig geschnitten. Das war auch notwendig, denn David hatte hier seine Bibliothek, die es an allen Wänden vom Boden bis zur Decke mit Büchern füllte, und er brauchte zudem Platz für seinen Schreibtisch. Hier schrieb er zwischen 1938 und 1941 die Briefe, zuerst hoffnungsvoll, dann verzweifelt, die ich gelesen hatte. Gegenüber dem Fenster führt eine weitere Doppeltür in Davids und Amalies ehemaliges Schlafzimmer. In einer Ecke steht ein hoher Kachelofen, sicherlich ein Vermächtnis aus der Zeit meiner Großeltern, aber noch in Gebrauch, um das jetzige Schlafzimmer von Romana Jakubowicz gemütlich zu heizen. Außer für das Bett gibt es auch Platz für Sessel und einen Couchtisch, und wir trinken hier eine Tasse Kaffee und essen ein Stück Kuchen. Ich habe ihr ein Exemplar von Adolf Gaisbauers Buch mitgebracht, weil mir die Vorstellung gefällt, daß die Briefe, in irgendeiner Form, zu dem Ort zurückkehren, wo sie geschrieben wurden. Sie bedankt sich dafür und berichtet mir, daß die Wohnung immerhin passend besetzt ist. Ihr früherer Mann, der Vater ihrer Kinder, war Jude.

Bevor ich gehe, versuche ich mir vorzustellen, wie die Wohnung ausgesehen haben mochte, als zwölf Personen darin lebten. Heinrich Fichtenau, einer von Davids Studenten, erinnerte sich, daß bei seinem ersten Besuch bei den Oppenheims andere bei ihnen wohnten, sie aber immer noch zwei Räume für sich hatten. Später hatten sie nur noch einen und am Ende einen halben Raum, der durch große Laken abgetrennt war. Eva sagte: „Sie müssen sich denken, was das für hygienische Schwierigkeiten mit sich bringt, wenn da 10 oder 12 in einer Wohnung sind, in der sonst 2 oder 3 hausen. Da hat [David] wohl auch schwer gelitten. [Amalie] auch – aber sie hat es getragen. Sie hat äußerlich das Leben aufrechterhalten." Aber das schlimmste an dem letzten Jahr, das meine Großeltern in dieser Wohnung verbrachten, dürfte nicht der Verlust ihrer Privatsphäre gewesen sein. Es muß die ständig gegenwärtige Angst vor etwas viel Schlimmerem gewesen sein: Deportation in den Osten.

33

Theresienstadt

Im Mai 1942 wurden David und Amalie benachrichtigt, daß sie deportiert würden. Diese Anordnung wurde dann zurückgezogen. Es war jedoch klar, daß die Nazis Wien von Juden „säuberten" und dies nur eine vorübergehende Rettung wäre. Wichtiger als der genaue Zeitpunkt der Deportation war, wohin sie verschickt würden. Manche Transporte wie jener, der die Singers fortbrachte, gingen nach Polen. Das Ziel anderer war Theresienstadt. David und Amalie dürften die kleine tschechische Stadt gekannt haben, die inmitten einer lieblichen ländlichen Umgebung nur 60 Kilometer von Prag liegt. Sie entstand 1780, als Kaiser Joseph II. seinen Militärtechnikern befahl, eine Festung in Böhmen zu bauen. Sie wählten eine Stelle an einer Biegung der Elbe, nahe der Mündung der Eger. Die Festung hat die Form eines achtzackigen Sterns mit gewaltigen Wällen, die von tiefen Gräben geschützt sind. Joseph II. nannte sie nach seiner Mutter Maria Theresia. Sie wurde nie belagert und blieb über die nächsten 150 Jahre weitgehend intakt. Es entstand eine Garnisonstadt mit einer Mischung aus großen Kasernen für Soldaten und bescheidenen Häusern für Zivilisten. Innerhalb der Befestigungsanlagen bilden breite Straßen ein rechtwinkliges Gitter. In einem Teil mit dem Namen Kleine Festung wurde Gavrilo Princep, der Mörder Erzherzog Franz Ferdinands, bis zu seinem Tod an Tuberkulose 1918 in Haft gehalten. 1930 lebten rund 7000 Menschen in der Stadt, die auf tschechisch Terezín hieß. Als die Nazis Böhmen und Mähren zu einem deutschen „Protektorat" machten, wurde der amtliche Name wieder Theresienstadt.

Theresienstadt war der am wenigsten schlimme aller möglichen Bestimmungsorte für jüdische Deportierte. Für Wiener war Polen „der Osten", ein Ort strenger Winter und feindseliger, ungehobelter Polen. Wenn zudem Berichte von verhungernden Juden in den Ghettos von Warschau und Lodz meinen Vater in

Australien erreicht hatten, dürften sie auch nach Wien gedrungen sein – und vielleicht auch Gerüchte, kaum glaubhaft, aber dennoch beunruhigend, von Massenmorden an Juden. Theresienstadt dagegen liegt in einer Region, die jahrhundertelang von Wien regiert worden war, nahe der vertrauten und – bis zur Annexion durch die Nazis – hochkultivierten Stadt Prag, nach Sprache, Menschen und Klima Mähren ähnlich, wo David und Amalie aufgewachsen waren. Adolf Eichmann, als Leiter des Judenreferats für die jüdische „Umsiedlung" zuständig, hatte den Tschechen erzählt, daß die Nazis Theresienstadt den Juden übergäben, damit sie eine selbstverwaltete jüdische Gemeinschaft aufbauen könnten, ein zionistisches Experiment in kleinem Maßstab für einen künftigen jüdischen Staat. Es würde keine SS-Truppen innerhalb der Stadtmauern geben. Sie würde von Juden für Juden geleitet werden, ein Ghetto mit eigener Verwaltung und sogar eigener Währung, deren Scheine Moses mit den Zehn Geboten zeigten. Die tschechischen Juden begrüßten die Nachricht im Glauben, sie würden von der Deportation in den Osten verschont bleiben, mit Erleichterung und waren bereit, Freiwilligenkommandos aufzustellen, die die Stadt für die neuen Bewohner vorbereiteten.

Dieses eine Mal schien Davids Überzeugung, seine Kriegsauszeichnungen würden ihn schützen, gerechtfertigt. Er und Amalie wurden in einen Zug nach Theresienstadt gesetzt. Die akribischen deutschen Akten zeigen, daß ihnen die Nummern IV/8-339 und IV/8-340 zugeteilt wurden. Die „IV" gibt an, daß der Transport aus Wien kam, die „8", daß es der achte Transport aus der Stadt war; meine Großeltern waren die 339. und 340. Person, die auf diesen Transport kamen. Am Bahnhof und während der Fahrt mußten sie Nummern auf großen Papptafeln tragen, die ihnen um den Hals gehängt wurden, und die Nummern blieben in Theresienstadt ihre Kennummern. Transport Nummer 8 verließ Wien am 20. August 1942 und kam am folgenden Tag an seinem Ziel an. Jeder Passagier durfte 50 Kilo persönliche Habe mitnehmen. Zwischen Juni und Oktober wurden 13776 Juden von Wien nach Theresienstadt geschickt. Bis Mitte Oktober hatten die Nazis ihr anfängliches Ziel erreicht: Abgesehen von wenigen hundert, die untergetaucht waren, gab es keine Juden mehr in Wien.

Was hatten die Nazis wirklich im Sinn, als sie Theresienstadt als Ort einrichteten, an den Juden verbracht werden sollten? Eine Zeitlang behandelten sie jüdische Kriegsveteranen, besonders verwundete und im Dienst des Vaterlands ausgezeichnete, anders als die übrigen Juden. Dieses Privileg schwand, als das Ziel der Auslöschung der gesamten jüdischen Bevölkerung deutlicher hervortrat. Möglicherweise wurde Theresienstadt geschaffen, um eine Entfremdung der älteren Generation hoher Militärs zu vermeiden, die Erkundigungen nach dem Schicksal eines „anständigen Juden", den sie während des Ersten Weltkriegs gekannt hatten, anstellen könnten. Nach Theresienstadt brachte man auch international bekannte Musiker, Künstler und geistige Führer, unter ihnen Rabbiner Leo Baeck, wie auch die Verwandten berühmter Personen, so die Schwestern Freuds und Kafkas.

In einem Brief, den Amalie nach ihrer Befreiung an meinen Vater schrieb, schilderte sie ihre Ankunft:

> Als wir am 21.VIII.42 in Theresienstadt ankamen, verbrachten wir die erste Nacht in der „Schleuse", einer Kaserne, in der man, d.h. das Gepäck, das man bei sich hatte, untersucht, d.h. „geschleust" wurde, indem die wertvollsten Dinge weggenommen wurden.

Die „Schleuse" wird in den Erinnerungen anderer Überlebender von Theresienstadt erwähnt. Gute Kleidung, Schuhe, Federbetten, sogar Bürsten und Kämme wurden für den Gebrauch der Deutschen konfisziert. Artikel von geringerem Wert bis zu halb leeren Zahnpastatuben, Notizbüchern und Streichholzschachteln gingen an das Warenlager des Ghettos, wo sie von den Häftlingen mit der Währung, die die Nazis für sie gedruckt hatten, zurückgekauft werden konnten. Besonders katastrophal dürfte für David der Verlust des Insulins, das er aus Wien mitbringen konnte, gewesen sein – falls er überhaupt noch welches hatte. Ein dänischer Jude war Zeuge eines solchen Vorfalls, als er ankam: „Alles wurde weggenommen. Die Frau Professor bettelte flehentlich darum, ob ihre Tochter nicht das für sie lebenswichtige Insulin behalten dürfte, aber es wurde beschlagnahmt."

Der Ort der „Schleuse“ wechselte, befand sich aber in der Regel in einem großen feuchten Keller in der Festung. Sie war immer überfüllt, besonders im Sommer 1942, als die Transporte in bis dahin nicht gekannter rascher Folge ins Ghetto kamen. Die Menschen saßen oder lagen einfach da, wo sie Platz finden konnten, und umklammerten, was sie an Gepäck bei sich hatten. Manche Neuankömmlinge waren fünf Tage lang in der „Schleuse“, während ihr Gepäck geplündert, Formulare ausgefüllt wurden und die Gemeindeverwaltung ihnen ihr Quartier zuwies. Die Neuankömmlinge schliefen auf dem Holz- oder Steinboden, bestenfalls mit Holzspänen als Unterlage. David und Amalie hatten das Glück, nur eine Nacht dort verbringen zu müssen. Norbert Troller, ein Überlebender von Theresienstadt, hat beschrieben, wie die Menschen trotz allem, was sie durchgemacht hatten, mehr oder weniger ordentlich gekleidet als ängstliche, aber achtbare gutbürgerliche Damen und Herren die „Schleuse“ betraten. „Zwei Tage später sahen sie alle gleich aus, grau, verfallen, ungewaschen.“ Das einzige, was sie zu essen bekamen, war etwas Suppe, in der Kartoffeln und Brotstücke schwammen, die aus Holzfässern geschöpft wurde. Das war ihre Einführung in die Ghetto-Nahrung.

Außer dem SS-Personal bestand die Verwaltung in der „Schleuse“ aus Bewohnern des jüdischen Ghettos. Sie gaben die Fragebogen aus, in denen alle persönlichen Angaben jedes Neuankömmlings für das Zentralregister festgehalten wurden und auf deren Grundlage den Neuen Quartier und Arbeit zugewiesen wurde.

Amalies Brief fährt fort:

> Am nächsten Tage kamen wir (1200 Personen) auf den bis dahin unbewohnten Dachboden der Dresdner Kaserne, wo wir auf dem nackten Ziegelboden ohne Decken etc. etwa 8-9 Tage verbrachten – erdrückende Hitze, Luft- u. Lichtmangel, jeder Schritt durch die Pfosten u. Bretter gefährlich.

Nur eine Woche vor der Ankunft Davids und Amalies in Theresienstadt trug Gonda Redlich, die im Wohnungsbüro arbeitete, in ihr Tagebuch ein:

> Es gab keinen Platz für 37000. Es gab keinen Platz für 40000. Es gab keinen Platz für 45000. Und morgen kommen weitere 1000 aus Wien ... Wo bringen wir sie unter? Auf den Dachböden. Ein gefährlicher Präzedenzfall. Die Häuser und Kasernen sind über ihr Fassungsvermögen voll.

Eine Woche nach der Ankunft meiner Großeltern notiert Redlich, daß die Dachböden vollständig gefüllt sind. Dabei sind sie an Sommernachmittagen „eine wahre Hölle ... Stickige Luft und Gestank hängen wie eine Wolke über den Leuten und schließen ihre Seelen ein."

Die Erinnerungen der Überlebenden beweisen, daß in Theresienstadt, mehr noch als in der Außenwelt, wichtiger war, wen man kannte, als was man konnte. Amalies Brief zeigt, daß das gleiche für David und sie galt: „Durch die Protektion des Rabbiners Dill aus Olmütz" konnten sie in ein Haus gehen, „wo wir natürlich getrennt, aber doch in Zimmern auf Holzboden liegen konnten". Olmütz war die Stadt nahe Brünn, wo David Victor, seine erste Liebe, kennengelernt hatte. Vielleicht fuhr er dorthin, weil der Vetter seines Vaters dort Rabbiner war, und er könnte Rabbiner Dill aus dieser Zeit gekannt haben, oder vielleicht genügte schon, daß er ein Verwandter von Dills Vorgänger war. „Protektion" war der Begriff, der in Theresienstadt für den äußerst wichtigen Einfluß einer Person verwendet wurde, die einem helfen konnte, nicht nur um bessere Lebensbedingungen zu bekommen, sondern auch, wenn man Glück hatte, um die Selektion für die Transporte in „den Osten" zu umgehen. Für viele machte es den Unterschied zwischen Leben und Tod aus.

Amalie schreibt „natürlich getrennt", weil Männer und Frauen in Theresienstadt gesonderte Schlafquartiere hatten. Aber „natürlich" ist im nachhinein geschrieben. Es ist nicht klar, was sie und David erwartet hatten. Manchen deutschen Juden hatte man erzählt, sie kämen in einen „Kurort", und sie hatten für das Privileg eines angenehmen „Ruhestands" sogar tüchtig zahlen müssen. Bei der Ankunft baten sie um „ein Zimmer nach Süden" oder „mit Seeblick". Ich bezweifle, daß David und Amalie solche Illusionen hegten, und nichts weist darauf hin, daß sie zahlten, um nach Theresienstadt zu gehen, aber für Menschen in den Sechzigern, die an bequeme Betten gewöhnt waren, muß es dennoch ein Schock gewesen sein, daß sie plötzlich gezwungen waren, getrennt und in überfüllten Räumen auf nackten Ziegel- oder Holzböden zu schlafen.

> Da wir inzwischen schon unser „Weichgepäck“, Rucksack u. Bettsack, bekommen hatten, konnten wir aus diesen uns Lagerstätten machen. Platz 65 cm Breite pro Person, einer knapp neben dem andern, 22 Frauen z. B. in einem nicht großen, 2fenstrigen Zimmer, ohne Ofen! Vater war in einer gewesenen Werkstätte, deren eine Wand nur aus Fenstern bestand, ebenso gedrängt! … Wir hatten ja auch nicht viel, denn das Hauptgepäck, die Koffer, die wir aus Wien mitgenommen hatten, haben wir ja nie bekommen.

Der Grund, warum David und Amalie die 50 Kilo Gepäck, die sie wohlüberlegt in Wien zusammengestellt hatten, nie bekamen – bis auf die persönlichen Artikel, die sie bei sich hatten, und ihr Bettzeug – ist, daß die Nazis im Juli 1942 eine einfache neue Methode im Umgang mit dem Gepäck der Deportierten anwandten: Sie beschlagnahmten es.

> Das Ärgste an den Wohnungen waren die Klosette, wenn man das so nennen darf! Das u. die dazugehörigen häufigen, ja unvermeidlichen Diarrhöen, die bes. anfangs ruhrartig u. äußerst gefährlich waren, bilden eine der schrecklichsten Erinnerungen! In den ersten Monaten lagen und starben die Leute im Kot buchstäblich, u. es gab so viele Tote, daß man die Leichen nicht abholen konnte, sie blieben oft 2 Tage im Zimmer u. dann im Hausflur liegen. In meinem Zimmer starben im Sept. 1942 3 Frauen in solcher Weise!

Im Sommer 1942 litten rund 30 Prozent der Bewohner von Theresienstadt schwer an Krankheiten wie Scharlach, Tuberkulose, Typhus, Blutvergiftung, Magen-Darm-Katarrh und Lungenentzündung. Die Ghettoärzte, die kaum Arzneimittel oder ordentliche Geräte hatten, taten ihr Bestes, aber im September starben täglich über 100 Menschen.

> Die hygienischen Verhältnisse waren elend, das Brunnenwasser war verseucht, „Typhusgefahr“, die sogenannte Wasserleitung war meist gesperrt u. auch dieses Wasser oft sehr trübe u. verdächtig. So habe ich mir das Wassertrinken fast abgewöhnt, Vater trank viel „Kaffee“, das war der Sud, den man früh u. abends bekam, ein schwarzes Wasser, aber da es doch gekocht war, unschädlich. Davon bekam ich durch die Freigebigkeit einer Freundin meiner Nichte Fritzi so viel, daß wir den ganzen Tag statt Wasser Kaffee trinken konnten, auch gegen Hunger ein gutes Mittel!

Offiziell bekamen die Bewohner des Ghettos drei Mahlzeiten am Tag, aber das Frühstück bestand nur aus dem ungesüßten „Kaffee“, der gar kein Kaffee war, sondern mit einer Art Kaffee-Ersatz gemacht wurde. Das Mittagessen war eine wäßrige Rübensuppe, klar, wenn die Kellevoll oben geschöpft war, aber wenn die Bedienungen einen kannten und mochten, tauchten sie die Kelle tief, und man bekam ein paar Kartoffelstücke oder Rübenschalen. Manchmal wurde die Suppe als „Linsensuppe“ bezeichnet, aber sie wurde aus den getrockneten gemahlenen Hülsen der Linsen gemacht, nicht aus den Linsen selbst, „graues, fades, unappetitliches, stinkendes Wasser ohne jeden Nährwert“. Das Abendessen bestand aus der gleichen Suppe. Es gab eine Brotration und einmal die Woche Knödel, aber wie viel man bekam und wie oft, schwankte. Vera Schiff, die Theresienstadt überlebte, schreibt, die Rationen „schienen bewußt darauf zugeschnitten, das Leben zu verkürzen… Jede Faser unserer Körper schien nach etwas Eßbarem zu schreien. Es war der hinausgezögerte Hungertod, den die Nazis über uns verhängten, der uns unbeschreibliches Leid brachte, bis der Tod uns gnädig aus der Knechtschaft erlöste“. Als junge Frau dürfte Schiff mehr Nahrung erhalten haben als David und Amalie, weil der Ältestenrat damals von Zionisten dominiert wurde, die glaubten, daß die Jungen gebraucht würden, damit sie die zukünftigen Gründer eines jüdischen Staates sein könnten. Folglich wurden ihre Rationen erhöht, und die Älteren bekamen ihre Brotration, ein Achtel eines Laibs, nur noch jeden dritten Tag anstatt täglich. Manche versuchten, es auf drei Tage zu verteilen, andere konnten nicht widerstehen und aßen es sofort. Schiff schildert den „bemitleidenswerten, herzzerreißenden Anblick" der „alten deutschen Juden", dazu erniedrigt, neben den langen Suppenschlangen zu stehen und zu betteln: „Dies also war Europas ehemalige Intelligenz: hervorragende, berühmte Universitätsprofessoren, Ärzte, Anwälte, Geschäftsleute, nun zu heruntergekommenen Bettlern um einen Löffel sogenannter Suppe herabgewürdigt." Für Troller waren die „entkräfteten, demoralisierten, müden" älteren Menschen „ein unvergeßlicher Anblick". Sie drängten sich um die Haufen von Kartoffelschalen in der Küche und nagten das bißchen Kartoffel ab, das an der Schale geblieben war. Wenn David diese Demütigung erspart blieb, hatte er es Amalie zu verdanken:

> Ich selbst habe weniger an Hungergefühl gelitten als der arme Vater, der doch schon durch seinen Diabetes zum Hungern verurteilt war. Ich gab ihm von meinem Essen, ich bekam eben durch Fritzi u. ihre Freunde „Nachschub", ich kaufte zu wahnsinnigen Preisen Brot – der Hunger war nicht zu bannen. Erst in den letzten Wochen hatte Vater nicht mehr so große Eßlust, ja, ich mußte ihm manchmal zureden, doch mehr zu essen. Natürlich habe ich zur offiziellen Menage zugekocht, teils verbessert, teils anderes gekocht, soweit es möglich war, z. B. die gräßlichen „Brotsuppen", die Vater so gerne aß, ich nicht kosten konnte, die eine liebe, alte Zimmergenossin ihm kochte!

Spätestens im Dezember war David unter den Kranken – angesichts der dürftigen Ernährung und des fehlenden Insulins ist es bemerkenswert, daß dies nicht früher eintrat. Wenigstens bedeutete seine Krankheit, daß er in ein wärmeres Zimmer kam. Am 26. November notierte Gonda Redlich: „Sie legen Männer, Frauen, Kinder auf die Dachböden, wo die Temperaturen auf 4 Grad unter Null sinken." Davids Werkstatt mit der Wand aus Fenstern kann nicht viel wärmer gewesen sein. Im Dezember wurde er in die „Marodenstube" aufgenommen, wo es zusätzliche Bequemlichkeit wie ein Bett mit Holzgestell und Matratze und einen Ofen ganz in seiner Nähe gab. Anfang Februar aber war der Bedarf an Krankenbetten so groß, daß er, obwohl sich Amalie mit allen Mitteln wehrte, als „gesund“ entlassen wurde. Amalie gelang es tatsächlich, ihn in einem Zimmer in dem Gebäude unterzubringen, in dem sie arbeitete, im „Evidenzbüro“:

> Natürlich war ich so viel u. so oft als möglich bei ihm – bis plötzlich am 18.II., als ich um 10h ihm die Vormittagssuppe brachte, ich ihn bereits in Agonie antraf! Die Zimmergenossen glaubten, er schlafe! Um ½8 früh war er noch auf u. merkwürdig hoffnungsfroh, während er sonst sehr verdüstert und pessimistisch gewesen.

Das ist alles, was Amalie hier über Davids Tod schreibt, und sie hatte nicht einmal dies zu sagen vorgehabt, es war ihr einfach in die Beschreibung ihrer Lebensbedingungen hineingeschlüpft. In einem Brief an andere Verwandte schreibt sie, David starb „an seiner alten Krankheit und an der schweren Theresienstädter Krankheit, er war auch lebensmüde und fast ohne Hoffnung“. Mit der „schweren Theresienstädter Krankheit“ meint Amalie die chronische Diarrhöe, die im Ghetto als „Terezinka“ bezeichnet wurde. David starb also an einer Kombination dieser Krankheit, seinem Diabetes und dem Mangel an ausreichender und geeigneter Nahrung, vielleicht auch aus dem Mangel an Lebenswillen. In Theresienstadt, schreibt Vera Schiff, stieß alles unterhalb „einer beharrlichen Entschlossenheit, zu kämpfen, Widerstand zu leisten und täglich den Vorsatz zu überleben zu nähren ... den Insassen binnen kurzem über die Klippe“.

Seit dem Ersten Weltkrieg hatte David zu Depressionen geneigt. Nun hatte er dazu mehr Grund denn je. Nicht nur waren seine äußeren Umstände demütigend und kaum vereinbar mit der Befriedigung seiner körperlichen Bedürfnisse, sondern auch alles, wofür er stand, schien zunichte gemacht. Die höchsten Werte der europäischen Aufklärung – Freiheit, Gleichheit und Brüderlichkeit wie auch Bildung, Vernunft und Wissen im Dienst der Menschheit – waren von Männern hinweggefegt worden, die sich nur um Stärke und den Triumph der sogenannten arischen Rasse kümmerten. Davids größter Trost war, daß seine Kinder entkommen waren und eine neue Familie in einem neuen Land gründeten. Vielleicht konnte er auch Trost finden in den stoischen Philosophien Senecas und der anderen Alten, die er liebte, oder in dem Gedanken, daß die Drehung des Rades, die ihm ein Ende setzen würde, nicht die letzte sein werde und schließlich diejenigen zermalmen würde, die jetzt ihn zermalmten. Aber nichts davon reichte aus, um ihn darin zu bestärken, weiterzukämpfen.

34

Terezín

10. Dezember 1998

Ich erkenne die Straße von Fotos wieder, die aufgenommen wurden, als sie voll langer Schlangen müder Menschen war, die ihre Habe über sie schleppten oder karrten. Es ist die Straße von der Bahnstation in Bohusovice nach Theresienstadt, die Straße, auf der meine Großeltern gegangen sein müssen, bevor sie in der „Schleuse" ankamen. Wir – Renata, ich und unsere Töchter Ruth, Marion und Esther im Alter zwischen 19 und 25 Jahren – fahren sie jetzt in einem warmen und bequemen Minibus entlang. Anfangs sind die Gebäude die gleichen wie auf den Fotos, aber als wir die Ränder der alten Festungsstadt erreichen, weichen sie den mehrstöckigen Wohnblocks im kommunistischen Stil der 1960er, häßlich und unpassend vor dem ländlichen Hintergrund. In wenigen Minuten sehen wir die Bastionen von Theresienstadt. Wir biegen um eine Ecke, fahren durch eine Lücke zwischen ihnen und befinden uns innerhalb der Mauern, die für eine Weile die Welt meiner Großeltern begrenzten. Ich habe diese Straßen auch auf Dutzenden von Fotos und in dem Propagandafilm der Nazis *Der Führer schenkt den Juden eine Stadt* gesehen. Aber die Menschen haben sich verändert. Terezín, wie die Stadt wieder heißt, ist kein Museum, sondern ein Ort, in dem Menschen leben, einkaufen und ihre Kinder zur Schule bringen. Viele der alten Kasernen sind wieder der tschechischen Armee übergeben worden, und die Privathäuser, die von den Deutschen 1942 für das Ghetto übernommen wurden, werden heute wieder zu privaten Zwekken genutzt. Zu diesen zählt auch L416, Davids Adresse auf dem einzigen Dokument, das ich von seinem Leben in Theresienstadt besitze, ein Stück Papier vom Leiter des Sanitätswesens, auf dem er „als nicht schwer kriegsbeschädigt anerkannt" wird. Betrachtet man heute L416, fällt es nicht leicht, sich die Verzweiflung vorzustellen, die David empfunden haben muß, als er dieses lebensbedrohende Urteil erhielt. Jüdische Soldaten, die als Kriegsinvaliden anerkannt wurden, hatten einen privilegierten Status und waren bis 1944 von der Deportation von Theresienstadt in den Osten ausgenommen. Aber solche Gefahren sieht man L416 heute nicht mehr an: Es ist ein schön gealtertes zweistöckiges Gebäude mit einem Eckladen im Erdgeschoß und einer großen Coca-Cola-Werbung in einem Fenster.

Zwar ist die Stadt kein Museum, aber es gibt ein Ghetto-Museum. Ein einführender Film stellt Episoden aus dem Propagandafilm der Nazis neben Zeichnungen, die Künstler dort anfertigten. Der Kommentar besteht über weite Strecken aus einer Liste der Transporte von Theresienstadt, die die Zahlen der Deportierten angibt – immer mindestens 1000 – und die Zahl der Überlebenden – manchmal keiner, nie mehr als eine Handvoll. Im oberen Stock beginnt eine Dokumentation mit der rassistischen Propaganda der Nazis, darin auch Auszüge aus den Protokollen der „Wannsee-Konferenz", dem Treffen in Berlin 1942, auf dem Heydrich, Eichmann und andere die Ermordung aller elf Millionen Juden Europas planten, auch in Ländern, die sie noch nicht erobert hatten wie England und die Schweiz. Die Protokolle weisen Theresienstadt die Rolle eines „Altersheims" zu. Die Abteilung des Museums jedoch, in der es schwerfällt, nicht zu weinen, zeigt Gemälde und Zeichnungen von Kindern in Theresienstadt. Die Kinder, die diese helleren, hoffnungsvolleren Welten malten, starben in Auschwitz.

Das Museum verfügt über Personal, das allen behilflich ist, die Auskünfte über Verwandte suchen. Ilona Smékalová schlägt meinen Großvater im *Totenbuch Theresienstadt* nach und bestätigt die Daten seiner Ankunft und seines Todes. Die Liste der Sterbefälle zeigt, daß an jenem Tag 81 Personen in Theresienstadt starben. Das Museum hat ein Diagramm, das die Sterberate für Theresienstadt mit der für Prag im selben Zeitraum vergleicht: Sie ist 90mal höher.

Vom Museum gehen wir zu einer Kreuzung, von wo wir die Stadtmauer in allen vier Himmelsrichtungen sehen können. Sie ist in jeder Richtung nur wenige Straßen entfernt, ein winziger Raum für 58000 Menschen. Für Jana Renee Friesova, die als fünfzehnjähriges Mädchen im Dezember 1942 ankam, waren die Straßen „eng“ und „unglaublich überfüllt“. An ihrem ersten Tag sah sie mit Entsetzen einen zweirädrigen Karren, beladen mit „Körpern, steif und unwirklich, einfach so hingeworfen, die Arme und Beine vom Karren baumelnd“. Hin und wieder hielt der Mann, der den Karren zog, an und rückte seine Ladung zurecht. Sie hatte nie zuvor eine Leiche gesehen und konnte sich nicht vorstellen, daß menschliche Leichen mit so wenig Respekt behandelt werden konnten. Ich versuche mir die Menschenmengen vorzustellen, den Schmutz, das Ungeziefer, die Gerüche, den Hunger, die Angst, alles, worüber ich gelesen habe, aber diese stille Provinzstadt hat sich so weit von ihrer Vergangenheit entfernt, daß mir der notwendige Sprung der Phantasie nicht gelingt.

Wir gehen ein paar Straßen weiter zur Magdeburger Kaserne, wo ein Dachboden wieder mit Schlafstellen eingerichtet und mit Koffern und Kleidung, die Überlebende spendeten, ausgestattet worden ist. 60 Personen dürften auf diesem Raum gelebt haben. In der Ecke stand ein Eimer, der nachts als Toilette benutzt wurde. Ein kleiner Ofen gab ein wenig Wärme ab und machte es möglich, Wasser abzukochen, aber Kohle gab es nur begrenzt. Dennoch, sagt unser Führer, war es das luxuriöseste unter den Konzentrationslagern der Nazis. Die Leute hatten sogar ihr eigenes Bett.

Die Nazis erlaubten den Häftlingen in Theresienstadt ein eigenes Kulturleben, und ein Teil der Magdeburger Kaserne zeigt, wie außergewöhnlich das unter solchen Bedingungen war. Ein Raum stellt das Musikleben des Lagers dar, darunter die berühmte Kinderoperette *Brundibar*. Es gibt Porträts der bekannten Komponisten und Musiker, die hier waren. Ein anderer Raum stellt Gemälde und Zeichnungen von Künstlern aus, die nach Theresienstadt geschickt worden waren. Die SS richtete eine offizielle Kunstabteilung ein, um die Bilder malen zu lassen, die sie für Propagandazwecke vom Ghetto wünschten, und Plakate zu entwerfen, die für Hygiene werben sollten. Aber es gab sehr viel mehr illegale Arbeiten, von denen manche die realen Bedingungen des Lagers zeigten, während andere einfach Zeichnungen von Themen sind, die der Künstler interessant fand. Ich bin gespannt, ob ich zufällig auf eine Zeichnung von David oder Amalie stoße, aber ich finde keine, die ihm oder ihr ähnlich ist.

Von der Magdeburger Kaserne gehen wir zurück durch die Stadt zur Dresdner Kaserne und entlang einer Mauer dieses riesigen Gebäudes, das ein ganzes Geviert einnimmt, drei Stockwerke hoch, mit mächtigen Mauern zu den Straßen hin und einem großen Innenhof. Hier arbeitete Amalie und wohnte David, als er starb. Jetzt wird das Gebäude wieder von der tschechischen Armee genutzt und ist der Öffentlichkeit nicht zugänglich.

Als wir zum Friedhof und Krematorium kommen, ist es drei Uhr nachmittags. Das Licht ist weich und dunstig, die Sonne steht tief am Himmel. Während der ersten Monate nach Einrichtung des Ghettos wurden die Toten in Massengräbern auf dem Friedhof beerdigt, aber als David starb, hatte die Zahl der Toten die Kapazität des Friedhofs überstiegen, und man hatte ein Krematorium gebaut. Dorthin wurde Davids Leiche gebracht. Vor einem der Besuche des Roten Kreuzes wurde die Asche von rund 18000 Toten in den Fluß geschüttet. Darunter war die Asche meines Großvaters.

Teil VII

Epilog

35

Überleben

> Schwer, furchtbar schwer fällt es mir, Euch zu schreiben nach so langer, trauriger Zeit! Das Schwerste u. Traurigste, ich muß es als erstes berichten – Euer geliebter Vater ist nicht mehr! Am 18.II.1943 ist er, wohl nach langem Leiden u. doch unerwartet plötzlich gestorben …
> Über das weitere Leben kann u. will ich heute nichts sagen.

Amalie schrieb diesen kurzen schmerzlichen Brief an ihre Kinder am 12. Juni 1945, etwas über einen Monat nach ihrer Befreiung. Als sie nach Wien zurückkehrte, waren die Freunde und Verwandten, die nicht ausgereist waren, fast alle tot. Hilde Koplenig, eine Kusine Davids, war gegangen, aber bereits zurück. Hilde war die Frau des Vorsitzenden der Kommunistischen Partei Österreichs und mit ihrem Mann 1938 in die Sowjetunion geflohen. Nachdem die Rote Armee in Wien eingerückt war, wurden sie bald gebeten zurückzukehren, damit Hildes Mann zur Gründung einer neuen Republik Österreich beitragen konnte. Als Hilde eines Abends zu ihrer Wohnung zurückkehrte, saß Amalie vor ihrer Tür. Sie erinnerte sich nur an einen Bestandteil ihres Gesprächs: „Ich fragte sie, wo sie ihr Essen bekam – weil sie die jüdischen

Speisevorschriften eingehalten hatte, und damals war kein koscheres Essen in Wien zu haben. Sie sagte zu mir: ‚Wenn Gott einen guten Menschen wie meinen Mann sterben läßt, brauche ich seinen Gesetzen nicht zu folgen.'"

In dem Brief, in dem Amalie das Leben in Theresienstadt beschrieb, erwähnt sie, daß die Zimmergenossin, die die Brotsuppe für David kochte, tot ist und fügt hinzu:

> ...alle die guten Freundinnen sind tot, teils gestorben, teils in Transporten nach Auschwitz deportiert worden. Doch darüber ein anderes Mal! Die Transporte u. die Angst vor diesen ist eines der traurigsten Kapitel von Theresienstadt! Bitte, lieber Ernst, schreibe mir, ob Du diese Berichte haben willst oder lieber nicht!

Ich fand keinen Brief über die Transporte. Vielleicht war das Thema zu schmerzlich für meinen Vater, um danach zu fragen. Aber ich selbst mußte mich immer wieder fragen: Wußte Amalie damals von dem Schicksal der Menschen, die abtransportiert wurden? Und wie entging sie selbst dem Transport?

Einen Hinweis fand ich in einem Brief, den Amalie nach der Befreiung an ihren Neffen Max Rudolfer schrieb. Max und seine Frau Ilke hatten es geschafft, als illegale Einwanderer nach Palästina zu gelangen. Es wäre unmöglich gewesen, ihren Sohn Tomas, der erst drei oder vier Jahre alt war, auf eine solche Reise mitzunehmen, weshalb sie ihn in der Hoffnung, ihn später nachkommen zu lassen, bei einer Verwandten ließen. Aber die Verwandte starb, und Tommy kam in ein Waisenhaus in Prag und von dort mit acht Jahren nach Theresienstadt. Amalies Brief erklärt den Rest:

> Etwa ½ Jahr darauf [nach Davids Tod] kam Tommy aus dem Prager Waisenhaus nach Theresienstadt... Mit ihm kam wieder Sonnenschein in mein düsteres, trauriges Leben. Alle Menschen, jung u. alt, haben den Prachtkerl, der schön und gut zugleich war, geliebt. Er kam ungefähr jeden zweiten Tag zu mir, und wir freuten uns miteinander. Ich war glücklich, jemand zu haben, für den

> ich sorgen konnte, gleichsam einen Zweck meines Lebens zu sehen, das mir sonst schon ganz sinn- und zwecklos erschien. Doch ich will weder Dich noch mich selbst aufregen: Im Oktober 1944 kam er mit dem ganzen Jugendheim weg von Theresienstadt – er schied fast freudig, denn er erhoffte sich Vergnügen vom Ortswechsel, ich sah ihm mit Tränen nach, als er lustig fortging. Seither habe ich nichts mehr von ihm gehört – ich kann nur fürchten, daß er auch nicht mehr kommt, wie die meisten, die nach Auschwitz kamen!

Die Nazis sagten, die abtransportierten Menschen würden „umgesiedelt". Nach Theresienstadt kamen einige Postkarten zurück, auf denen stand, wie schön alles in Auschwitz war. Den Leuten, die sie schrieben, wurde der Tod angedroht, falls sie sich weigerten zu schreiben; dann wurden sie dennoch in die Gaskammern geschickt, und danach versandte man die Postkarten. Aber die Täuschung der Nazis war nicht ganz erfolgreich. Während des Jahres 1943 kamen in Theresienstadt Gerüchte auf, die niemand glauben wollte, über die man sich aber, sobald man sie gehört hatte, nicht völlig hinwegsetzen konnte. Einige, deren Transporte bevorstanden, vereinbarten zuvor verschlüsselte Hinweise, die den Empfängern die Wahrheit mitteilen würden. Einige wenige Botschaften kamen zurück und bestätigten die schlimmsten Befürchtungen.

Spätestens im Oktober 1944, als die Transporte Tommy mit allen Kindern und den meisten Jugendlichen mitnahmen, gab es einige in Theresienstadt, die wußten, was ihr Schicksal sein würde. Einem aus Auschwitz Entkommenen war es gelungen, heimlich nach Theresienstadt zurückzukommen, wo er Rabbiner Leo Baeck und Mitgliedern des Ältestenrates berichtete, daß die aus Theresienstadt abtransportierten Juden in Gaskammern ermordet wurden. Die Enthüllung brachte Baeck und andere jüdische Führer in ein unvorstellbares moralisches Dilemma. Sollten sie den hilflosen Häftlingen des Ghettos verraten, was ihr Schicksal sein würde, wenn sie zur Deportation selektiert wurden? Hatten die Menschen nicht ein Recht, es zu erfahren? Aber was würde man damit erreichen, wenn man es ihnen sagte? Welche Folgen würde die dann entstehende Panik und Verzweiflung haben? Die Juden in Theresienstadt waren machtlos, ihr Schicksal abzuwenden, da ihnen jegliche Waffen fehlten, und falls sie einen Aufstand versuchten, würde man sie alle auf der Stelle töten. Wie die Dinge lagen, würden vielleicht wenigstens einige überleben. So schien es zumindest Baeck. Er riet, die Enthüllungen geheimzuhalten, und der Rat hielt sich daran. Aber Personen, die engen Kontakt zum Rat hatten, erfuhren es dennoch von ihnen. Amalie, die im zentralen Registerbüro des Ghettos arbeitete, könnte eine von denen gewesen sein, die Bescheid wußten – in welchem Fall ihre Verzweiflung unbeschreiblich gewesen sein dürfte, wenn sie Tausende von Menschen in den Tod gehen sah.

Damit Amalie der Selektion für einen der Transporte, die während ihrer drei Jahre im Lager abgingen, entkam, mußte sie entweder außerordentliches Glück gehabt haben oder sehr geschickt gewesen sein oder beides. In einem anderen nach ihrer Befreiung geschriebenen Brief berichtet sie: „Was mir half, das Leben zu ertragen, war unablässige und unerschöpfliche Arbeit im Dienst der Gemeinschaft." Dies deutet an, daß ihre Arbeit ihr etwas gab, das sie beschäftigte, von ihrem Leid ablenkte und ihr das Gefühl gab, nützlich zu sein. Aber es könnte auch wahr sein, daß die Arbeit ihr in einem direkteren Sinn half zu überleben. Man nahm Personen von der Selektion aus, wenn ihre Tätigkeit als unerläßlich für die Führung des Ghettos erachtet wurde, und Amalie, die früher viele Jahre lang auf einem höheren Verwaltungsposten gearbeitet hatte, könnte aus diesen Gründen der Selektion entgangen sein.

Ich muß mich mit einer anderen, beunruhigenderen Möglichkeit abfinden. Heinrich Fichtenau, der Amalie nach dem Krieg traf, hat gesagt, daß sie ihm berichtete, sie sei in der Lage gewesen, die Auswahlkriterien für jeden Transport im voraus zu erfahren, und dies habe es ihr ermöglicht, ihre eigene Karteikarte in eine ungefährlichere Kategorie einzustellen. Da die Deutschen dem Ältestenrat nur mitteilten, wie viele Menschen sie für den nächsten Transport brauchten und vielleicht was für Menschen – alt, jung, männlich, weiblich –, aber nicht die bestimmten Einzelpersonen benannten, wußte jeder, dem es gelang, der Selektion zu entgehen, daß an seiner Stelle ein anderer selektiert würde. Wurde meine Großmutter unter diesen Umständen skrupellos und sorgte für sich selbst und das eigene Überleben? Norbert Troller, der, über lange Zeit mit Erfolg, sein Äußerstes versuchte, seine „Protektion“ für das gleiche Ziel zu verwenden, erörtert, wie er darüber dachte:

> Selbstzweifel kommen in uns allen auf, Zweifel an unserer Ethik, unserer Menschlichkeit, Fairneß, Gerechtigkeit und Anständigkeit. Es war die Zeit, als wir durch unvorhergesehene, verzweifelte, kritische, lebensbedrohende Umstände gezwungen waren, zögernd, allmählich, unglücklich, alle Regeln, Gesetze und Prinzipien des Anstands etc. fallen zu lassen. Wir mußten unser eigenes Verhalten bis zu dem Punkt rationalisieren, wo wir die Tatsache unserer eigenen Demoralisierung und Korruption akzeptierten. Wer kann heute sagen, ob das alles unentschuldbar war? … Wer niemals einige Wochen, Monate oder gar Jahre in einer solchen Situation gelebt hat, kann kaum die unbeschreiblich große Macht, die unüberwindliche Kraft der Selbsterhaltung begreifen.

Falls Amalie ihr Amt gebrauchte, um sich zu retten, könnte sie die gleichen Gedanken wie Troller gehabt haben. Aber sie könnte auch einfach überlebt haben, weil sie ihre Arbeit so gut erledigte, daß ihre Vorgesetzten sie wirklich für unersetzlich hielten und nicht verlieren wollten. Die Wahrheit können wir nicht mehr erfahren.

Was ich dagegen weiß, ist, daß meine Großmutter irgendwie die unglaubliche Geschichte des Ghettos Theresienstadt überstand. Sie war dort an einem kalten, verregneten Morgen – am 11. November 1943 –, als der Kommandant entschied, daß eine akkurate Zählung aller rund 45000 Häftlinge bis auf den letzten Mann stattfinden müsse. Umgeben von Wachen mit schußbereiten Maschinengewehren wurde die ganze Gruppe vor die Stadtmauer zu einem kraterartigen Tal in der Nähe geführt. Viele glaubten, sie würden exekutiert. Statt dessen mußten sie stillstehen, während sie von drei unabhängigen Gruppen gezählt wurden. Als die Zahlen nicht übereinstimmten, wurden die Deutschen wütend und schrien, daß die Zählung wiederholt werden müßte, bis Übereinstimmung erreicht worden sei. Es wurde dunkel, und noch immer standen alle da. Schon schwach von den eingeschränkten Rationen, hatten sie den ganzen Tag nichts zu essen oder zu trinken gehabt, noch die Möglichkeit, auf die Toilette zu gehen. Die Ruhr grassierte, und viele Menschen mußten sich selbst beschmutzen. Andere fielen ohnmächtig ins nasse Gras. Über 200 starben. Erst um Mitternacht bliesen die Deutschen die Operation ab, und die Kranken und Toten wurden von denen, die noch die Kraft dazu hatten, nach Hause getragen.

Amalie dürfte auch die Farce der Inspektion von Theresienstadt durch das Internationale Rote Kreuz im Juni 1944 miterlebt haben. Monate zuvor organisierten die Nazis hektisch Arbeitskolonnen, die den zentralen Platz verschönerten, Geschäfte, eine Bank und ein Kaffeehaus einrichteten, damit es den Anschein hatte, als gäbe es etwas, wofür die Bewohner das von den Nazis für sie gedruckte Geld ausgeben konnten. Tatsächlich gab es nichts zu kaufen. Die Rationen wurden erhöht, bevor das Rote Kreuz kam, so daß die Bewohner etwas gesünder aussahen und auch waren. Eine zynischere Methode, diese Wirkung zu erreichen, war die Deportation von 7500 der Gebrechlichsten und Schwächsten nach Auschwitz einen Monat vor der Inspektion. Der Tag der Inspektion selbst war bis ins kleinste durchgeplant. Der SS-Kommandant Karl Rahm führte das Inspektionsteam durch die Stadt. Wie ein König für einen Tag bekam der Älteste der Juden einen Anzug, ein Auto und einen uniformierten SS-Mann als Fahrer, der sich höflich vor ihm verbeugte, als er die Tür für ihn öffnete. Der Weg des Inspektionsteams führte an einem Sportgelände vorbei, wo ein Fußballspiel im Gange war – und genau zum rechten Zeitpunkt fiel ein Tor unter gut eingeübtem Beifall. Die Inspektoren sahen Arbeiter, die Karren voll frischen Gemüses abluden. Eine Gruppe von Kindern ging auf Rahm zu und sagte einen einstudierten Satz auf: „Onkel Rahm, bekommen wir heute *wieder* Sardinen zu Mittag?“ „Onkel Rahm“ versicherte ihnen, daß sie heute etwas Besseres bekämen. Natürlich hatten sie in Theresienstadt nie Sardinen gesehen. Sobald das Inspektionsteam abgereist war, wurde das frische Gemüse weggebracht. Binnen vier Monaten waren der Älteste der Juden von der SS erschossen und die Kinder, die ihre Sätze so gut aufgesagt hatten, alle nach Auschwitz geschickt worden.

Amalie muß auch die heftigen Ausschläge zwischen Bangen und Hoffen in den letzten Kriegsmonaten gespürt haben, als klar war, daß die Deutschen verlieren würden, aber durchaus nicht feststand, was sie mit den Juden von Theresienstadt machen würden. Im Februar 1945 kündigten die Nazis an, daß drei Häftlingstransporte im Rahmen eines vom Roten Kreuz organisierten Austauschs in die Schweiz abgehen würden. Bloß ein weiterer Trick der Nazis, dachten viele, aber die freudigen Postkarten, die später kamen, waren dieses Mal ganz echt. Um die gleiche Zeit erhielt eine Arbeitskolonne den Befehl, Veränderungen an einigen unterirdischen Gängen in Theresienstadt vorzunehmen. Zu ihrer Arbeit gehörte, alle Belüftungslöcher zu versiegeln und eine luftdichte Tür einzusetzen. Als Polen in die Hand der Russen fiel, verbreiteten sich Gerüchte, die Deutschen würden die verbliebenen Juden an Ort und Stelle vergasen. Die Gerüchte waren begründet, aber die Menschen in Theresienstadt wußten nicht, daß in der SS ein Machtkampf zwischen den wirklich fanatischen Antisemiten, die die „Endlösung" um jeden Preis vollenden wollten, und den Pragmatikern, die glaubten, lebende Juden könnten als Geiseln oder als Zeugen für ihre eigene Anständigkeit und Zurückhaltung nützlicher sein, im Gange war. Als Himmler klar wurde, daß der Krieg verloren war, schwenkte er zu den Pragmatikern um. Er gab sich der Illusion hin, seinen Ruf wiederherstellen zu können, indem er nachwies, daß er die Juden von Theresienstadt gerettet habe. Die Gaskammer wurde nie in Betrieb genommen.

Im April kamen jüdische Häftlinge aus Konzentrationslagern näher an der Front in Theresienstadt an, in Zügen oder zu Fuß, Reste viel größerer Gruppen, von denen die meisten unterwegs gestorben waren. Ihr Zustand löste im Ghetto einen tiefen Schock aus. Diese Personen waren kaum als menschliche Wesen zu erkennen, nur noch mit Haut bedeckte Skelette, von denen sich manche ans Leben klammerten, während andere tot in den Viehwagen lagen. Falls irgendwer im Ghetto noch Illusionen über das Schicksal von Freunden und Verwandten, die in den Osten deportiert worden waren, gehabt hatte, konnte er die Realität nun mit eigenen Augen sehen. Die verzweifelten Bemühungen der Bewohner von Theresienstadt, sich um diese ausgemergelten Menschen zu kümmern, waren oft vergebens. Mit dem Zusammenbruch der deutschen Streitkräfte an allen Fronten wurde Theresienstadt am 1. Mai unter die Kontrolle des Roten Kreuzes gestellt und am 7. Mai von der russischen Armee befreit. Am nächsten Tag war der Krieg in Europa zu Ende. Von 141000 Personen, die nach Theresienstadt geschickt worden waren, erlebten nur rund 17000 diesen Tag.

Nach der Befreiung war es Amalies größter Wunsch, bei ihren Kindern und dem Enkelkind in Australien zu sein. Aber wie 1938 mußten Hindernisse überwunden werden, bis dieses Ziel verwirklicht werden konnte. Amalie mußte noch einen Winter in Wien verbringen, wo sie von ihren amerikanischen Verwandten unterstützt wurde, die ihr Lebensmittel und warme Kleidung schicken konnten. Am 19. August 1946 kam sie in Australien an. Dort lernte sie nicht nur die sechsjährige Enkeltochter kennen, die während der dunklen Jahre der Herrschaft Hitlers ihre Gedanken ausgefüllt hatte, sondern auch ihren sechs Wochen alten Enkelsohn, mich. Uns beiden schenkte sie in den neun Jahren, die sie noch leben sollte, die ganze aufgestaute Liebe, die sie während so vieler trauriger Jahre nicht hatte geben können.

36

Ein gutes Leben?

Krösus, der sagenhaft reiche König von Lydien, soll Solon, den athenischen Gesetzgeber, gebeten haben, ihm zu sagen, wer der glücklichste Mensch sei. Krösus erwartete zu hören, er sei der Glücklichste, denn an Reichtum und Macht kam ihm keiner gleich. Solon machte diese Erwartung zunichte, indem er einen Athener namens Tellus nannte. Verblüfft verlangte Krösus, den Grund für diese Wahl zu erfahren, und Solon erwiderte, daß Tellus in einer blühenden Stadt lebte, Kinder und Enkelkinder hatte, hinreichend wohlhabend war, in einer siegreichen Schlacht gegen die Feinde der Stadt tapfer starb und mit einer öffentlichen Bestattung an der Stelle, wo er gefallen war, geehrt wurde.

In einem unveröffentlichten Aufsatz, „Lebensanschauungen griechischer Frühzeit“, stellt David mit dieser Geschichte Krösus' Ansicht von einem guten Leben – einem Leben, das im wesentlichen auf Konkurrenz baut und in dem Erfolg darin besteht, mehr als andere zu besitzen – der unabhängigeren Ansicht Solons gegenüber. Aus Solons Vorstellung von einem guten Leben destilliert David zehn Schlüsselelemente heraus und gibt uns so einen Maßstab an die Hand, mit dem wir sein eigenes Leben bewerten können:

1. Eine Periode friedlichen Gedeihens des Vaterlandes
2. Ein Leben, das sich bis weit in die dritte Generation erstreckt
3. Tod, bevor man die volle Rüstigkeit des wehrhaften Mannes verliert
4. Ein behagliches Einkommen
5. Wohlgeratene Kinder
6. Sicherung der Fortdauer des Geschlechts durch vollzählig heranblühende Enkel
7. Rascher Tod

8. Siegreiche Bewährung der eigenen Kraft
9. Die höchsten Grabesehren
10. Fortdauer des eigenen Namens durch rühmliches Andenken bei der Bürgerschaft.

Würde David seine eigene Liste zusammenstellen, anstatt sich Solons Liste anzuschließen, würde er sicherlich wenigstens zwei weitere Punkte hinzufügen:

11. Enge persönliche Beziehungen, insbesondere das Leben in liebevoller Kameradschaft mit jemandem, der einen versteht und mit dem man eine geistige wie auch emotionale und körperliche Beziehung genießen kann.
12. Die höchsten und menschlichsten Ideale der Weisheit, Güte und Schönheit, die aus Tausenden von Jahren menschlicher Literatur, Philosophie und Kunst gesammelt werden können, zu verstehen, zu verteidigen und weiterzugeben.

An diesen beiden letzten Punkten gemessen, kann Davids Leben als Erfolg gelten. Seine Beziehung mit Amalie war ein uneingeschränkter Segen, und mit dem starken Einfluß, den er auf Schüler wie Heer, Ringel und, ganz am Ende, Massiczek hatte, gab er die kulturelle und geistige Tradition weiter, an die er so fest glaubte. Im Sinne der zehn Punkte, die David Solons Antwort an Krösus entnahm, schnitt er nicht so gut ab. Da er kein Interesse an Reichtum hatte, verfügte er über ein ausreichendes Einkommen, um seinen Wünschen gemäß zu leben, bis die Nazis dies unmöglich machten. Er hatte zwei selbstbewußte Töchter, auf die er mit Recht stolz sein konnte. Zudem herrschten in seinem Land in seiner ersten Lebenshälfte Friede und Wohlstand. Dann jedoch kam der Krieg, der Österreich-Ungarn zerstörte, in dem auch er schrecklich litt und nach dem er nie wieder in einem Land mit dem gleichen Gefühl der Sicherheit lebte, das er früher gekannt hatte. Er lebte lang genug, um zu erfahren, daß er ein Enkelkind hatte, aber nicht so lang, daß er es außer auf einem Foto sehen konnte. Die Bedingungen, die er in seinen letzten Lebensjahren ertragen mußte, zerstörten alle Vitalität, die ihm mit 60 Jahren geblieben war. Sein Tod kam nicht schnell, er hatte keine Siege, keine Grabesehren, und seine Asche wurde mit der von Tausenden anderen in einen Fluß geworfen.

Solons letzter Punkt, die Fortdauer des Namens durch rühmliches Andenken, unterscheidet sich von den anderen, denn er wirft eine tiefe philosophische Frage auf, was dem Leben eines Menschen einen guten Verlauf geben kann. Er beinhaltet, daß das, was einem nach dem Tod geschieht, Bedeutung für die Beurteilung des Lebens haben kann. Für die alten Griechen war das selbstverständlich. Uns erscheint dies merkwürdig – wie kann das, was nach dem Tod geschieht, einen Unterschied ausmachen? Dieser besondere philosophische Unterschied liegt im Kern des Projektes, das dieses Buch ist. Beim Schreiben fühlte ich, daß ich etwas *für meinen Großvater* tun kann, daß ich das Unrecht, das die Nazis ihm antaten, irgendwie, wenn auch noch so geringfügig, lindern kann. Ist das ein vertretbarer Gedanke? Ich glaube genauso wenig wie er an ein Leben nach dem Tod, also habe ich keine Illusionen, daß er von oben auf das herabblickt, was ich schreibe. Es kann für ihn *jetzt* keinen Unterschied bedeuten, ob er und seine Schriften in dem Dunkel bleiben, das sie über die vergangenen 60 Jahre eingehüllt hat, oder ob ich sie lese und einem breiteren Publikum vorlege. Soll ich also das Gefühl, daß ich ein Buch für ihn schreibe, als Unsinn abtun? Vielleicht ja, aber ich kann das Gefühl nicht ganz loswerden, daß ich etwas für David tue, indem ich seine Schriften durch die Jahre zu mir gelangen lasse.

Wie Stefan Zweig hätte David gegen Ende seines Lebens sagen können, daß die Werte, für die er sein Leben lang eingetreten war, die furchtbarste Niederlage erlitten hatten, den größten Rückfall aus höchsten Höhen in bodenlose Tiefen, den die Geschichte jemals gekannt hatte. Im Faschismus sah mein Großvater den Sieg der Macht und Brutalität über Vernunft, Bildung und Gelehrsamkeit und den Triumph derer, die lieber Bücher verbrannten, als die Argumente darin zu widerlegen. Man kann sich unschwer vorstellen, wie traurig dies für einen Mann gewesen sein muß, dem seine Bücher so wichtig waren, daß meine Eltern fürchteten, das Widerstreben, sich von ihnen zu trennen, verzögere seinen Weggang. Als er krank, hungrig und sterbend in Theresienstadt lag, befand er sich im Mittelpunkt eines Nazi-Reiches, das mit seinen faschistischen Verbündeten von der Atlantikküste bis zu den Toren Leningrads und von Norwegens Nordkap bis Nordafrika reichte. Nimmt man das stalinistische Regime in der Sowjetunion dazu, waren auf der gesamten eurasischen Landmasse vom Atlantik bis zum Pazifik und weiter bis Japan kaum Demokratien zu finden. Hitler hatte verkündet, daß sein Reich tausend Jahre bestehen werde, und selbst nüchterneren Köpfen könnte es geschienen haben, daß die Demokratie einen Schlag erlitten hatte, von dem sie sich ein Jahrhundert oder länger nicht würde erholen können.

David sah jedoch voraus, daß die Drehung des Rades, die seiner eigenen Existenz ein Ende setzte, nicht die letzte sein würde. Und so ist es gekommen. Liberale Demokratien sind heute in Europa stabiler als jemals zuvor und in Asien, Afrika und Lateinamerika weiter verbreitet als früher. Der Rassismus, der David zunächst zu einem minderwertigen Menschen machte und dann in den Tod schickte, wurde von der Allgemeinen Erklärung der Menschenrechte entschieden verworfen und wird von keinem Regime mehr offen vertreten. Vielen führenden Nazis, die den Mord an jener großen Menge planten, zu der David gehörte, ist Gerechtigkeit widerfahren. Maßnahmen werden ergriffen, die es schwieriger machen, daß sich solche Greueltaten wiederholen. Der Präzedenzfall des Nürnberger Internationalen Militärtribunals zur Aburteilung deutscher Kriegsverbrecher, ohnmächtig während der Zeit des Kalten Krieges, hat endlich zu einem ständigen Internationalen Gerichtshof mit einer umfassenden Rechtsprechung zur strafrechtlichen Verfolgung von Personen geführt, die sich des Völkermords und Verbrechen gegen die Menschlichkeit schuldig gemacht haben. Obwohl die Welt auf absehbare Zeit in Nationalstaaten geteilt bleiben wird, ermöglicht die Entwicklung einer globalen Gemeinschaft auf vielen verschiedenen Ebenen allmählich, in Begriffen universeller menschlicher Werte und der offeneren kosmopolitischen Welt zu denken, für die David immer eintrat. Sein Glaube an die Möglichkeit einer solchen Welt, einer Welt, in der wir wieder die humanistischen, nicht sektiererischen, universellen Werte schätzen können, die von den größten Schriftstellern der Antike und Moderne dargestellt werden, ist etwas, das durch die Zeit nicht aufgehoben wurde.

Danksagung

Dieses Buch zieht die Arbeit Dr. Adolf Gaisbauers heran, der in Zusammenarbeit mit meiner Tante Doris Liffman eine redigierte Auswahl der Briefe veröffentlichte, die ihre Eltern (und meine Großeltern) zwischen 1938 und 1942 an ihre Kinder in Australien schrieben. Dr. Gaisbauer leitete die Briefe mit einer biographischen Skizze meines Großvaters ein, die sich wiederum auf Doris' Magisterarbeit über Leben und Zeit ihres Vaters stützte. Ich bin Dr. Gaisbauer für die großzügige Überlassung seines Materials sehr zu Dank verpflichtet. Sehr dankbar bin ich auch Doris und ihrem Sohn Michael Liffman, die mir freien Zugang zu der Fülle des Materials in ihrem Besitz erlaubt haben. Auch andere Familienangehörige haben ihren Beitrag geleistet. Meine Schwester Joan Dwyer erzählte mir ihre Erinnerungen an unsere Großmutter und half mir, Familienfotos und Dokumente zu finden. Die Neugier meiner Tochter Esther auf den Inhalt einer alten Kiste im Haus meiner Mutter führte zur Entdeckung des Briefs von Amalie, der ausführlich in Kapitel 33 zitiert wird. Die Nichten und der Neffe meiner Großeltern, Gerti Buchler, Alice Ritter und George Kunstadt, erzählten mir alles, woran sie sich erinnerten, und gaben mir Kopien von Briefen und Fotos in ihrem Besitz. Dank Elisabeth Markstein konnte ich mit ihrer Mutter Hilde Koplenig sprechen, die sich gut an die Begegnung mit meiner Großmutter nach deren Rückkehr aus Theresienstadt erinnerte. Nava Kahana, die Tochter von Max Rudolfer, und ihre Tochter Smadar Shavit fanden einen aufschlußreichen Brief von meiner Großmutter. David Stern vermittelte mir den Kontakt zu seinem Vater Kurt Stern, der nicht nur meine Großeltern kannte, sondern sich auch an einen Besuch im Haus meiner Urgroßeltern erinnerte.

Viele ehemalige Schüler meines Großvaters erzählten mir von ihren Erfahrungen mit ihm als Lehrer: Livia Karwath, Walter Friedmann, Ellen Kemeny und Frank Klepner. In Wien sprach ich mit der besten Freundin meiner Mutter, Eva Berger (früher Hitschmann), und dem bemerkenswerten Albert Massiczek. Romana Jakubowicz hieß mich freundlich in der Wohnung meiner

Großeltern willkommen, wo sie jetzt wohnt. Dank Google.com und mit etwas Glück konnte ich Kontakt zu Liz Tarlau Weingarten und Jill Tarlau aufnehmen, die mir erzählten, was sie über die Freundin meiner Großmutter, ihre Großmutter Lise Tarlau, wußten.

In tiefer Schuld stehe ich bei Hermann Vetter und Wendelin Fischer, die zusammen über 100 Briefe in der (wenigstens für mich) unentzifferbaren Handschrift meines Großvaters lasen und mir die Abschriften per E-Mail schickten. Besonders Hermann Vetter widmete sich unermüdlich dieser Arbeit und war auch äußerst hilfreich bei der Beantwortung der vielen Fragen, die ich zum Inhalt der Briefe hatte. Agata Sagans Glaube an den Wert dieses Projekts ermutigte mich immer dann, wenn ich mich fragte, ob es die Mühe wert sei, und sie fand Informationen über einige der dunkelsten Hinweise in den Briefen meines Großvaters. Hyun Höchsmann nahm Stellung zu einem Entwurf und half mir, einige der deutschen literarischen Quellen zu finden, auf die mein Großvater sich bezog. Helga Kuhse und Udo Schüklenk verdanke ich wertvolle Kommentare in einem frühen Stadium des Projekts. In österreichischen Gerichtsprotokollen fand Marianne Schulze für mich Dokumente über meine Familie, von deren Existenz ich nicht einmal gewußt hatte – und Dank auch an Dymia Schulze, die diese Suche in Gang brachte. John Oldham ließ mich das Manuskript einsehen, das mein Großvater mit Sigmund Freud schrieb. Clemens Ruthner und Reinhard Urbach lieferten Informationen über Otto Soykas Leben und Kommentare zu den frühen Briefen meines Großvaters. Bernhard Handlbauer beantwortete meine Fragen zu den Berichten über die Gründung des Vereins für Individualpsychologie.

Die Unterstützung und Ratschläge von Kathy Robbins vom Robbins Office waren hervorragend. Dan Halpern und Julia Serebrinsky von Ecco waren ein wunderbares Verleger-Lektoren-Gespann. Kathy und Julia bearbeiteten mich, das ursprünglich viel längere Manuskript zu kürzen, eine schmerzliche Aufgabe, bei der, wie ich ungern einräume, ein besseres Buch herausgekommen ist. Adam Goldbergers Lektorat bereinigte viele unglückliche Ausdrücke und widersprüchliche Schreibungen.

Ich begann die Arbeit an diesem Buch, als ich noch an der Monash University in Australien war. Dank gebührt Professor Marian Quartly, der Dekanin der philosophischen Fakultät, daß sie mich unbezahlten Urlaub nehmen ließ, um den ersten Entwurf fertigzustellen. Seit ich an die Princeton University gekommen bin, hat meine Arbeit von den hervorragenden Mitteln zur Recherche und von hilfreichen Kommentaren in zwei Seminaren an der Universität profitiert. Dankbar bin ich Josh Ober vom altphilologischen Fachbereich, der ein Seminar ansetzte, in dem einige Briefe meines Großvaters über die antiken Ideen des Eros diskutiert wurden, und ich erhielt viele hilfreiche Anregungen. Bob Kastner am selben Fachbereich half freundlicherweise bei der Übersetzung eines lateinischen Zitats. Für Kommentare zu einem Referat, das die philosophische Frage aufwirft, mit der das Buch endet, nämlich über die Möglichkeit, einer Person zu nutzen, nachdem sie gestorben ist, danke ich dem Lehrkörper des University Center for Human Values und den Rockefeller-Stipendiaten des Centers 2001/02. Kim Girman, meine Assistentin in Princeton, war immer bereit, mir bei jeder Aufgabe, die ich ihr übertrug, zu helfen. Schließlich danke ich Renata, meiner Frau, für ihre Liebe und Kameradschaft während der langen Zeit, die es brauchte, um dieses Projekt zu verwirklichen.

Quellennachweis

Allgemein

Die Hauptquellen für dieses Buch sind:

- Briefe von David Oppenheim an Amalie Pollak 1904-06.
- Briefe von David und Amalie an meine Eltern und Tante 1938-42.
- Briefe von den Eltern meines Vaters, Albert und Philippine Singer, und von anderen Familienangehörigen in Europa und Amerika an meine Eltern 1938-41.
- Briefe von meinen Eltern an ihre Eltern und andere Familienangehörige 1938-41.
- Davids veröffentlichte und unveröffentlichte Schriften.
- Interviews mit Bekannten meiner Großeltern, geführt von mir, von Dr. Adolf Gaisbauer, von meiner Nichte Tessa Dwyer (mit meiner Mutter) und für die Dokumentation *Einer der uns fehlte: David Oppenheim, 1881-1943* von Johanna Peltner-Rambeck und Hans Rambeck für Südwind-Film, München 1991.
- Dokumente aus dem Österreichischen Staatsarchiv, die Davids Kriegsdienst und Tätigkeit als Lehrer betreffen und mir von Dr. Gaisbauer zur Verfügung gestellt wurden.
- Protokolle der Wiener Psychoanalytischen Vereinigung und des Vereins für Individualpsychologie.
- Doris Liffman, *David Ernst Oppenheim, 1881-1943: The Man, His Time, His Work*, Magisterarbeit im Fachbereich Germanistik der Monash University, 1988.
- Adolf Gaisbauer, *„... von Eurem treuen Vater David": David Oppenheim in seinen Briefen 1938-1942*, Wien 1966.

Die unveröffentlichten Quellen in Familienbesitz habe ich im Text nicht zitiert, denn das hätte ihn mit Anmerkungen überhäuft, die für den Leser von geringem Wert sind. Wissenschaftler, die sich für weitere Details interessieren, können über das University Center for Human Values, Princeton University, Kontakt mit mir aufnehmen. Die Übersetzung der deutschen Originale stammt von mir. Veröffentlichte Quellen zu bestimmten Themen im Text sind unten aufgeführt.

1. Wien, damals und heute

Zu Hitlers Leben in Wien siehe Frederic Morton, *Thunder at Twilight*, New York 1989, S. 11-14; J. Sydney Jones, *Hitler in Vienna*, New York 1982, S. 144ff.; Brigitte Hamann, *Hitlers Wien: Lehrjahre eines Diktators*, München 1996. Das Zitat von Stefan Zweig ist aus *Die Welt von gestern*, Frankfurt am Main 1981, S. 8.

3. „Eine Herzensbeziehung"

Zu Oscar Wildes Prozeß siehe H. Montgomery Hyde (Hg.), *The Three Trials of Oscar Wilde*, New York 1956, S. 236; allgemeiner zu diesem Thema siehe Jens Rieckmann, „Knowing the Other: Leopold von Adrian's *Der Garten der Erkenntnis* and the Homoerotic Discourse of the Fin de Siècle", in: *Gender and Politics in Austrian Fiction*, hg. von Ritchie Robertson und Edward Timm, Edinburgh 1996, sowie Linda Dowling, *Hellenism and Homosexuality in Victorian Oxford*, Ithaca, N.Y., 1994. Zur Diskussion der Homosexualität in Deutschland siehe von James D. Steakley, *The Homosexual Emancipation Movement in Germany*, New York 1975, bes. S. 23-25, 35. Stefan Zweigs Bericht über das behütete Leben unverheirateter junger Frauen steht in *Die Welt von gestern*, S. 98.

4. „Zwischen uns sei Wahrheit"

Freuds Bemerkung zur „Einschränkung des Sexualzieles" ist aus *Drei Abhandlungen zur Sexualtheorie*, Frankfurt am Main 1961, (Fischer Bücherei) S. 22.

5. Die Verlobung

Platons Darstellung von Sokrates' Urteil über die Liebe findet sich in *Phaidros*, beginnend mit 249a, siehe auch 265a. (Platon, *Sämtliche Werke*, Bd. 4. In der Übersetzung von Friedrich Schleiermacher mit der Stephanus-Numerierung hg. von Walter F. Otto u.a. Hamburg 1957.) Die Auskunft über Joachim Oppenheims Gehalt ist aus Hugo Gold (Hg.), *Die Juden und Judengemeinden Mährens in Vergangenheit und Gegenwart*, Brünn 1929, S. 169. Zu Amalies äußerer Erscheinung siehe Gaisbauer, „... *von Eurem treuen Vater David*", S. 27.

6. Brno

Das Zweig-Zitat ist aus *Die Welt von gestern*, S. 14f.

7. Das religiöse Problem

Der Aufsatz von Lisa Tarlau (die sich auch Lise schrieb) ist „Der Jargondichter Morris Rosenfeld", Teil 1, *Dr. Bloch's Österreichische Wochenschrift*, Bd. 23, Nr. 6, 9. Februar 1906, S. 94. Meine Quellen zum Antisemitismus in Österreich und zur Reaktion führender Wiener Juden auf den Zionismus sind George F. Berkley, *Vienna and Its Jews: The Tragedy of Success, 1880s-1980s*, Cambridge, Mass. 1988, bes. S. 38f., 117-24, und Erwin A. Schmidl, *Jews in the Habsburg*

Armed Forces, Bd. 11 der *Studia Judaica Austriaca*, Eisenstadt 1989, S. 124-27, 135f. Hans Tietzes Kommentar ist aus *Die Juden Wiens*, Wien 1933, zitiert in Berkley, S. 41. Rothschilds Bemerkung ist aus Hellmut Andics, *Der Untergang der Donaumonarchie*, Wien 1976, S. 26. Ernst Schneiders antisemitischer Vorschlag wird zitiert in David Kertzer, *The Popes Against the Jews*, New York 2001, S. 202, und der Kommentar zu Zola ist aus der *Arbeiter-Zeitung*, Wien, 25. Januar 1898, zitiert in Sigurd Paul Schiechl, „The Context and Nuances of Anti-Jewish Language: Were All the ‚Anti-Semites' Anti-Semites?", in *Jews, Anti-Semitism and Culture in Vienna*, hg. von Ivar Oxaal, Michael Pollak und Gerhard Botz, London 1987, S. 89f. Zweig beschreibt sein in dieser Hinsicht anscheinend gefeites Leben auf S. 40 in *Die Welt von gestern*. Wesentlichere Diskussionen des Antisemitismus finden sich in Arthur Schnitzlers *Der Weg ins Freie*, Berlin 1912; das Zitat ist auf S. 132.

8. Der erotische Faktor

Lise emigrierte nach Amerika, wo sie Kurzgeschichten und einen Roman auf englisch unter den Namen Lisa Tarleau und Lisa Isaye veröffentlichte. Biographische Angaben machten ihre Enkelinnen Liz Tarlau Weingarten und Jill Tarlau. Zu Joseph Bloch siehe Robert Wistrich, Kap. 9 in *The Jews of Vienna in the Age of Franz Joseph*, Oxford 1990. Weiningers Einfluß auf Wittgenstein beschreibt Ray Monk in *Ludwig Wittgenstein: Duty of Genius*, London 1990, S. 19-25, 498.

9. „Jene neuen, mühseligen Höhenwege"

Psychopathia Sexualis erschien 1886. Der Artikel über Pädophilie in Afghanistan ist Craig A. Smith, „Shh, It's an Open Secret: Warlords and Pedophilia", *New York Times*, 21. Februar 2002. Zu den im alten Griechenland verwendeten Begriffen siehe Mark Golden, *Children and Childhood in Classical Athens*, Baltimore 1990, S. 12f. Das Zitat aus *Phaidros* ist in 255b. Sapphos *Gedichte* sind im Internet zugänglich. Das betreffende Fragment ist die Nr. 94. Diotimas Bericht über die Liebe findet sich im *Symposion*, beginnend mit 201d. (Platon, *Sämtliche Werke*, Bd. 2. In der Übersetzung von Friedrich Schleiermacher mit der Stephanus-Numerierung hg. von Walter F. Otto u.a. Hamburg 1957.) Die Berichte über die Kontroverse um die Zuerkennung des Kaiserlichen Rings finden sich in *Die Zeit*, Wien, 23. und 28. Februar 1905. Zu Lise Meitner siehe Ruth Lewin Sime, *Lise Meitner: A Life in Physics*, Berkeley 1996.

11. Venezianische Betrachtungen

Das Epigramm ist die Nr. 8 der *Venezianischen Epigramme*, in Goethes Werke, hg. von Heinrich Kurz, Leipzig o.J., Bd. 1, S. 185. Der Rat, den Richard Tull erhält, ist in Martin Amis, *The Information*, London 1995, S. 88, Ischomachos' Ansicht von der Ehe in Xenophons *Oikonomikos*, VII.10-11. Hilde Koplenigs Ansicht von der Ehe meiner Großeltern ist ihrem Gespräch mit Gaisbauer entnommen, in „… *von Eurem treuen Vater David*", S. 27; Eva Berger, Doris und andere haben das gleiche gesagt.

12. Eine Einladung von Freud

Ernest Jones schreibt über den Abscheu, mit dem *Drei Abhandlungen zur Sexualtheorie* aufgenommen wurde, in *Sigmund Freud: His Life and Work*, Harmondsworth S. 315f. Zum schlechten Verkauf von Freuds früherem Buch siehe Hellmut Andics, *Der Untergang der Donaumonarchie*, Wien 1976, S. 26. Hanns Sachs' Bericht über Freuds Vorlesungen findet sich in Freud, *Master and Friend*, London 1945, S. 37-43. Sachs gibt als Jahr 1904 an, aber das muß ein Versehen sein, denn Paul Klemperer erklärt, daß Sachs und Oppenheim in dem Jahr, als er die Vorlesungen besuchte, nämlich 1906, zu der Gruppe gehörten. Für Klemperers Angabe spricht auch die Tatsache, daß mein Großvater nur 1906/07 teilgenommen haben kann, denn er hätte Freud sicher in seinen Briefen an Amalie erwähnt, wenn er 1904/05 die Vorlesungen besucht hätte, und im Winter 1905/06 leistete er seinen Militärdienst in Brünn. Siehe Paul Klemperer, Interview mit Dr. K. R. Eissler, 4. März 1952, Manuscript Division, Library of Congress; siehe auch Ernest Jones, Sigmund Freud: *His Life and Work*, London 1967, Bd. 2, S. 16. Der Aufsatz meines Großvaters über Tibull erschien als D. Ernst Oppenheim, „Arai (zu Tibull I.5), *Wiener Studien. Zeitschrift für klassische Philologie*, Bd. 30 (1908), S. 146-64. Zum Rang des Akademischen Gymnasiums siehe Steven Beller, *Vienna and the Jews, 1867-1938*, Cambridge 1989, S. 50, 53. Freuds handschriftlicher Brief an meinen Großvater findet sich als Faksimile und in der deutschen und englischen gedruckten Version in Sigmund Freud und D. E. Oppenheim, *Dreams in Folklore*, New York 1958. Freuds Brief an C. G. Jung, in dem er zum erstenmal David erwähnt, ist in Sigmund Freud und C. G. Jung, *Briefwechsel*, hg. von William McGuire und Wolfgang Sauerländer, Frankfurt am Main 1974, S. 286f. Die Reaktion des deutschen Professors auf Freud ist Ernest Jones' oben zitierter Biographie entnommen, S. 381. Die Mitgliedschaft der Mittwoch-Gesellschaft ist besprochen in Ronald Clark, Freud: *The Man and the Cause*, New York 1980, S. 214. Die Protokolle der frühen Jahre der Vereinigung sind erschienen als *Protokolle der Wiener Psychoanalytischen Vereinigung*, Bd. 2 (1908-1910), Bd. 3 (1910-1911), hg. von Herman Nunberg und Ernst Federn, Frankfurt am Main 1977 und 1979. Die Aufsatzsammlung über Selbstmord bei Schülern erschien als *Diskussionen des Wiener psychoanalytischen Vereins*, 1. Heft, *Über den Selbstmord, insbesondere den Schüler-Selbstmord*, Wiesbaden 1910. Das Horaz-Zitat ist aus den *Satiren*, Buch 1, Satire 9.

13. Davids Wahl: Freud oder Adler

Zu Berichten über das Zerwürfnis zwischen Freud und Adler siehe Bernhard Handlbauer, *Die Adler-Freud-Kontroverse*, Frankfurt am Main 1990; Jones, *Freud*; Wilhelm Stekel, *Freud and His Time*, New York 1931. Die in diesem Kapitel zitierten Briefe von Freud an Jung sind vom 12. März 1910, 30. März und 15. Juni 1911, von Freud an Ferenczi vom 5. Februar 1911. Freuds Fußnote, die auf die in Kürze erscheinende Arbeit mit meinem Großvater hinweist, findet sich in *The Standard Edition of the Complete Psychological Works of Sigmund Freud*, hg. von James Strachey, London 1953-74, Bd. 5, S. 621 Anm. Jones' Vermutung, die sozialistische Ideologie sei der Grund für das Ausscheiden der Adlerianer, findet sich in seinem *Freud*, Bd. 2, S. 151. Alexandra Adlers Bemerkung zu Davids politischen Ansichten wird aufgrund einer persönlichen Mitteilung zitiert in Heinz Ansbacher und Rowena Ansbacher (Hg.), *Alfred Adler: Superiority and Social Interest*, Evanston, Ill., 1964, S. 345 Anm. Die Erklärung von Adlers Anhängern wird zitiert von Handlbauer, *Die Adler-Freud-Kontroverse*, S. 140. Das Furtmüller-Zitat ist aus seinem Aufsatz über Adler in *Alfred Adler: Superiority and Social Interest*, S. 353. Klemperers Bemerkungen und die Geschichte, daß Freud ihn später ignorierte, sind aus seinem Interview mit Eisler, a.a.O., S. 13f. Zu Freuds Behandlung der früheren Mitglieder seines Kreises siehe auch Paul Roazen, *Freud and His Followers*, New York 1975, S. 207. Zu der einzigen Ausnahme siehe Lou Andreas-Salomé, *In der Schule bei Freud. Tagebuch eines Jahres, 1912/1913*, Zürich 1958, S. 23.

14. „Träume im Folklore"

Die Zitate in diesem Kapitel sind aus *Träume im Folklore*. Außer in der oben genannten Ausgabe findet sich die Arbeit jetzt auch in *Sigmund Freud, Gesammelte Werke*, Nachtr. S. 573, 576-600.

15. Psychologie, frei und individuell

Der Bericht über die frühen Jahre der Gruppe Adlers stützt sich auf Carl Furtmüller, „Alfred Adler: A Biographical Essay", in *Alfred Adler: Superiority and Social Interest*, S. 353f. Lou Andreas-Salomés Bemerkung zu Davids Vortrag ist in *In der Schule bei Freud*, S. 25f.

16. Die Ostfront

Zu einer populären Sicht Franz Ferdinands siehe Josef Redlich, *Schicksalsjahre Österreichs, 1908-1919: Das politische Tagebuch Josef Redlichs*, Graz 1953, Bd. 1, S. 235. Das Zweig-Zitat ist aus *Die Welt von gestern*, S. 258. Mein Bericht über den Krieg stützt sich auf Holger H. Herwig, *The First World War: Germany and Austria-Hungary, 1914-1918*, London 1997, S. 94f., 105, 108, 113, 136-39, 204, 274. Auskünfte aus dem Österreichischen Staatsarchiv über Davids Kriegszeit gab mir Adolf Gaisbauer. Die Zeile, mit der David seine Abneigung, über seine Kriegserlebnisse zu sprechen, ausdrückt, ist aus Vergil, *Äneis*, II, 3. Thomas Manns Ansicht vom Krieg findet sich in „Gedanken im Kriege" (1914), *Essays*, Bd. 1: *Frühlingssturm, 1893-1918*, Frankfurt am Main 1993, S. 193. Wittgensteins Bemerkung ist in Ludwig Wittgenstein, *Geheime Tagebücher 1914-1916*, hg. von Wilhelm Baum, Wien, Berlin 1991, S. 22. Davids Aufsatz über Horaz erschien in *Zeitschrift für die Österreichischen Gym-*

nasien, Bd. 66 (1915), S. 825-29; die *Wiener Zeitung*, Nr. 27, 4. Februar 1916, berichtete kurz darüber.

17. Die Isonzoschlachten

Zum Leben der österreichischen Soldaten an der Isonzofront siehe Adolf Schärf, *Erinnerungen aus meinem Leben*, Wien 1963, S. 46f., zu den einzelnen Schlachten siehe Herwig, *The First World War: Germany and Austria-Hungary, 1914-1918*, S. 336. An Davids Hinweise auf seine Kriegserlebnisse im Unterricht erinnert sich Fritz Schopf in einem unveröffentlichten Bericht, zitiert von Gaisbauer, *„... von Eurem treuen Vater David"*, S. 46, Anm. 78. An die Bemerkung „mehr und mehr rot" erinnerte sich Dr. Peter Schramke in seinem Interview für den Film *Einer der uns fehlte*. Daß er an den Kundgebungen am 1. Mai teilnahm, erwähnt Doris in ihrer Magisterarbeit, S. 43.

18. Die neue Republik

Zur Hungersnot in Nachkriegsösterreich siehe David F. Strong, *Austria, October 1918-March 1919*, New York 1974, S. 183f., 197; meine Quelle zur Evakuierung von Kindern ist die *Reichspost*, 18. Februar 1919 und 23. Februar 1920, zitiert in Christine Klusacek und Kurt Stimmer (Hg.), *Dokumentation zur Österreichischen Zeitgeschichte, 1918-1928*, Wien 1984, S. 155f. Zur Inflation siehe F. L. Carsten, *The First Austrian Republic, 1918-1938*, Aldershot 1986, S. 47. Marie Jahoda ist die Sozialdemokratin, die über die befruchtenden Illusionen eines Roten Wien spricht; aus Helmut Gruber, *Red Vienna: Experiment in Working-Class Culture*, 1919-1934, New York 1991, S. 6. Furtmüllers Kommentar zur Rolle der Adlerianer in der Kultur dieser Periode ist aus seinem Aufsatz in *Alfred Adler: Superiority and Social Interest*, S. 387. Die wesentliche Quelle für die frühe Geschichte des Vereins für Individualpsychologie, die eine unvollständige Liste der vor dem Verein gehaltenen Vorträge enthält, ist Bernhard Handlbauer, *Die Entstehungsgeschichte der Individualpsychologie Alfred Adlers*, Wien-Salzburg 1984. Davids Vortrag über Schillers *Tell* ist beschrieben in *Internationale Zeitschrift für Individualpsychologie* (im weiteren *IZI*), 1924. S. 30.

19. „Das Geheimnis der Menschenseele"

Auf welche Weise wir unsere Mitmenschen verstehen können, beschrieb David im Vorwort zu seinem Buch *Dichtung und Menschenkenntnis*, München 1926, und auch in dem Vortrag „Shakespeares Menschenkenntnis", gehalten auf dem I. internationalen Kongreß für Individualpsychologie, München, Dezember 1922, *IZI*, 23. September, S. 37, und in „Verbindungen zwischen Kunst und Psychologie", einem unveröffentlichten Vortrag vom 9. Februar 1920.

20. Das Buch meines Großvaters

A. C. Bradleys *Shakespearean Tragedy* erschien 1904. Auch F. R. Leavis in *The Common Pursuit*, erschienen 1952, übersieht noch die Bedeutung des Rassismus in *Othello*. Zur Würdigung der Bedeutung des Rassismus in *Othello* in den 1970ern siehe Michael Mangan, *A Preface to Shakespeare's Tragedies*, London 1991, S. 151. Phyllis Bottomes *Alfred Adler: Apostle of Freedom* erschien 1939 in London, der zitierte Abschnitt ist auf S. 152. Pick-Seewarts Besprechung von Davids Buch erschien in *IZI*, Bd. 5 (1927), S. 156.

21. Unabhängigkeit

Davids Aufsatz über Seneca erschien in L. Seif und L. Zilahi (Hg.), *Selbsterziehung des Charakters: Alfred Adler zum 60. Geburtstage gewidmet*, Leipzig 1930, S. 62-70.

22. Lehrer der Menschlichkeit

Ringels Bemerkungen zu David als Lehrer sind in *Einer der uns fehlte* enthalten. Er erwähnt die Schüler in seiner Klasse, die von der Gestapo verhaftet wurden, in *Die österreichische Seele*, Wien 1984, S. 124. Heers Aufsatz „Österreichisches Genie und Judentum" erschien in *Kontinente*, Bd. 8, Nr. 8 (April 1955), S. 10, und sein Hinweis auf Davids Notengebung findet sich in seinem Buch *Jugend zwischen Haß und Hoffnung*, München 1971, S. 47.

23. Der weltliche Jude

Davids Besprechung von Felix Stähelin, *Der Anti-Semitismus des Altertums in seiner Entstehung und Entwicklung*, erschien in der *Zeitschrift für die österreichischen Gymnasien*, Bd. 59 (1908) S. 668f. Seine Antwort an Dr. Heymann findet sich unter seinen unveröffentlichten Papieren, aber der Briefwechsel wurde auch in *IZI*, 1925, S. 335-37, veröffentlicht, allerdings ohne Dr. Heymanns Namen.

24. Gleichheit der Geschlechter

Der erste Vortrag über Schönherrs Schauspiel wurde in *IZI*, Bd. 2 (September 1923), S. 26-30, veröffentlicht und später in *Dichtung und Menschenkenntnis*; der zweite wird in der Liste der Vorträge des Vereins erwähnt, doch fand ich keine Spur davon unter den Papieren meines Großvaters. Der Aufsatz über Dido erschien in *IZI*, Bd. 3 (Dezember 1924) und ebenfalls in *Dichtung und Menschenkenntnis*. Der Aufsatz über den Kampf der Frau um gesellschaftliche Stellung erschien in *IZI*, Bd. 3, S. 287-90.

26. Das Ende Österreichs

George Clares *Last Waltz in Vienna*, London 1981, ist eine persönliche Darstellung der Gefühle einer Wiener jüdischen Familie vor und während der Machtübernahme der Nazis in Österreich. Friedrich Heer erzählt die Geschichte vom Besuch der SS-Leute in der Wohnung meines Großvaters in *Jugend zwischen Haß und Hoffnung*, S. 47, zitiert von Gaisbauer, *„... von Eurem treuen Vater David"*, S. 60. Doris' Geschichte über diese Tage stammt aus derselben Quelle, ebenfalls auf S. 60. Zum Referendum und zum Aufruf der katholischen Kirche, für die Nazis zu stimmen, siehe Bruce F. Pauley, *From Prejudice to Persecution: A History of Austrian Anti-Semitism*, Chapel Hill, N.C., 1992, S. 291. Davids sofortigen Ausschluß aus seiner Schule erwähnt Erwin Ringel in „*... von Eurem treuen Vater David*“, S. 14f., wo Ringel auch erklärt, aus welchen Gründen David es seiner Meinung nach nicht für notwendig hielt auszureisen.

27. Neues und altes Leben

Zu den stetig zunehmenden Einschränkungen für Juden siehe Pauley, *From Prejudice to Persecution*, S. 282-84. Davids Zitat aus *Faust* ist aus Teil I, „Vor dem Tor“.

29. „Am besten, im Lande zu bleiben“

Zu der neuen Runde der Einschränkungen für Juden zu Beginn des Krieges siehe Pauley, *From Prejudice to Persecution*, S. 291. Dieses Buch ist auch die Quelle für die Zahl der Emigranten, S. 294.

30. Gute Österreicher

Albert Massiczeks Bericht über den Nutzen, den er aus den Besuchen bei meinen Großeltern zog, ist aus „As an Austrian I Only Did My Duty: From Nazism to Resistance and Jewish Wisdom“, unveröffentlichtes Manuskript eines Vortrags an der Hebräischen Universität, Jerusalem, undatiert, wahrscheinlich 1990, englisch, S. 8; siehe auch Albert Massiczek, *Ich habe nur meine Pflicht erfüllt*, Wien 1989, S. 44-46. Massiczek zeigte mir den Brief, datiert auf den 11. September 1945, in dem ihm Amalie für seine Hilfe in den dunklen Tagen dankt. Sein Buch über Marx hat den Titel *Der menschliche Mensch – Karl Marxs jüdischer Humanismus*, Wien 1968.

31. Entsagen

Über die Deportation der Juden aus Wien siehe Martin Gilbert, *The Holocaust*, New York 1985, S. 143, 146.

33. Theresienstadt

Zu den Ursprüngen des Theresienstädter Ghettos siehe Nora Levin, Vorwort in Saul S. Friedman (Hg.), *The Terezin Diary of Gonda Redlich*, Lexington, Ky., 1992, S. VIII, und Chaim Potok, Vorwort in Hana Volavková (Hg.), *I Never Saw Another Butterfly*, 2. Aufl., New York 1993, S. XIV. Zu „Schleuse“, Ernährung im Ghetto und „Protektion“ siehe Norbert Troller, *Theresienstadt: Hitler's Gift to the Jews*, übers. von Susan E. Cernyak-Spatz, Chapel Hill, N.C., 1991. Die Beschlagnahmung des Insulins beschreibt Ralph Oppenhejm in *An der Grenze des Lebens*, Hamburg 1961, S. 79, zitiert von Gaisbauer, „*... von Eurem treuen Vater David*“, S. 163 Anm. Gonda Redlichs Tagebuch ist veröffentlicht als *The Terezin Diary of Gonda Redlich*, und die in diesem Kapitel zitierten Abschnitte sind auf S. 64, 67 und 86. Die Beschlagnahmung des Gepäcks vom Juli 1942 erwähnt Gaisbauer, „... *von Eurem treuen Vater David*", S. 163, zitiert nach H. G. Adler, *Theresienstadt 1941–45*, Tübingen 1955, S. 266f. Zur Sterberate im Ghetto siehe Zdanek Lederer, *Ghetto Theresienstadt*, New York 1983, S. 143f.; Adler, *Theresienstadt 1941-1945*, S. 527. Zu Schiffs Erinnerungen siehe Vera Schiff, *Theresienstadt: The Town the Nazis Gave to the Jews*, Toronto 1996; die zitierten Abschnitte sind auf S. 54-56, 84f.

34. Terezín

Jana Renee Friesovas Erinnerungen erschienen unter dem Titel *Fortress of My Youth*, übers. von Eleanor Morrisby und Ladislav Rosendorf, Hobart, Tasmania, 1996. Der betreffende Abschnitt ist auf S. 75f.

35. Überleben

Die Geschichte der Briefe aus Auschwitz ist dokumentiert in Troller, *Theresienstadt: Hitler's Gift to the Jews*, S. 49f., und Schiff, *Theresienstadt: The Town the Nazis Gave to the Jews*, S. 38, 49, 82, 122. Fichtenaus Erinnerung an das Gespräch mit Amalie ist aus Gaisbauer, „... *von Eurem treuen Vater David*", S. 167 Anm. Trollers Gedanken über die Moral der Überlebensstrategien in Theresienstadt finden sich in *Theresienstadt: Hitler's Gift to the Jews*, S. 33f., 36. Die Schilderung der Zählung am 11. November ist aus demselben Buch, siehe S. XXV, und die der Inspektion durch das Rote Kreuz aus Schiff, *Theresienstadt: The Town the Nazis Gave to the Jews*, S. 101. Die Geschichte von der Theresienstädter Gaskammer beruht auf Schiffs Buch, S. 124, und auf Miroslav Karny, „Die Theresienstädter Herbsttransporte 1944", in Miroslav Karny, Raimund Kemper und Margita Kárná (Hg.), *Theresienstädter Studien und Dokumente 1995*, Prag 1995, S. 23f.

36. Ein gutes Leben?

Die Geschichte von Solons Gespräch mit Krösus stammt aus Herodot, *Historien*, Buch 1, 28-33.

ISBN 3-203-75530-0